한국의 토익 수험자 여러분께,

토익 시험은 세계적인 직무 영어능력 평가 시험으로, 지난 40여 년간 비즈니스 현장에서 필요한 영어능력 평가의 기준을 제시해 왔습니다. 토익 시험 및 토익스피킹, 토익라이팅 시험은 세계에서 가장 널리 통용되는 영어능력 검증 시험으로, 160여 개국 14,000여 기관이 토익 성적을 의사결정에 활용하고 있습니다.

YBM은 한국의 토익 시험을 주관하는 ETS 독점 계약사입니다.

ETS는 한국 수험자들의 효과적인 토익 학습을 돕고자 YBM을 통하여 'ETS 토익 공식 교재'를 독점 출간하고 있습니다. 또한 'ETS 토익 공식 교재' 시리즈에 기출문항을 제공해 한국의 다른 교재들에 수록된 기출을 복제하거나 변형한 문항으로 인하여 발생할 수 있는 수험자들의 혼동을 방지하고 있습니다.

복제 및 변형 문항들은 토익 시험의 출제의도를 벗어날 수 있기 때문에 기출문항을 수록한 'ETS 토익 공식 교재'만큼 시험에 잘 대비할 수 없습니다.

'ETS 토익 공식 교재'를 통하여 수험자 여러분의 영어 소통을 위한 노력에 큰 성취가 있기를 바랍니다.

감사합니다.

Dear TOEIC Test Takers in Korea,

The TOEIC program is the global leader in English-language assessment for the workplace. It has set the standard for assessing English-language skills needed in the workplace for more than 40 years. The TOEIC tests are the most widely used English language assessments around the world, with 14,000+ organizations across more than 160 countries trusting TOEIC scores to make decisions.

YBM is the ETS Country Master Distributor for the TOEIC program in Korea and so is the exclusive distributor for TOEIC Korea.

To support effective learning for TOEIC test-takers in Korea, ETS has authorized YBM to publish the only Official TOEIC prep books in Korea. These books contain actual TOEIC items to help prevent confusion among Korean test-takers that might be caused by other prep book publishers' use of reproduced or paraphrased items.

Reproduced or paraphrased items may fail to reflect the intent of actual TOEIC items and so will not prepare test-takers as well as the actual items contained in the ETS TOEIC Official prep books published by YBM.

We hope that these ETS TOEIC Official prep books enable you, as test-takers, to achieve great success in your efforts to communicate effectively in English.

Thank you.

입문부터 실전까지 수준별 학습을 통해 최단기 목표점수 달성!

ETS TOEIC® 공식수험서
스마트 학습 지원

구글플레이, 앱스토어에서
ETS 토익기출 수험서 다운로드

구글플레이   앱스토어

ETS 토익 모바일 학습 플랫폼!
ETS® 토익기출 수험서 `어플`

교재 학습 지원
1. 교재 해설 강의
2. LC 음원 MP3
3. 교재/부록 모의고사 채점 및 분석
4. 단어 암기장

부가 서비스
1. 데일리 학습(토익 기출문제 풀이)
2. 토익 최신 경향 무료 특강
3. 토익 타이머

모의고사 결과 분석
1. 파트별/문항별 정답률
2. 파트별/유형별 취약점 리포트
3. 전체 응시자 점수 분포도

ETS TOEIC 공식카페 ▾

etstoeicbook.co.kr

ETS 토익 학습 전용 온라인 커뮤니티!
ETS TOEIC® Book `공식카페`

강사진의 학습 지원   토익 대표강사들의 학습 지원과 멘토링

교재 학습관 운영   교재별 학습게시판을 통해 무료 동영상
강의 등 학습 지원

학습 콘텐츠 제공   토익 학습 콘텐츠와 정기시험
예비특강 업데이트

www.ybmbooks.com에서도 무료 MP3를 다운로드 받을 수 있습니다.

ETS TOEIC

토익 단기공략 첫걸음

ETS 토익
단기공략 첫걸음

발행인	허문호
발행처	YBM
편집	윤경림, 정유상, 이진열
디자인	이미화, Dooroo, DOTS
마케팅	정연철, 박천산, 고영노, 김동진, 박찬경, 김윤하
초판발행	2023년 12월 1일
2쇄발행	2024년 2월 1일
신고일자	1964년 3월 28일
신고번호	제 300-1964-3호
주소	서울시 종로구 종로 104
전화	(02) 2000-0515 [구입문의] / (02) 2000-0304 [내용문의]
팩스	(02) 2285-1523
홈페이지	www.ybmbooks.com
ISBN	978-89-17-23947-8

ETS® TOEIC®

토익® 단기공략
첫 걸음

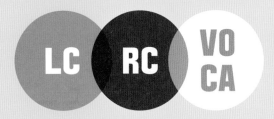

PREFACE

Dear test taker,

The purpose of this book is to help you succeed in using English for communication with colleagues and clients in Korea and around the world. Now more than ever, English is a tool that can yield great professional rewards.

This book provides practical steps that you can use right now in a 10-day or 20-day program of study for the TOEIC® test. Use your TOEIC® test score as a respected professional credential and a sign that you are ready to take your career to the next level. Your TOEIC® score is recognized globally as evidence of your English-language proficiency.

With <ETS 토익 단기공략 첫걸음>, you can make sure you have the best and most thorough preparation for the TOEIC® test. This book contains key study points that will familiarize you with the test format and content, and you will be able to practice at your own pace. The test questions are created by the same test specialists who develop the TOEIC® test itself, and the book contains questions taken from actual TOEIC® tests.

Here are some features of <ETS 토익 단기공략 첫걸음>.
• This book contains carefully selected questions taken from actual TOEIC® tests.
• All TOEIC® Listening and Reading test content is included in one book that is suitable for short-term study in 10-day or 20-day plans.
• You will hear the same ETS voice actors that you will hear in a real ETS test.
• Key study points will help you to achieve your target score with the least amount of time and effort.
• The enhanced analyses and explanations are based on the latest TOEIC® test research.

In preparing for the test with <ETS 토익 단기공략 첫걸음>, you can be confident that you have a solid resource at hand and are taking the best approach to maximizing your TOEIC® test score. Use <ETS 토익 단기공략 첫걸음> to become familiar with the test, including actual test tasks, content, and format. You will be well prepared to show the world what you know by taking the test and receiving your score report. We hope that you will find this high-quality resource to be of the utmost use, and we wish you all the very best success.

출제기관이 만든
토린이를 위한 첫 토익
입문서

1 시작부터 기출 문제로! 첫걸음부터 진짜 토익으로!
ETS는 시작부터 다르다! 퀄리티가 다른 진짜 토익으로 입문!

2 단기 목표 달성에 최적화된 구성
LC + RC + VOCA 올인원 학습서! 토린이를 위한 수준별, 단계별 학습 제공!

3 정기시험과 동일한 성우 음원
첫걸음부터 토익 정기시험과 동일한 성우 음원으로 완벽 대비!

4 미니 보카집 및 온라인 모의고사 1회분 제공
본문에 나온 단어들을 모아모아 휴대하면서 암기! 온라인 모의고사로 실력 점검!

5 초보 탈출 무료 동영상 강의 20강 제공
유명 강사의 친절하고 유익한 동영상 강의와 함께 토린이 탈출!

CONTENTS

LC Listening Comprehension의 기초

RC Reading Comprehension의 기초

VOCA Vocabulary

* 별책 부록_미니 보카집

TOEIC 소개

TOEIC

Test of English for International Communication(국제적 의사소통을 위한 영어 시험)의 약자로, 영어가 모국어가 아닌 사람들이 일상생활 또는 비즈니스 현장에서 꼭 필요한 실용적 영어 구사 능력을 갖추었는가를 평가하는 시험이다.

시험 구성

구성	PART		유형	문항 수	시간	배점
Listening	Part 1		사진 묘사	6	45분	495점
	Part 2		질의 응답	25		
	Part 3		짧은 대화	39		
	Part 4		짧은 담화	30		
Reading	Part 5		단문 빈칸 채우기	30	75분	495점
	Part 6		장문 빈칸 채우기	16		
	Part 7	독해	단일 지문	29		
			이중 지문	10		
			삼중 지문	15		
Total	7 Parts			200문항	120분	990점

평가 항목

LC	RC
단문을 듣고 이해하는 능력	읽은 글을 통해 추론해 생각할 수 있는 능력
짧은 대화체 문장을 듣고 이해하는 능력	장문에서 특정한 정보를 찾을 수 있는 능력
비교적 긴 대화체에서 주고받은 내용을 파악할 수 있는 능력	글의 목적, 주제, 의도 등을 파악하는 능력
장문에서 핵심이 되는 정보를 파악할 수 있는 능력	뜻이 유사한 단어들의 정확한 용례를 파악하는 능력
구나 문장에서 화자의 목적이나 함축된 의미를 이해하는 능력	문장 구조를 제대로 파악하는지, 문장에서 필요한 품사, 어구 등을 찾는 능력

* 성적표에는 전체 수험자의 평균과 해당 수험자가 받은 성적이 백분율로 표기되어 있다.

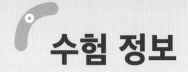

수험 정보

시험 접수 방법

한국 토익 위원회 사이트(www.toeic.co.kr)에서 시험일 약 2개월 전부터
온라인으로 접수 가능

시험장 준비물

신분증	규정 신분증만 가능 (주민등록증, 운전면허증, 기간 만료 전의 여권, 공무원증)
필기구	연필, 지우개 (볼펜이나 사인펜은 사용 금지)

시험 진행 시간

09:20	입실 (9:50 이후 입실 불가)
09:30 ~ 09:45	답안지 작성에 관한 오리엔테이션
09:45 ~ 09:50	휴식
09:50 ~ 10:05	신분증 확인
10:05 ~ 10:10	문제지 배부 및 파본 확인
10:10 ~ 10:55	듣기 평가 (LISTENING TEST)
10:55 ~ 12:10	독해 평가 (READING TEST)

TOEIC 성적 확인

시험일로부터 10~11일 후, 오전 6시부터 인터넷 홈페이지와 어플리케이션을
통해 성적을 확인할 수 있다. 성적표는 우편이나 온라인으로 발급 받을 수 있다.
우편으로 발급 받을 경우 성적 발표 후 대략 일주일이 소요되며, 온라인 발급을
선택하면 유효기간 내에 홈페이지에서 본인이 직접 1회에 한해 무료 출력할 수
있다. TOEIC 성적은 시험일로부터 2년간 유효하다.

TOEIC 점수

TOEIC 점수는 듣기 영역(LC)과 읽기 영역(RC)을 합계한 점수로 5점 단위로
구성되며 총점은 990점이다. TOEIC 성적은 각 문제 유형의 난이도에 따른
점수 환산표에 의해 결정된다.

학습 플랜

10일 완성 플랜

짧고 굵게, 초단기로 토린이를 벗어나고 싶다면! 매일 LC, RC, VOCA를 하루치씩 공부해보세요. 교재를
끝낸 후에는 YBM 온라인 모의고사를 풀어보세요.

1일차	2일차	3일차	4일차	5일차
LC　　Day 01	LC　　Day 02	LC　　Day 03	LC　　Day 04	LC　　Day 05
RC　　Day 01	RC　　Day 02	RC　　Day 03	RC　　Day 04	RC　　Day 05
VOCA Day 01	VOCA Day 02	VOCA Day 03	VOCA Day 04	VOCA Day 05

6일차	7일차	8일차	9일차	10일차
LC　　Day 06	LC　　Day 07	LC　　Day 08	LC　　Day 09	LC　　Day 10
RC　　Day 06	RC　　Day 07	RC　　Day 08	RC　　Day 09	RC　　Day 10
VOCA Day 06	VOCA Day 07	VOCA Day 08	VOCA Day 09	VOCA Day 10

20일 완성 플랜

차근차근 꼼꼼히 공부하고 싶다면! 매일 LC와 RC를 번갈아 가며 공부해보세요. 교재를 끝낸 후에는 YBM 온라인 모의고사를 풀어보세요.

1일차	2일차	3일차	4일차	5일차
LC Day 01	RC Day 01	LC Day 02	RC Day 02	LC Day 03
VOCA Day 01	VOCA Day 01	VOCA Day 02	VOCA Day 02	VOCA Day 03

6일차	7일차	8일차	9일차	10일차
RC Day 03	LC Day 04	RC Day 04	LC Day 05	RC Day 05
VOCA Day 03	VOCA Day 04	VOCA Day 04	VOCA Day 05	VOCA Day 05

11일차	12일차	13일차	14일차	15일차
LC Day 06	RC Day 06	LC Day 07	RC Day 07	LC Day 08
VOCA Day 06	VOCA Day 06	VOCA Day 07	VOCA Day 07	VOCA Day 08

16일차	17일차	18일차	19일차	20일차
RC Day 08	LC Day 09	RC Day 09	LC Day 10	RC Day 10
VOCA Day 08	VOCA Day 09	VOCA Day 09	VOCA Day 10	VOCA Day 10

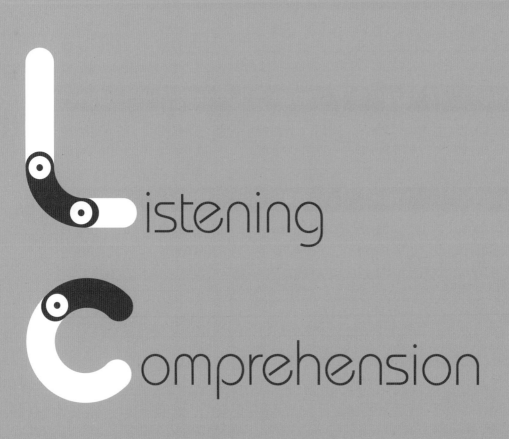

Listening

Comprehension

유사 발음 비교

🔊 Intro_01

토익 시험에서는 유사 발음들이 오답 함정으로 자주 출제되고 있어요. 음원을 듣고 똑같이 따라해 보면서 다음 발음들의 차이를 구분해 보세요.

1. [p] vs. [f]

[p]	우리말의 'ㅍ' 소리와 같아요.	copy 복사	pile 더미; 쌓다
[f]	윗니를 아랫입술에 살짝 대고 공기를 내보내면서 발음합니다.	coffee 커피	file 파일; 보관하다

A man is using a copy machine. 남자가 복사기를 사용하고 있어요.
A woman is holding a coffee cup. 여자가 커피잔을 들고 있어요.

2. [b] vs. [v]

[b]	우리말의 'ㅂ' 소리와 같아요.	globe 지구본	curb 연석
[v]	윗니를 아랫입술에 살짝 대고 공기를 내보내면서 발음합니다.	glove 장갑	curve 곡선; 휘다

Some kids are looking at a globe. 아이들이 지구본을 보고 있어요.
A worker is putting on gloves. 작업자가 장갑을 착용하고 있어요.

3. [s] vs. [θ]

[s]	우리말의 'ㅅ' 소리와 같아요.	sink (부엌의) 싱크대	pass 통과하다, 건네다
[θ]	윗니와 아랫니 사이로 혀를 살짝 내밀고 발음하되, 가볍게 숨이 새어 나오도록 합니다.	think 생각하다	path 길

Some boats are passing under a bridge. 보트들이 다리 밑을 지나고 있습니다.
This path leads to the top of the mountain. 이 길은 산꼭대기로 이어집니다.

4. [l] vs. [r]

[l]	혀를 뻗어서 윗니 뒤쪽에 대면서 발음합니다.	late 늦은	lamp 전등
[r]	혀를 안쪽으로 살짝 말되 입천장에 닿지 않게 발음합니다.	rate 비율, 요금	ramp 경사로

There is a lamp on the corner of a table. 테이블 모서리에 램프가 있습니다.
We should go up the ramp. 우리는 비탈길을 올라가야 합니다.

미국 발음 vs. 영국 발음

토익 시험에서는 미국식(미국, 캐나다) 발음과 영국식(영국, 호주) 발음이 모두 등장합니다. 어떤 차이가 있는지 잘 들어보고 정확한 발음을 익혀보세요.

1. r 발음 : 미국 영어에서는 [r]을 발음하지만, 영국 영어에서는 모음 뒤에 오는 [r]은 발음하지 않아요.

corner 모서리, 모퉁이	🔵 [코너r]	🔵 [코너]
support 지지; 지원하다	🔵 [서포rt트]	🔵 [서포트]

Thanks for your support. 응원해 주셔서 감사합니다.

2. t와 d 발음 : 미국 영어에서는 모음과 모음 사이에 끼어 있는 d나 t는 [r]로 발음하지만, 영국 영어에서는 알파벳 그대로 [d]나 [t]로 발음합니다.

better 더 좋은	🔵 [배러r]	🔵 [배터]
lady 숙녀	🔵 [래이리]	🔵 [래이디]

It looks better than before. 전보다 훨씬 좋아 보여요.

3. a 발음 : 미국 영어에서 a는 주로 "ㅐ"로 발음하지만, 영국 영어에서 a는 주로 "ㅏ"로 발음해요.

dance 춤; 춤을 추다	🔵 [댄스]	🔵 [단스]
ask 묻다, 요청하다	🔵 [애스크]	🔵 [아스크]

Can I ask you a favor? 부탁 좀 해도 될까요?

4. o 발음 : 미국 영어에서 o는 "ㅏ"로 발음하지만, 영국 영어에서 o는 보통 "ㅗ"로 발음합니다.

bottle 병	🔵 [바를]	🔵 [보틀]
hotdog 핫도그	🔵 [핫도그]	🔵 [홋도그]

A man is drinking from a bottle. 남자가 병째 물을 마시고 있어요.

연음

 Intro_03

연음은 앞 단어와 뒤 단어가 마치 한 덩어리처럼 발음되는 현상을 말합니다. 연음이 일어나는 규칙을 파악하고 직접 발음해 보면서 익숙해져 보세요.

1. 끝자음과 첫모음이 만났을 때

앞 단어가 자음으로 끝나고 뒤에 오는 단어가 모음으로 시작되면 연결하여 발음합니다.

	각 단어의 소리	연음
is ordering	[이즈 / 오더링]	[이조더링]
gave us a discount	[게이브 / 어스 / 어 / 디스카운트]	[게이버서 / 디스카운트]
hear about	[히어r / 어바우(트)]	[히어러바우(트)]

A woman is ordering some food. 여자가 음식을 주문하고 있어요.
They gave us a discount. 그들은 우리에게 할인을 해주었어요.
How did you hear about the job? 그 일자리에 대해 어떻게 들었어요?

2. 동일하거나 유사한 발음의 자음이 만났을 때

같거나 유사한 자음이 연달아오면 발음을 편하고 자연스럽게 하기 위해서 앞의 자음을 발음하지 않고 뒤의 것 하나만 발음합니다.

	각 단어의 소리	연음
short time	[쇼올(트) / 타임]	[쇼올타임]
make coffee	[메이크 / 커피]	[메이커피]
printed the document	[프린티드 / 더 / 다큐먼트]	[프린티더 / 다큐먼트]

The road was closed for a short time. 그 도로는 잠시 폐쇄되었습니다.
Do you know how to make coffee? 커피 내릴 줄 아세요?
My assistant printed the document. 제 조수가 그 문서를 인쇄했어요.

3. 끝자음 d와 t가 y를 만났을 때

앞 단어와 뒤 단어의 소리가 서로에게 영향을 주어서 같거나 비슷한 소리로 변하는 경우도 있어요.

	각 단어의 소리	연음
and you	[앤드 / 유]	[앤쥬]
need you	[니드 / 유]	[니쥬]
meet you	[미트 / 유]	[미츄]
let you	[랫 / 유]	[래츄]
this year	[디스 / 이어]	[디쉬어]
promise you	[프라미스 / 유]	[프라미슈]

I need you to fill out this form. 이 서류를 작성해 주세요.

I'll ask and let you know tomorrow. 물어보고 내일 알려드릴게요.

I got a job early this year. 저는 올해 초에 취업했습니다.

4. n과 t가 만났을 때

n과 t가 연속해서 -nt- 형태로 만나면, t를 발음하기도 하고 생략하기도 합니다.

	[t]를 발음하는 경우	[t]를 생략하는 경우
Internet	[인터넷]	[이널넷]
center	[쎈터]	[쎄너]
twenty	[트웬티]	[트웨니]

I can't connect to the wireless Internet. 무선 인터넷에 연결할 수 없어요.

The new shopping center is finally open. 새로운 쇼핑센터가 드디어 문을 열었어요.

We are offering a twenty percent discount. 20퍼센트 할인을 해 드립니다.

사진 묘사

🗨 토익 PART 1은 이렇게 나와요!

사진을 보면서 4개의 보기를 듣고, 사진을 가장 잘 묘사한 보기를 고르는 문제입니다.

1.

Number 1. Look at the picture marked number 1 in your test book.

(A) He's planting a garden.

(B) He's choosing some vegetables.

(C) He's emptying a shopping cart.

(D) He's eating a salad.

이렇게 풀어 보세요!

STEP ❶ 음원을 듣기 전에 사진을 파악해 보세요.

- 사진에 등장하는 사람의 주요 동작이나 사물의 상태, 위치 등을 파악하세요.
- 사진을 보며 떠오르는 표현들을 몇 가지 기억해 두세요.

man | looking | vegetable | shopping cart

STEP ❷ 보기를 들을 때 O/X로 표시하면서 오답을 소거해 보세요.

(A) He's planting a garden. (X) → 정원을 꾸미고 있지 않아요.
남자가 정원을 꾸미고 있다.

(B) He's choosing some vegetables. (O) → 정답입니다.
남자가 채소를 고르고 있다.

(C) He's emptying a shopping cart. (X) → 쇼핑 카트를 비우고 있지 않아요.
남자가 쇼핑 카트를 비우고 있다.

(D) He's eating a salad. (X) → 샐러드를 먹고 있지 않아요.
남자가 샐러드를 먹고 있다.

인물 사진

한 사람 또는 두 명 이상의 사람들이 등장하는 사진으로, 사람의 동작이나 상태, 인상착의를 가장 잘 묘사한 문장을 고르는 문제입니다.

● 1인 사진

1인 사진 문제에서는 주어가 같으므로, 동사 부분을 잘 듣는 것이 중요합니다.

남자가 테이블에 앉아 있어요   남자가 서류를 읽고 있어요

reading

sitting

a table

papers

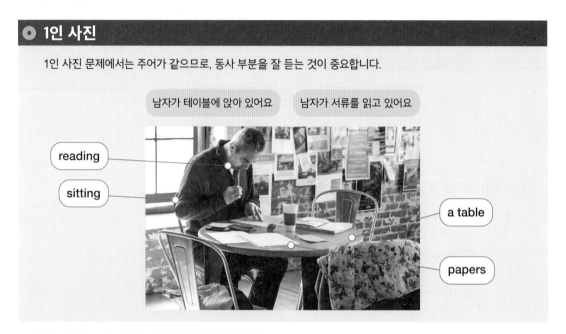

He's **sitting** at a table. 남자가 테이블에 앉아 있어요.

He's **reading** some papers. 남자가 서류를 읽고 있어요.

 사진 속 사람의 동작이나 상태를 묘사할 때는 '~하고 있다'는 의미의 현재 진행형
<is[are]+-ing> 형태를 사용해요!

A woman **is taking** a photo. 여자가 사진을 찍고 있어요.

A man **is entering** a hallway. 남자가 복도로 들어가고 있어요.

Check Up

🔊 P1_01

사진을 바르게 묘사한 문장이면 O, 아니면 X에 표시하세요.

정답과 해설 p.002

(A) He's holding a box.   [O / X]

(B) He's reaching for a shelf.   [O / X]

VOCA shelf 선반

1인 사진 주요 표현

1인 사진에 자주 등장하는 표현들을 익혀 두세요. 이 표현들은 대부분 진행형으로 등장하기 때문에 암기할 때에도 -ing 형태로 암기하는 것이 좋아요~!

보고 있다
looking

looking at a monitor
모니터를 보고 있다

밀고 있다
pushing

pushing a cart
카트를 밀고 있다

잡고 있다
holding

holding a telephone
전화기를 들고 있다

입고 있다
wearing(상태) / **putting on**(동작)

wearing a helmet
헬멧을 착용하고 있다

타고 있다
riding

riding a bicycle
자전거를 타고 있다

나르고 있다
carrying

carrying a chair
의자를 옮기고 있다

~을 향해 손을 뻗고 있다
reaching for

reaching for a cup
컵을 향해 손을 뻗고 있다

~을 가리키고 있다
pointing at[to]

pointing at a picture
그림을 가리키고 있다

기대어 있다
leaning against

leaning against the wall
벽에 기대어 있다

Check Up

녹음을 잘 들으면서 빈칸을 채우세요.

P1_03
정답과 해설 p.002

1. A woman is _____ a box of fruit.
   여자가 과일 한 상자를 나르고 있다.

2. She's _____ at a picture.
   여자가 그림을 보고 있다.

3. A worker is _____ gloves.
   작업자가 장갑을 착용하고 있다.

4. A man is _____ at a sign.
   남자가 표지판을 가리키고 있다.

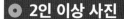

● 2인 이상 사진

주어가 누구인지 들으면 해당 주어를 보면서 동사에 집중해야 해요. 그리고 사람들의 공통 동작과 개별 동작을 구분하세요.

> 여자들이 서로 마주보고 있어요
>
> 여자 한 명이 소책자를 들고 있어요
>
> facing
>
> holding
>
> booklet
>
> sitting

The women are **facing** each other. 여자들이 서로 마주보고 있어요.

One of the women is **holding** a booklet. 여자 한 명이 소책자를 들고 있어요.

 사람이 여러 명 등장하는 사진에서는 주어가 They, People 등으로 시작하거나, 그중 한 명에 대해 말할 때는 A man, A woman 또는 One of the men, One of the women 등으로 말하기도 해요.

They are standing in line. 사람들이 줄을 서 있어요.

One of the men is looking out the window. 남자 한 명이 창밖을 보고 있어요.

Check Up

사진을 바르게 묘사한 문장이면 O, 아니면 X에 표시하세요.

🔊 P1_04

정답과 해설 p.002

(A) The women are wearing glasses. [O / X]

(B) One woman is answering a phone. [O / X]

2인 이상 사진 주요 표현

2인 이상의 사람들이 등장하는 사진에 자주 나오는 표현들을 익혀 두세요. 역시 -ing 형태로 암기하는 것이 좋아요.

기다리고 있다
waiting

waiting in line
줄 서서 기다리고 있다

마주보고 있다
facing

facing each other
서로 마주보고 있다

건너고 있다
crossing

crossing the road
길을 건너고 있다

건네주고 있다
handing

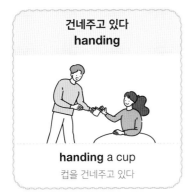

handing a cup
컵을 건네주고 있다

인사하고 있다
greeting

greeting each other
서로 인사하고 있다

악수하다
shaking hands

They are **shaking hands**.
사람들이 악수하고 있다.

대접하고 있다
serving

serving a meal
식사를 대접하고 있다

쉬고 있다
resting

resting on a bench
벤치에서 쉬고 있다

타고 있다
getting on / boarding

getting on a bus
버스에 타고 있다

녹음을 잘 들으면서 빈칸을 채우세요.

1. People are _____ one another.
사람들이 서로 인사하고 있다.

2. One of the women is _____ food.
여자 한 명이 음식을 대접하고 있다.

3. A man is _____ a bag to a customer.
남자가 손님에게 가방을 건네고 있다.

4. Some people are _____ an airplane.
사람들 몇 명이 비행기에 타고 있다.

녹음을 듣고 사진을 잘 묘사한 문장을 고른 후, 다시 들으면서 빈칸을 채우세요.

1.

(A) She's _____ _____ a necklace.

(B) She's _____ a newspaper.

2.

(A) They're _____ _____ a sign.

(B) One of the people is _____ the street.

3.

(A) A woman is _____ to a chart.

(B) Some people are _____ hands.

VOCA 1. necklace 목걸이   2. sign 표지판   3. chart 차트

ETS 실전 도전하기

1.

2.

3.

4.

5.

6.

사물·풍경 및 혼합 사진

강의

사물이나 풍경이 중심이 되는 사진으로 사물의 위치나 상태를 가장 잘 묘사한 문장을 고르는 문제입니다. 사람과 사물·풍경이 혼합된 문제도 출제되곤 합니다.

◉ 사물·풍경 사진

사진에서 두드러지는 사물이나 풍경에 주목하면서 주변 사물의 위치나 상태도 파악해보세요.

벽에 그림이 있어요   문 옆에 화분이 놓여 있어요

picture   wall

plant   door

There is **a picture on the wall.** 벽에 그림이 있어요.

A potted plant is placed **next to the door.** 문 옆에 화분이 놓여 있어요.

어디에 '~이 있다'라는 말은 <There is[are] ~> 구문을 사용해요.
There are some books on the table. 테이블에 책들이 있습니다.

사물·풍경의 위치, 상태를 묘사할 때는 '~되어 있다'라는 의미의 현재 시제 수동태 <is[are]+p.p.> 혹은 현재 완료 수동태 <has[have]+been+p.p.> 구문을 사용합니다.
A car **is parked** on the street. 차가 도로에 주차되어 있어요.
A chair **has been placed** by the table. 의자가 테이블 옆에 놓여 있어요.

Check Up   P1_09

사진을 바르게 묘사한 문장이면 O, 아니면 X에 표시하세요.   정답과 해설 p.004

(A) There are railings in front of the doors.   [O / X]
(B) There's a window between the two doors.   [O / X]

VOCA railing 난간

사물·풍경 사진 주요 위치 표현

사물·풍경 사진에 자주 등장하는 표현들을 익혀보세요. 함께 쓰이는 사물 명사도 하나의 덩어리 표현처럼 기억하고 있으면 더 잘 들릴 거예요.

~ 위에
on

on the floor
바닥에

~ 아래에
under

under the bridge
다리 아래에

~을 따라
along

along the road
길을 따라

~ 사이에
between

between the chairs
의자들 사이에

~ 주위에
around

around the table
테이블 주위에

~ 옆에
next to / beside

next to the door
문 옆에

~ 앞에
in front of

in front of the window
창문 앞에

~에 기대어
against

against the wall
벽에 기대어

~의 구석에
in the corner of

in the corner of the room
방 구석에

Check Up

녹음을 잘 들으면서 빈칸을 채우세요.

정답과 해설 p.004

1. People are walking _____ a path.
사람들이 길을 따라 걷고 있다.

2. A man is standing _____ _____ an
entrance. 남자가 입구 옆에 서 있다.

3. He's leaning _____ the cabinet.
남자가 캐비닛에 기대어 있다.

4. A car is parked _____ _____
_____ a building. 차가 건물 앞에 주차되어 있다.

● 사물·풍경/사람 혼합 사진

사람과 사물·풍경이 혼합되어 나오는 문제도 자주 등장합니다. 보기에 사람 묘사와 사물·풍경 묘사가 섞여 나오므로 주어를 잘 듣는 것이 무엇보다 중요해요.

> 여자가 두 손으로 바구니를 잡고 있어요 　　　선반에서 물건이 꺼내어지고 있어요

basket　　holding　　taken from　　shelf/cabinet

A basket is **filled with items**. 바구니에 물건이 가득 차 있어요.

A woman is **holding a basket** with both hands. 여자가 두 손으로 바구니를 잡고 있어요.

An item is being **taken from a shelf**. 선반에서 물건이 꺼내어지고 있어요.

 사람의 동작을 표현할 때, 사물 주어를 사용하여 '무엇이 ~ 되고 있다'는 의미로 현재진행 수동태인 'be + being + p.p'를 사용하기도 한답니다.

A window frame **is being painted**.
(= A man is painting a window frame.)
창틀이 페인트칠 되고 있다.

Check Up 　　　　　　　　　　　　　　　　　　　　　　　　　P1_12

사진을 바르게 묘사한 문장이면 O, 아니면 X에 표시하세요.　　　　　정답과 해설 p.005

(A) A waiter is writing on a notepad.　　[O / X]

(B) Some food is being carried on a tray.　　[O / X]

VOCA　notepad 메모지　tray 쟁반

사물·풍경 사진 주요 상태 표현

사물·풍경 사진에 자주 등장하는 표현들을 익혀보세요. 주로 '무엇이 어떤 상태로 ~되어 있다'는 의미로 be p.p. 형태의 표현들이에요.

심어져 있다
be planted

be planted outdoors
야외에 심어져 있다

전시되어 있다
be displayed

be displayed on shelves
선반 위에 전시되어 있다

놓여 있다
be placed/left

be placed on a desk
책상 위에 놓여 있다

정리되어 있다
be arranged

be arranged in a circle
둥그렇게 정리되어 있다

쌓여 있다
be stacked[piled]

be stacked on the floor
바닥에 쌓여 있다

~로 가득 차[뒤덮여] 있다
be filled[covered] with

be filled with people
사람들로 가득 차 있다

줄지어 있다
be lined up

be lined up in a row
일렬로 줄지어 있다

주차되어 있다
be parked

be parked on the street
도로에 주차되어 있다

걸려 있다
be hung[hanging]

be hung on a wall
벽에 걸려 있다

Check Up

녹음을 잘 들으면서 빈칸을 채우세요.

정답과 해설 p.005

1. Flowers have been _____ in some pots. 꽃들이 화분에 심어져 있다.

2. Some boxes are _____ in a corner.
상자 몇 개가 모퉁이에 쌓여 있다.

3. A car has been _____ in a garage.
차 한 대가 차고에 주차되어 있다.

4. Some paintings are _____ on a wall.
그림 몇 점이 벽에 걸려 있다.

녹음을 듣고 사진을 잘 묘사한 문장을 고른 후, 다시 들으면서 빈칸을 채우세요.

1.

(A) There's a _____ between the
_____.

(B) There are two _____ in the
_____ of the room.

2.

(A) Some women are _____ from
_____.

(B) Some _____ are being _____.

3.

(A) Some glasses have been _____ on
a tray.

(B) Some baskets are _____ with fruit.

VOCA 3. glass 유리컵 tray 쟁반 basket 바구니

1.

2.

3.

4.

5.

6.

Part 2 질의 응답

🔵 토익 PART 2는 이렇게 나와요!

질문과 세 개의 보기를 듣고 질문에 대한 가장 적절한 응답을 고르는 문제입니다. 시험지에는 문항 번호만 나와 있어요.

 문제지

5. Mark your answer on your answer sheet.

 음원

Number 5.

Where can I buy an umbrella?

(A) That's a brilliant idea.
(B) By Wednesday.
(C) Try the department store.

💬 이렇게 풀어 보세요!

STEP ❶ 질문의 앞부분에서 중요한 키워드를 잘 기억해 두세요.

- 문장 전체를 다 기억하려고 하기보단 핵심적인 정보를 담고 있는 앞부분의 의문사, 주어, 동사에 집중하세요.
- 특히 의문사 의문문은 의문사만 잘 들어도 정답을 알 수 있는 경우가 있답니다.

STEP ❷ 보기를 들으며 오답을 소거하세요.

- 각각의 보기에 O / X 표시를 하면서 듣는 것이 좋습니다.
- 맨 처음 보기가 정답인 것 같아도 나머지 보기까지 꼼꼼하게 확인해야 실수를 줄일 수 있습니다.
- 만약 제대로 듣지 못해서 정답을 찍어야 한다면, 질문에서 들렸던 발음이 포함된 보기는 피하세요. 전형적인 오답의 유형입니다.
- 의문사 의문문의 경우 Yes / No로 대답했다면 무조건 오답입니다.

💬 PART 2에서 들리는 순간 정답인 표현

아래의 표현들은 대부분의 질문에 대한 답변으로 가능하기 때문에 토익 PART 2 만능 답변이라고 할 수 있습니다. 암기해 두면 시험에서 쉽게 정답을 고를 수 있겠죠?

1. 모르겠어요

    I don't know. 모르겠어요. / I have no idea. 전혀 몰라요.

2. 알아볼게요

    I'll check. 확인해 볼게요. / I'll find out. 알아볼게요.

3. ~가 알아요 또는 ~에게 물어보세요

    The manager might know. 관리자가 알고 있을 거예요.
    Check with Jake. 제이크에게 확인해 보세요.

누가(Who) 발표할 건가요?

제가요.

◉ 다음 질문에 적절한 응답을 골라서 연결해보세요.

1. **Who** will give a presentation? ●
   누가 발표할 건가요?

   ● (A) In the conference room.
   회의실에서요.

2. **When** are you going to give the presentation? ●
   언제 발표할 건가요?

   ● (B) I will. 제가요.

3. **Where** will you give the presentation? ●
   어디에서 발표할 건가요?

   ● (C) At ten o'clock. 10시에요.

정답   1. (B)   2. (C)   3. (A)

Who 의문문은 특정 행동의 주체를 묻는 질문입니다. 주로 사람 이름이나 직책, 부서명 등이 정답으로 나와요. 의문사 의문문이기 때문에 Yes / No로 답변할 수 없으니 주의하세요.

Who used the printer this morning?
오늘 아침 누가 프린터를 사용했죠?

Mr. Taylor did. 테일러 씨요.

빈출 질문 및 응답 유형

1. 사람 이름

사람 이름으로 응답하는 경우가 정답으로 가장 자주 나오고 있어요.

Q **Who** will contact the hotel manager?	호텔 매니저에게 누가 연락할 건가요?
A **Mr. Baker** will do it.	베이커 씨가 할 거예요.

2. 직책 / 부서명

이름 대신 그 사람의 직책이나 소속된 곳으로 응답할 수도 있어요.

Q **Who** is leading the seminar tomorrow?	내일 세미나는 누가 진행하나요?
A **The sales department.**	영업부가 합니다.

3. 우회적 답변

질문에 직접적인 답변을 주지 않고 우회적으로 답하는 경우도 있어요.

Q **Who** has the guest list for the party?	파티 손님 명단을 누가 가지고 있나요?
A **It is on the table in the conference room.**	회의실 탁자 위에 있어요.

Check Up
~~~~~~

다음 질문에 대해 알맞은 응답에는 O, 알맞지 않은 응답에는 X를 표시하세요.   정답과 해설 p.007

Q. Who's the head of the security office?

(A) I don't work here.   (   )   (B) We have a secure Web site.   (   )

(C) I think it's Mr. Han.   (   )   (D) Yes, it is Ms. Samantha.   (   )

VOCA head 책임자   security 보안

When 의문문은 시점을 묻는 질문입니다. 미래 또는 과거의 시간, 날짜 표현이 정답으로 많이 나와요.

When do you leave for New York?
뉴욕으로 언제 떠나시나요?

This Friday. 금요일이요.

빈출 질문 및 응답 유형

1. 미래 표현

tomorrow(내일)나 soon(곧)과 같은 미래를 나타내는 표현들이 답변으로 나와요.

Q	**When** does the budget report come out?	예산 보고서가 언제쯤 나올까요?
A	**At the end of next month.**	다음 달 말에요.

2. 과거 표현

yesterday(어제)나 ago(~ 전에)와 같은 과거를 나타내는 표현들이 답변으로 나와요.

Q	**When** did you buy the laptop?	노트북 언제 사셨어요?
A	**About six months ago.**	약 6개월 전에요.

3. 우회적 답변

질문에 직접적인 답변을 주지 않고 우회적으로 답하는 경우도 있어요.

Q	**When** will you arrive at the airport?	공항에 언제 도착하시죠?
A	**Let me check my schedule.**	일정표를 확인해 볼게요.

Check Up

다음 질문에 대해 알맞은 응답에는 O, 알맞지 않은 응답에는 X를 표시하세요.

정답과 해설 p.007

Q. When does this seminar begin?

(A) In five minutes. (　)   (B) The new training program. (　)

(C) Just down the hall. (　)   (D) I'm not sure. (　)

VOCA down the hall 복도 아래쪽에

● Where 의문문

Where 의문문은 주로 위치나 장소를 나타내는 표현이 정답으로 나오지만 출처가 정답인 경우도 있어요.

Where is the closest coffee shop?
가장 가까운 카페가 어디인가요?

On Pitt Street.
피트 가에 있어요.

빈출 질문 및 응답 유형

1. 위치 / 장소

사람이나 사물이 어디에 있는지 묻는 질문에 전치사를 동반한 장소 표현이 정답으로 자주 출제됩니다.

> Q **Where** is the parking lot?   주차장이 어디에 있나요?
>
> A It's **in the basement.**   지하에 있어요.

2. 출처

출처나 특정 정보를 찾을 수 있는 곳을 물어보는 질문이 나오기도 합니다.

> Q **Where** did you buy your coat?   코트 어디에서 샀어요?
>
> A **My father gave it to me.**   아버지가 주셨어요.

3. 우회적 답변

질문에 직접적인 답변을 주지 않고 우회적으로 답하는 경우도 있어요.

> Q **Where** is the tourist information office?   관광 안내소가 어디 있죠?
>
> A **I have no idea.**   모르겠어요.

다음 질문에 대해 알맞은 응답에는 O, 알맞지 않은 응답에는 X를 표시하세요.   정답과 해설 p.008

Q. Where did you put the tool kit?

(A) In the cabinet.   (   )   (B) Amanda took it this morning. (   )

(C) It doesn't fit.   (   )   (D) On Monday.   (   )

VOCA tool kit 연장통, 공구함   fit (모양, 크기가) 맞다

LC

PART 2

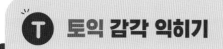

질문을 듣고 알맞은 응답을 고른 후, 다시 들으며 빈칸을 채우세요.

1. _____ _____ these security procedures?
   (A) Yes, on March seventh.
   (B) I think it was Megumi.

2. _____ can I _____ a list of job openings?
   (A) The supervisor position.
   (B) They're posted on our Web site.

3. _____ will the press conference take _____ ?
   (A) It's on your calendar.
   (B) At least two conference centers.

4. _____ should I _____ these computer files?
   (A) In the project folder.
   (B) After the update.

5. _____ _____ you to the airport?
   (A) An overnight flight.
   (B) Maria did.

6. _____ is the grand-opening _____ ?
   (A) It's tomorrow evening.
   (B) A new shopping mall.

VOCA **1.** procedure 절차   **2.** job opening 공석, 구인   supervisor 관리자, 감독관   post 게시하다, 공고하다
      3. press conference 기자 회견   at least 적어도, 최소한   **5.** overnight 야간의

38

1. Mark your answer.   (A)   (B)   (C)

2. Mark your answer.   (A)   (B)   (C)

3. Mark your answer.   (A)   (B)   (C)

4. Mark your answer.   (A)   (B)   (C)

5. Mark your answer.   (A)   (B)   (C)

6. Mark your answer.   (A)   (B)   (C)

7. Mark your answer.   (A)   (B)   (C)

8. Mark your answer.   (A)   (B)   (C)

9. Mark your answer.   (A)   (B)   (C)

10. Mark your answer.   (A)   (B)   (C)

차가 막혀서요.

왜(Why) 그는 회의에 늦었나요?

○ 다음 질문에 적절한 응답을 골라서 연결해보세요.

1. What is the meeting about?
무엇에 관한 회의인가요?

  ●   ● (A) It's about sales figures.
                                                매출 실적에 관한 것입니다.

2. Why was he late for the meeting?
왜 그는 회의에 늦었나요?

  ●   ● (B) Four.
                                                4명이요.

3. How many employees attended the meeting?
얼마나 많은 직원들이 회의에 참석했나요?

  ●   ● (C) Because of traffic.
                                                차가 막혀서요.

정답   1. (A)   2. (C)   3. (B)

What · Which 의문문

◁)) P2_06

What 의문문은 시간, 종류, 가격, 의견 등 다양한 질문으로 출제됩니다. **Which** 의문문은 한정된 선택 사항에서 하나를 고르는 응답이 정답으로 나옵니다. 의문사 의문문이기 때문에 Yes/No로 답변할 수 없어요.

What kind of book are you looking for?
어떤 책을 찾고 있나요?

A mystery novel.
미스테리 소설이요.

빈출 질문 및 응답 유형

1. What[Which] + 명사

What / Which 뒤에 명사가 오면 '어느[어떤] ~'라는 의미로 쓰입니다. 바로 뒤의 명사를 잘 들어야 해요.

Q **What[Which] floor** are you going to?	몇 층으로 가시나요?
A **The third.**	3층이요.

2. What's + 명사

What's 뒤에 장소, 방법, 금액 등 다양한 명사가 올 수 있습니다. 빠르게 발음되는 What's를 잘 들어야 해요.

Q **What's the name** of this flower?	이 꽃의 이름은 뭐죠?
A **It's a tulip.**	튤립입니다.

3. What + 동사

What 뒤에 동사가 오는 의문문은 의견이나 방법 등을 묻는 경우가 많습니다. 동사에 집중하세요.

Q **What** do you **think** about the movie?	그 영화에 대해 어떻게 생각하나요?
A It's **worth seeing again.**	다시 볼만한 가치가 있어요.

Check Up

다음 질문에 대해 알맞은 응답에는 O, 알맞지 않은 응답에는 X를 표시하세요.

정답과 해설 p.011

Q. What time does the ticket office open?

(A) The ticket on the table? (   )   (B) Fifteen dollars. (   )

(C) Check the Web site. (   )   (D) At nine o'clock. (   )

VOCA ticket office 매표소

Why 의문문은 원인이나 이유를 묻는 질문입니다.
Because로 시작하는 답변이 정답으로 나오기도 하고,
Because가 생략된 응답이 나오기도 해요.

Because there was an accident.
사고가 있었거든요.

Why was the road closed?
도로가 왜 폐쇄되었나요?

빈출 질문 및 응답 유형

1. Because로 시작하는 응답

<Because + 문장>으로 응답하거나 <Because of + 명사>로 응답할 수도 있습니다.

> Q **Why** was the flight to Japan delayed?   왜 일본행 항공편이 지연되었나요?
>
> A **Because of** the bad weather.   날씨가 좋지 않아서요.

2. Because가 생략된 응답

Because 없이 원인이나 이유를 표현하는 응답이 나오는 경우도 있어요.

> Q **Why** didn't he attend the meeting?   왜 그는 회의에 참석하지 않았나요?
>
> A **He's on vacation.**   그는 휴가 중입니다.

3. 우회적 답변

질문에 직접적인 답변을 주지 않고 우회적으로 답하는 경우도 있어요.

> Q **Why** did Karen quit her job?   왜 카렌이 그만둔거죠?
>
> A **I haven't heard anything about it.**   그 일에 대해 아무것도 듣지 못했어요.

Check Up

다음 질문에 대해 알맞은 응답에는 O, 알맞지 않은 응답에는 X를 표시하세요.   정답과 해설 p. 011

Q. Why did you move to Melbourne?

(A) Because I got a new job.   (   )   (B) A while ago.   (   )

(C) I take a bus every day.   (   )   (D) A lot of my friends live there. (   )

VOCA move 이사하다   a while ago 조금 전에

● How 의문문

How 의문문은 How+형용사/부사 형태로 쓰이면 수량, 가격, 기간, 빈도 등을 묻는 질문이고, How가
단독으로 쓰이면 방법이나 의견을 묻는 질문입니다. How 뒤에 어떤 단어가 이어지는지 집중해야 해요.

How can I get to the conference room?
회의실에 어떻게 가야 하죠?

Turn left at the corner.
모퉁이에서 왼쪽으로 도세요.

빈출 질문 및 응답 유형

1. 방법/의견

How 뒤에 바로 동사가 이어지는 경우로, 방법이나 의견을 묻는 질문입니다.

> Q **How** was the movie last night? 지난밤 영화는 어땠어요?
>
> A **I really enjoyed it.** 정말 재미있었어요.

2. How+형용사/부사

이때의 How는 '얼마나'라는 정도를 나타내는 의미로 쓰입니다. 주로 숫자로 응답하는 정답이 출제돼요.

> Q **How often** do you go to the theater? 얼마나 자주 극장에 가나요?
>
> A At least **twice a month**. 한 달에 최소 두 번이요.

3. 우회적 답변

질문에 직접적인 답변을 주지 않고 우회적으로 답하는 경우도 있어요.

> Q **How much** is this shirt? 이 셔츠 얼마인가요?
>
> A **I'll check the price.** 가격을 확인해 보겠습니다.

다음 질문에 대해 알맞은 응답에는 O, 알맞지 않은 응답에는 X를 표시하세요.   정답과 해설 p. 012

Q. How many job applicants do we have?

(A) A longer interview. ( )

(B) There are three candidates so far. ( )

(C) You'd better ask Mr. Sidom. ( )

(D) It's for the sales director position. ( )

VOCA job applicant 구직자, 취업 지원자   candidate 후보자, 지원자   had better ~하는 편이 낫다

질문을 듣고 알맞은 응답을 고른 후, 다시 들으며 빈칸을 채우세요.

1. _____ do you want to _____ the radio?

(A) Where should I turn?

(B) Because it doesn't work.

2. _____ _____ of juice would you _____?

(A) Orange, please.

(B) Yes, I'd love one.

3. _____ _____ will the outdoor festival _____?

(A) It's about twelve meters.

(B) Let's check the flyer.

4. _____ your _____ special today?

(A) No, I haven't been there.

(B) Coconut chicken and rice.

5. _____ bus stop is _____ to your job?

(A) Yes, that's the address.

(B) The one on William Street.

6. _____ did you _____ about our company?

(A) I read about it online.

(B) Lots of good things.

VOCA 3. outdoor 야외의   festival 축제   flyer 전단   **4.** have been (to) ~에 가 본 적이 있다   **5.** address 주소

ETS ETS 실전 도전하기

1. Mark your answer.   (A)   (B)   (C)

2. Mark your answer.   (A)   (B)   (C)

3. Mark your answer.   (A)   (B)   (C)

4. Mark your answer.   (A)   (B)   (C)

5. Mark your answer.   (A)   (B)   (C)

6. Mark your answer.   (A)   (B)   (C)

7. Mark your answer.   (A)   (B)   (C)

8. Mark your answer.   (A)   (B)   (C)

9. Mark your answer.   (A)   (B)   (C)

10. Mark your answer.   (A)   (B)   (C)

LC

PART 2

일반/부정/부가 의문문

강의

> 커피 좋아하시죠, 그렇지 않나요?

> 네. 커피 매우 좋아합니다.

⬤ 다음 질문에 적절한 응답을 골라서 연결해보세요.

1. You like coffee, **don't you?**
커피 좋아하시죠, 그렇지 않나요?

2. Do you drink coffee every day?
커피를 매일 드시나요?

3. Didn't you quit caffeine before?
전에 카페인을 끊지 않았었나요?

(A) I tried, but failed.
시도했지만 실패했죠.

(B) Yes, I love coffee.
네, 커피 매우 좋아합니다.

(C) No, not every day.
아니요, 매일은 아닙니다.

정답 1. (B) 2. (C) 3. (A)

⊙ 일반 의문문

일반 의문문은 의문사 없이 Be동사, Do동사, Have동사로 시작하는 질문입니다.
Yes/No로 응답할 수 있으며 Yes/No를 생략하고 부연 설명만으로
응답하는 경우도 있어요.

Yes, it does. 네, 맞아요.

Does this bus go to the national park?
이 버스는 국립공원으로 가나요?

빈출 질문 및 응답 유형

1. Be동사 의문문

Is/Are/Was/Were로 시작하는 의문문으로 주어 뒤에 오는 명사나 형용사 같은 말을 잘 들어야 해요.

Q **Are** you **ready** for the interview?
면접 준비 되셨나요?

A **No, I'm still nervous.**
아뇨, 아직 떨려요.

2. Do/Have 동사 의문문

Do동사 의문문은 Do/Does/Did로 시작하고 Have동사 의문문은 Have/Has로 시작하는 의문문입니다. 주어 뒤에
오는 동사에 집중해야 합니다.

Q **Have** you **visited** this city before?
이 도시에 와본 적 있어요?

A **I came here two years ago.**
2년 전에 왔었어요.

3. 우회적 답변

질문에 직접적인 답변을 주지 않고 우회적으로 답하는 경우도 있어요.

Q **Do** you **have** these shoes in white?
이 신발 흰색 있나요?

A **I will check the stock now.**
지금 재고가 있나 확인해 볼게요.

Check Up

다음 질문에 대해 알맞은 응답에는 O, 알맞지 않은 응답에는 X를 표시하세요.

정답과 해설 p.015

Q. Have you tried the pizza here before?

(A) Extra cheese, please.   (   )

(B) He was there this morning. (   )

(C) Yes, and it's delicious.   (   )

(D) It's my first time.   (   )

VOCA extra 추가의

부정 의문문은 부정의 형태로 시작하는 의문문으로 사실을 확인하거나 상대방의 동의를 구하는 질문이에요.
부정 의문문의 답변은 not이 없는 긍정 의문문에 대한 답변과 똑같다고 생각하면 됩니다.

Didn't you have breakfast?
아침 식사 안 하셨나요?

No, I didn't. 아뇨, 안 먹었어요.

빈출 질문 및 응답 유형

1. 긍정 답변

not을 무시하고 긍정 의문문으로 생각하여 질문 내용에 대해 긍정인 경우 Yes로 대답합니다.

Q	**Wasn't** the store **closed** yesterday? (= Was the store closed yesterday?)	어제 그 가게 문 닫지 않았어요? (어제 그 가게 문 닫았나요?)
A	**Yes,** for repairs.	네, 수리 때문에요.

2. 부정 답변

not을 무시하고 긍정 의문문으로 생각하여 질문 내용에 대해 부정인 경우 No로 대답합니다.

Q	**Don't** you **need** to charge your phone? (= Do you need to charge your phone?)	핸드폰 충전해야 하지 않아요? (핸드폰 충전해야 하나요?)
A	**No,** I just charged it.	아뇨, 방금 충전했어요.

3. 우회적 답변

질문에 직접적인 답변을 주지 않고 우회적으로 답하는 경우도 있어요.

Q	**Haven't** you **called** the client yet? (= Have you called the client yet?)	아직 그 고객에게 전화 안 했나요? (그 고객에게 전화 했나요?)
A	**I thought you did.**	전 당신이 하신 줄 알았어요.

Check Up

다음 질문에 대해 알맞은 응답에는 O, 알맞지 않은 응답에는 X를 표시하세요.   정답과 해설 p.015

Q. Didn't you buy a car recently?

(A) No, I don't own a car.   (   )   (B) The parking area out back.   (   )

(C) I really like that version.   (   )   (D) How did you know that?   (   )

● 부가 의문문

P2_13

부가 의문문은 평서문 뒤에 붙어서 '그렇죠?' '그렇지 않나요?'라는 의미로 사실을 확인하거나 동의를 구하는 질문입니다. 앞선 평서문의 내용에 대해 긍정이면 Yes, 부정이면 No로 응답을 합니다.

You know how to swim, don't you?
수영할 줄 알죠, 그렇지 않나요?

No, I don't. 아뇨, 못해요!

LC

PART 2

빈출 질문 및 응답 유형

1. 긍정 답변

앞선 평서문의 내용에 대해 긍정인 경우 Yes로 응답합니다.

> Q The party was exciting, **wasn't it?**
> A **Yes,** totally!

그 파티는 재미있었어요, 그렇지 않나요?
네, 정말로요!

2. 부정 답변

앞선 평서문의 내용에 대해 부정인 경우 No로 응답합니다.

> Q Mr. Smith doesn't like peanuts, **does he?**
> A **No,** he never eats peanuts.

스미스 씨는 땅콩 안 좋아하죠, 좋아하나요?
아니요, 그는 절대 땅콩을 먹지 않아요.

3. 우회적 답변

질문에 직접적인 답변을 주지 않고 우회적으로 답하는 경우도 있어요.

> Q You have been to Australia, **haven't you?**
> A Actually, I was born there.

호주에 가본 적 있죠, 그렇지 않나요?
실은 거기서 태어났어요.

다음 질문에 대해 알맞은 응답에는 O, 알맞지 않은 응답에는 X를 표시하세요.

정답과 해설 p.015

Q. We don't need to bring the ladder outside, do we?

(A) Yes, we probably should.　　(　　)　　(B) I don't think so.　　　　　(　　)

(C) About two hours ago.　　　　(　　)　　(D) The plants in the garden.　(　　)

VOCA ladder 사다리　probably 아마도　plant 식물

Day 05　일반/부정/부가 의문문　**49**

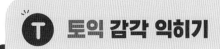

질문을 듣고 알맞은 응답을 고른 후, 다시 들으며 빈칸을 채우세요.

1. _____ you _____ my car keys?

    (A) Yes, they're on the meeting room table.

    (B) I own that car model, too.

2. The train hasn't _____ yet, _____ it?

    (A) Yes, we have some leftovers.

    (B) No, you've got five minutes!

3. _____ the air conditioner _____ in your office?

    (A) We just called maintenance.

    (B) He works down the hall.

4. _____ you _____ my text message?

    (A) Yes, and I answered you.

    (B) A revised document.

5. You _____ the bus tickets, _____ you?

    (A) He has a new boss.

    (B) Maybe we should take the train.

6. _____ we _____ the same train?

    (A) No, mine leaves later.

    (B) The dining car is at the back.

VOCA 1. own 소유하다   2. leftover 남은 음식   3. maintenance 유지, 정비   4. revised 수정된   document 서류
      5. boss 상관, 상사   6. leave 떠나다   dining car 식당차

1. Mark your answer.　　　　(A)　　　　(B)　　　　(C)

2. Mark your answer.　　　　(A)　　　　(B)　　　　(C)

3. Mark your answer.　　　　(A)　　　　(B)　　　　(C)

4. Mark your answer.　　　　(A)　　　　(B)　　　　(C)

5. Mark your answer.　　　　(A)　　　　(B)　　　　(C)

6. Mark your answer.　　　　(A)　　　　(B)　　　　(C)

7. Mark your answer.　　　　(A)　　　　(B)　　　　(C)

8. Mark your answer.　　　　(A)　　　　(B)　　　　(C)

9. Mark your answer.　　　　(A)　　　　(B)　　　　(C)

10. Mark your answer.　　　　(A)　　　　(B)　　　　(C)

선택 의문문 / 요청·제안문 / 평서문

강의

디저트 좀 먹을까요?

좋은 생각이에요.

◉ 다음 질문에 적절한 응답을 골라서 연결해보세요.

1. **Why don't we** have some dessert? •
   디저트 좀 먹을까요?

2. **Would you like** cake **or** ice-cream? •
   케이크랑 아이스크림 중에 뭐 드실래요?

3. I have homemade chocolate ice cream. •
   수제 초콜릿 아이스크림이 있어요.

• (A) Oh, I can't wait to try it!
   빨리 맛보고 싶어요.

• (B) Ice cream, please.
   아이스크림 주세요.

• (C) Sounds good.
   좋은 생각이에요.

정답   1. (C)   2. (B)   3. (A)

선택 의문문은 'A or B'의 형태로 둘 중에서 어느 것을 고를지 묻는 질문입니다. 둘 중 하나를 선택하는 응답이 가장 많이 나오지만, 둘 다 선택하거나 제3의 답변으로 정답이 나오는 경우도 있어요.

Would you like **coffee or tea**?
커피를 드릴까요, 아니면 차를 드릴까요?

Coffee is fine. 커피가 좋겠네요.

빈출 질문 및 응답 유형

1. 둘 중 하나 선택

질문에서 언급된 선택 표현을 그대로 사용하여 정답으로 출제되는 경우가 가장 많습니다.

Q Should we take **a train or a bus**?	기차를 탈까요, 아니면 버스를 탈까요?
A Let's take **a bus**.	버스를 타고 가죠.

2. 둘 다 선택 / 제3의 답변

둘 중 어느 것이든 괜찮다는 응답이나 제3의 답변이 정답으로 나올 수 있어요.

Q Would you like **pizza or pasta** for dinner?	저녁으로 피자를 드실래요, 아니면 파스타를 드실래요?
A **Either is fine with me.**	어느 것이든 괜찮습니다.

3. 우회적 답변

질문에 직접적인 답변을 주지 않고 우회적으로 답하는 경우도 있어요.

Q Are you going to **stay home or go outside**?	집에 있을 건가요, 아니면 밖에 나갈 건가요?
A **It's raining heavily outside.**	밖에 비가 많이 오고 있어요.

Check Up

다음 질문에 대해 알맞은 응답에는 O, 알맞지 않은 응답에는 X를 표시하세요. 정답과 해설 p. 019

Q. Should I go on the art tour or the food tour?

(A) It was painted last year. ( )   (B) How about city tour? ( )

(C) Some missing parts. ( )   (D) The food tour is much better. ( )

VOCA paint 페인트를 칠하다   missing 분실된, 없어진   parts 부품

◉ 요청·제안문

요청문은 상대방에게 부탁을 하거나 허락을 구하는 문장이고, 제안문은 상대방에게 권유하거나 상대방이 무엇을 원하는지 묻는 문장이에요. 수락하거나 거절하는 답변이 주로 출제됩니다.

Could you lend me your phone?
핸드폰 좀 빌려줄 수 있나요?

Sure, here it is.
그럼요, 여기 있습니다.

빈출 질문 및 응답 유형

1. 요청 / 허락

'~해 주실래요?'라는 요청문은 'Can[Could / Would] you ~?', '~해도 될까요?'라는 허락을 구하는 의문문은 'Can[Could / May] I ~?' 등의 표현이 주로 출제됩니다.

| Q | **Could you** give me a ride to the airport? | 공항까지 태워다 주실 수 있나요? |
| A | Sorry, I have to attend a meeting. | 죄송해요, 전 회의에 참석해야 합니다. |

2. 제안 / 권유

'~하는 게 어때요?'라는 의미로 'Would you like ~?' 또는 'Why don't you[we] ~?' 등의 표현이 등장합니다.

| Q | **Why don't you** watch this movie tonight? | 오늘 밤에 이 영화 보시는 거 어때요? |
| A | That's a good idea. | 좋은 생각이에요. |

3. 우회적 답변

질문에 직접적인 답변을 주지 않고 우회적으로 답하는 경우도 있어요.

| Q | **Would you like** to take a short break? | 잠깐 쉴래요? |
| A | I'm almost done. | 거의 다 했어요. |

 Check **Up**

다음 질문에 대해 알맞은 응답에는 O, 알맞지 않은 응답에는 X를 표시하세요. 정답과 해설 p.019

Q. Could you help me with this logo design?

(A) Sure, what can I do to help? (   )   (B) That's what the sign said. (   )

(C) Some new curtains. (   )   (D) Sorry, I'm busy. (   )

VOCA sign 표지판   curtain 커튼

● 평서문

평서문은 <주어+동사> 구조의 마침표로 끝나는 문장입니다. 사실이나 정보 전달, 문제점 언급, 의견 제시 등의 문장이 주로 등장해요. 정해진 유형 없이 다양한 답변이 가능하기 때문에 난이도가 높은 편입니다.

I forgot to bring an umbrella.
우산을 가져오는 것을 깜박했어요.

We can share mine.
제 거 같이 쓰시죠.

빈출 질문 및 응답 유형

1. 사실 / 정보 전달

미래의 계획이나 행사 일정, 일의 진행 상황 등 다양한 주제가 등장합니다.

Q I'll move to a new apartment next month.	저 다음 달에 새 아파트로 이사해요.
A That's great news!	좋은 소식이네요!

2. 문제점 언급

해결해야 하는 문제점이나 곤란한 상황에 대해 언급하는 경우입니다.

Q Sorry, we don't have this shirt in blue.	죄송합니다만, 이 셔츠 파란색은 없습니다.
A That's OK. Thanks for checking anyway.	괜찮아요. 어쨌든 확인해 주셔서 감사합니다.

3. 의견 / 요청 / 제안

주관적인 생각을 말하거나 요청 / 제안을 내포하는 경우입니다.

Q Our company should hire more employees.	우리 회사는 더 많은 직원을 고용해야 해요.
A That's not the best solution.	그것이 최선은 아닙니다.

Check Up

다음 평서문에 대해 알맞은 응답에는 O, 알맞지 않은 응답에는 X를 표시하세요.   정답과 해설 p.020

Q. Your ticket says you're going to Dublin.

(A) About two hours long.   (   )   (B) Thirty-five euros please.   (   )

(C) Is this the wrong train?   (   )   (D) I can't wait to be there.   (   )

VOCA can't wait to 빨리 ~하고 싶다

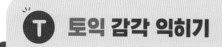
질문을 듣고 알맞은 응답을 고른 후, 다시 들으며 빈칸을 채우세요.

1. _____ you _____ some dessert?

    (A) No, I'm already full.

    (B) They liked it, too.

2. Does the company _____ or _____ its office building?

    (A) I'm looking for a two-bedroom place.

    (B) I believe they're renting.

3. You can _____ _____ your order after three o'clock.

    (A) Yes, they're in order.

    (B) OK, I'll stop by then.

4. The _____ in the lobby are _____.

    (A) A new reception desk.

    (B) They do look nice.

5. _____ don't we _____ a sausage pizza?

    (A) I already bought the ingredients.

    (B) Let's ring the doorbell.

6. Did you _____ these picture frames, or did you _____ them yourself?

    (A) Sure, I'll take it for you.

    (B) They're from an art supply store.

VOCA 1. dessert 후식   full 배부른   2. look for ~을 찾다   3. be in order 순서대로 되어 있다   stop by 들르다
4. reception 접수처   5. ingredient 재료, 성분   ring 울리다   doorbell 초인종   6. picture frame 액자
take 가지고 가다   art supply 미술용품

56

1. Mark your answer.   (A)   (B)   (C)

2. Mark your answer.   (A)   (B)   (C)

3. Mark your answer.   (A)   (B)   (C)

4. Mark your answer.   (A)   (B)   (C)

5. Mark your answer.   (A)   (B)   (C)

6. Mark your answer.   (A)   (B)   (C)

7. Mark your answer.   (A)   (B)   (C)

8. Mark your answer.   (A)   (B)   (C)

9. Mark your answer.   (A)   (B)   (C)

10. Mark your answer.   (A)   (B)   (C)

INTRO **Part 3**

짧은 대화

토익 PART 3는 이렇게 나와요!

두 사람 또는 세 사람의 짧은 대화를 듣고 이에 딸린 3문제를 풀이하는 유형입니다.

32. When is Anne leaving on her trip?

(A) On Thursday
(B) On Friday
(C) On Saturday
(D) On Monday

33. What activity is Anne looking forward to?

(A) Jogging
(B) Biking
(C) Swimming
(D) Sailing

34. What does the man say about Victoria City?

(A) It has good sports facilities.
(B) Its scenery is attractive.
(C) It has good weather.
(D) It is an interesting old city.

Questions 32-34 refer to the following conversation.

M: So Anne, you're taking time off next week? Are you going anywhere?

W: Yes. I'm going to Roxbury Island on Thursday. I'm really looking forward to going bicycle riding. I hear they have great bike trails there.

M: They do—I went there last year. I'd recommend visiting Victoria City, too. It's a fascinating old city.

W: Thanks, I'm going to be in Victoria City on Friday, so maybe I'll take a city tour.

🗨 이렇게 풀어 보세요!

STEP **①** 대화를 듣기 전에 질문을 보면서 핵심 키워드를 파악하세요.

- 질문에서 핵심적인 단어에 표시를 하면서 문제 의도를 빠르게 파악해 보세요.
- 특히 남녀 화자를 구분하는 것이 중요합니다.

---

32. When is **Anne leaving** on her trip?   **앤**이 여행을 떠나는 시점은?

33. What activity is **Anne looking forward to**?   **앤**이 기대하는 일은?

34. What does **the man say** about **Victoria City**?   **남자**가 빅토리아 시에 대해 말한 것은?

STEP **②** 첫 번째 문제부터 차례대로 정답의 근거가 들리기 때문에 순서대로 풀이합니다.

대부분의 경우 문제의 순서대로 정답의 근거가 나옵니다. 세 문제를 동시에 해결하려고 하지 말고 앞문제부터 차근차근 풀이하세요.

M: So Anne, you're taking time off next week? Are you going anywhere?

W: Yes. **I'm going to Roxbury Island on Thursday.** I'm really **looking forward to going bicycle riding.** I hear they have great bike trails there.

32. 앤이 여행을 떠나는 시점
33. 앤이 기대하는 일

M: They do—I went there last year. I'd recommend visiting **Victoria City, too. It's a fascinating old city.**

34. 남자가 빅토리아 시에 대해 말한 것

W: Thanks, I'm going to be in Victoria City on Friday, so maybe I'll take a city tour.

회사 생활

● 사내 업무

마케팅이나 판매 실적에 관한 회의, 업무 요청, 기기나 시설 관리에 대한 주제가 주로 출제됩니다.

> 데이비드, 광고 캠페인을 훌륭하게 해냈군요.

> 그들이 좋아해서 기쁩니다.

> 그래서 당신이 프로젝트 전체를 감독했으면 해요.

● 위의 대화를 영어로 들으면서 문제를 풀어보세요.

P3_01
정답과 해설 p. 023

W: David, **you've done excellent work on the advertising campaign** for Wexler Car Dealership.

M: I'm glad they liked it.

W: They did—and that's why **I'd like you to oversee the whole project.**

---

excellent 훌륭한   advertising 광고   car dealership 자동차 영업소
oversee 감독하다   whole 전체의

1. 화자들은 어떤 업계에서 일하겠는가?

(A) Entertainment

(B) Advertising

2. 여자는 남자가 무엇을 하기를 바라는가?

(A) Manage a project

(B) Give a presentation

---

entertainment 오락, 여흥   manage 관리하다
give a presentation 발표하다

패러프레이징(다른 말로 바꾸어 말하기)

대화   oversee the whole project 전체 프로젝트를 감독하다

→ 정답   Manage a project 프로젝트를 관리하다

정답   1. (B)   2. (A)

빈출 표현 익히기

사내 업무와 관련한 여러 가지 빈출 표현을 공부해 보아요. 각각의 주제에 관한 어휘들을 많이 알고 있으면 대화 흐름을 쉽게 따라갈 수 있어요.

1. 회의

attend 참석하다	give a presentation 발표하다
suggestion 제안	come up with ~을 생각해 내다, 제시하다
proposal 제안(서)	agenda 안건
conference call 전화 회의	videoconferencing 화상 회의

2. 업무 요청

deadline 마감 시한	deal with ~을 처리하다
reschedule 일정을 변경하다	help A with B A가 B하는 것을 돕다
assistance 지원, 도움	provide A with B A에게 B를 제공하다
delay 연기하다	work on ~에 관한 일을 하다

3. 시설 보수

maintenance 유지보수, 관리	out of order 고장 난
install 설치하다	repair 수리하다
renovate 개조하다, 보수하다	take a look 살펴보다
copier 복사기	work properly 제대로 작동하다

Check Up

우리말을 보고 빈칸을 채우세요.

정답과 해설 p.023

1. _____ a staff meeting
직원 회의에 **참석하다**

2. call the _____ department
관리부에 연락하다

3. extend the _____
마감일을 연장하다

4. ask for _____
도움을 구하다

5. _____ _____ _____ ideas
아이디어를 **생각해 내다**

6. _____ a printer
프린터를 **설치하다**

Day 07 회사 생활 **61**

● 인사

입사 지원, 신입 사원 면접, 채용 과정, 승진과 퇴직 등의 대화가 자주 출제됩니다.

지원한 곳에서 연락이 왔나요?

어제 연락 받았어요. 일주일 후에 면접이에요.

잘됐네요!

● 위의 대화를 영어로 들으면서 문제를 풀어보세요.

P3_04
정답과 해설 p.023

M: So, Jackie, **have you heard back yet about the accounting job you applied for?**

W: Yes, I just got a phone call yesterday. **I'm scheduled to have an interview with the accounting supervisor a week from today.**

M: That's great!

hear back (답을) 듣다, (연락을) 받다   accounting 회계   apply for ~에 지원하다   be scheduled to ~할 예정이다   supervisor 관리자

1. 대화의 주제는 무엇인가?

(A) An accounting seminar

(B) A job interview

2. 재키는 관리자와 언제 만날 것인가?

(A) In a week

(B) In two weeks

job interview 면접

⌂ 패러프레이징(다른 말로 바꾸어 말하기)

대화   a week from today 오늘로부터 일주일 후

→ 정답   In a week 일주일 후

정답   1. (B)   2. (A)

빈출 표현 익히기

인사와 관련한 여러 가지 빈출 표현을 공부해 보아요. 각각의 주제에 관한 어휘들을 많이 알고 있으면 대화 흐름을 쉽게 따라갈 수 있어요.

1. 채용

employ 고용하다	assign (일, 직책을) 맡기다
hire 고용하다	responsible for ~을 담당하는
fill the position 빈자리를 충원하다	short-staffed 일손이 부족한
qualified 자격이 있는	offer a position 일자리를 제안하다

2. 지원 / 면접

submit 제출하다	interview 면접
job opening 일자리 공석	degree 학위
cover letter 자기소개서	application 지원(서), 신청
reference 추천서	apply for ~에 지원하다

3. 전근 / 승진

transfer 전근 가다	promotion 승진
celebrate 기념하다, 축하하다	deserve ~할 자격이 있다
hard work 노고	dedication 헌신, 전념
move to ~로 이사하다	take over 인계 받다

Check Up

우리말을 보고 빈칸을 채우세요.

정답과 해설 p.024

1. conduct an _____
   면접을 진행하다

4. get a _____
   승진하다

2. _____ an assistant
   비서를 **고용하다**

5. accept an _____
   신청을 받다

3. _____ _____ the position
   직책을 **인계받다**

6. post a _____ _____
   채용 공고를 내다

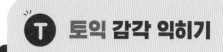
STEP **1** 대화를 듣고 질문에 알맞은 응답을 고른 후, 다시 들으며 빈칸을 채우세요.   P3_07

1. Where do the speakers most likely work?

(A) At a beverage manufacturer

(B) At an advertising agency

화자들은 어디서 일하겠는가?

(A) 음료 제조업체

(B) 광고 대행사

> M: Hi, Amirah. We just got a request from our client, JKB Beverages. They want us to change the logo on the ⁽¹⁾_____ for their new energy drinks.
>
> W: Can I see what exactly they want to change?

2. Why is the man at the office?

(A) To do maintenance work

(B) To sell some products

남자는 왜 사무실에 있는가?

(A) 유지보수 작업을 하려고

(B) 제품을 판매하려고

> M: Hi. I received a ⁽²⁾_____ request. Am I in the right office?
>
> W: Hi. Yes—the problem's with the ⁽³⁾_____ in the meeting room. There's something wrong with the image quality.

3. What does the speakers' company most likely sell?

(A) Exercise equipment

(B) Office supplies

화자들의 회사는 무엇을 판매하겠는가?

(A) 운동 기구

(B) 사무용품

> W: Thanks for meeting with me, John. Tell me what's going on this quarter with our ⁽⁴⁾_____ _____ and treadmills.
>
> M: Unfortunately, sales are down twelve percent from the previous quarter.

4. What problem are the speakers discussing?

(A) A customer's account has been closed.

(B) A Web site is not working.

화자들은 어떤 문제에 대해 이야기하는가?

(A) 고객 계정이 막혔다.

(B) 웹사이트가 작동하지 않는다.

> M: Hello, I've been trying to apply online for a position at your store, but your Web site keeps ⁽⁵⁾_____.
>
> W: Oh, we've been having some issues with our online application links lately.

VOCA **1.** manufacturer 제조업자   advertising agency 광고 대행사   exactly 정확히, 틀림없이   **3.** office supplies 사무용품
quarter 분기   treadmill 러닝머신   unfortunately 불행히도   previous 이전의   **4.** lately 최근에

[1-2]

1. Who most likely is the man?

(A) An auto mechanic

(B) A computer technician

2. What does the man ask the woman?

(A) How often she uses a charger

(B) How many machines are broken

W: Hi, I'm calling to get some
(1) _____ with my laptop. If I use
it for more than an hour, the bottom of
the machine gets really hot.

M: Hmmm. Sounds like you have
a problem with your battery.
(2) _____ _____ do you
use your battery charger?

W: I keep the charger connected all the
time.

[3-4]

3. Where do the speakers work?

(A) At a travel agency

(B) At an accounting firm

4. What event are the speakers preparing
for?

(A) A workshop

(B) An employee picnic

M: Emiko, how are you enjoying your first
week as a senior (3) _____ at our
firm?

W: It's been great. I'm lucky to be working
with some of the best accountants in
the world. And I'm looking forward to
the (4) _____ next week.

M: Ah yes, I actually wanted to ask for
your help with that.

W: Happy to help. I'm free right now.

VOCA **1-2.** auto 자동차　mechanic 정비공　technician 기사, 기술자　broken 고장 난　laptop 노트북 컴퓨터　bottom 바닥
machine 기계　battery charger 충전기　connected 연결된　all the time 내내, 줄곧　**3-4.** travel agency 여행사
accounting firm 회계 사무소　prepare for ~를 준비하다　employee 직원　senior 고위의; 상급자　firm 회사
look forward to ~을 고대하다　actually 실은

1. Why is the woman meeting with the man?

    (A) To review a research study
    (B) To get approval for a business plan
    (C) To film a commercial
    (D) To interview for a job

2. What was recently built?

    (A) A department store
    (B) A bridge
    (C) A factory
    (D) A railway station

3. What does the woman offer to do?

    (A) Work the night shift
    (B) Attend a training course
    (C) Revise a presentation
    (D) Demonstrate a product

4. Who most likely are the women?

    (A) Shop assistants
    (B) City officials
    (C) Museum workers
    (D) Librarians

5. What will the theme of a display be?

    (A) Sports
    (B) Holidays
    (C) Science
    (D) History

6. Where will the man most likely go next?

    (A) To a post office
    (B) To a doctor's office
    (C) To a restaurant
    (D) To a bank

7. What does the man ask the woman to help with?

  (A) Accessing a database
  (B) Replacing a monitor
  (C) Viewing a Web site
  (D) Designing a new program

8. Why does the man say, "There was a software update installed last night, right"?

  (A) To suggest the cause of a problem
  (B) To praise an accomplishment
  (C) To verify a new password
  (D) To compile a list of affected employees

9. What will the woman do next?

  (A) Contact the man's supervisor
  (B) Go to the man's office
  (C) Send out a company-wide e-mail
  (D) Call technical support

10. What department does Zeyneb work in?

  (A) Legal
  (B) Finance
  (C) Communications
  (D) Research and development

11. What does the woman say she will do?

  (A) Review a contract
  (B) Plan a schedule
  (C) Contact a vendor
  (D) Make a reservation

12. According to the man, why should the woman go to an office?

  (A) To pick up a badge
  (B) To sign a card
  (C) To submit a report
  (D) To confirm an address

Day 08

일상 생활

강의

강의

쇼핑/여행/여가

일상 생활에서 접할 수 있는 물품 구입, 환불, 여행 일정 잡기, 여가 활동 등과 관련된 대화가 많이 출제됩니다.

찾으시는 제품이 있나요?

네, 태블릿 컴퓨터를 살까 하는데요.

이 모델이 가장 잘 팔리는 제품입니다.

◉ 위의 대화를 영어로 들으면서 문제를 풀어보세요.

🔊 P3_10
정답과 해설 p. 028

W: Welcome to Freemont Tech Store. Is there anything I can help you find?

M: Yes, I'm thinking about buying a tablet computer since they're so small. It would be easy to take with me on my business trips.

W: Well, this one here—the Xena 300 tablet—has been a top seller since it came out.

find 찾다   business trip 출장   top seller 가장 잘 팔리는 상품

1. 여자는 누구이겠는가?

(A) A travel agent

(B) A store salesperson

2. 남자가 태블릿 컴퓨터에 대해 좋아하는 점은?

(A) Its size

(B) Its price

travel agent 여행사 직원   salesperson 판매원

📎 패러프레이징(다른 말로 바꾸어 말하기)

대화 they're so small 그것들은 아주 작다

➡ 정답 Its size 사이즈

정답 1. (B)   2. (A)

빈출 표현 익히기

쇼핑/영화/여가와 관련한 여러 가지 빈출 표현을 공부해 보아요. 각각의 주제에 관한 어휘들을 많이 알고 있으면 대화 흐름을 쉽게 따라갈 수 있어요.

1. 쇼핑

purchase 구매하다; 구매(품)	available 이용할 수 있는, 시간이 되는
refund 환불하다; 환불	charge 요금을 물리다, 청구하다
store 보관하다, 저장하다	payment 지불
out of stock 재고가 떨어진	vendor 판매자, 상인

2. 여행

book 예약하다 (= reserve)	check in 체크인하다
travel agency 여행사	sightseeing 관광
luggage 수하물	attraction 관광명소
tourist 관광객	itinerary 여행 일정

3. 여가

reservation 예약	pick up ~를 데리러 가다
seating 좌석, 좌석 배치	exhibit 전시, 전시회
patio 테라스	fund-raiser 모금 행사
recommend 추천하다	review 후기, 평

Check Up

🔊 P3_12

우리말을 보고 빈칸을 채우세요.

정답과 해설 p.028

1. _____ a car
차를 **구매하다**

2. receive good _____
좋은 **후기들**을 받다

3. make a dinner _____
저녁 **예약**을 하다

4. request a _____
환불을 요청하다

5. only _____ online
온라인에서만 **구매 가능한**

6. the city's top _____
그 도시의 최고 **명소들**

부동산 임대, 이사, 대중교통 관련 대화나 은행, 병원, 우체국 등 일상 편의시설에 관한 대화가 많이 출제됩니다.

네, 토요일에 집을 보여 드릴 수 있습니다.

광고하신 아파트 관련해서 전화 드렸습니다.

부동산

좋네요.

● 위의 대화를 영어로 들으면서 문제를 풀어보세요.

🔊 P3_13
정답과 해설 p. 028

W: Hi. I'm calling about the two-bedroom apartment you advertised.

M: OK, we'll be showing the unit **on Saturday** between ten and four. **We'll have applications available that you can fill out and submit right there** if you're interested.

W: Great.

advertise 광고하다   unit (공동 주택의) 한 세대   application 신청(서)
fill out 작성하다   submit 제출하다

1. 여자가 전화한 이유는?

(A) To confirm a hotel booking
(B) To inquire about an apartment

2. 남자가 토요일에 제출하면 된다고 한 것은?

(A) A copy of an ID
(B) An application form

confirm 확인하다   inquire 문의하다   copy 사본

📎 **패러프레이징(다른 말로 바꾸어 말하기)**

대화   applications 신청서

➡ 정답   An application form 신청서

정답   1. (B)   2. (B)

빈출 표현 익히기

주거/교통/편의시설과 관련한 여러 가지 빈출 표현을 공부해 보아요. 각각의 주제에 관한 어휘들을 많이 알고 있으면 대화 흐름을 쉽게 따라갈 수 있어요.

1. 주거

unit (공동 주택의) 한 세대, 한 가구

property manager 건물 관리인

furnished 가구가 비치된

lease 임대 계약

location 위치, 장소

resident 거주민

realty 부동산 (= real estate)

utilities (전기, 수도, 가스 등) 공과금

2. 교통

get off 내리다

public transportation 대중교통

stuck in traffic 교통 체증에 걸린

commute 통근하다; 통근

bus route 버스 노선

depart 출발하다

give a ride 태워주다

vehicle 차량

3. 편의시설

appointment 예약, 약속

identification 신분증

medicine 약

fill out 작성하다 (= complete)

prescription 처방

late fee 연체료

checkup 건강 검진

overdue 기한이 지난

 P3_15

Check Up

우리말을 보고 빈칸을 채우세요.

정답과 해설 p.029

1. have an annual _____
연례 **건강검진**을 받다

4. the long _____ to the office
사무실까지 긴 **통근 시간**

2. cancel an _____
예약을 취소하다

5. change a workshop _____
워크숍 **장소**를 바꾸다

3. _____ _____ a survey
설문을 **작성하다**

6. The train is _____ soon.
기차는 곧 **출발한다**.

T 토익 감각 익히기

정답과 해설 p.029

STEP ① 대화를 듣고 질문에 알맞은 응답을 고른 후, 다시 들으며 빈칸을 채우세요.

P3_16

1. Where does the man most likely work?

   (A) At an office-supply store

   (B) At a furniture store

   남자는 어디서 일하겠는가?

   (A) 사무용품점

   (B) 가구점

   > M: Welcome to Heathman's. Can I help you find something—a table? Or a sofa?
   >
   > W: I'm looking for a ⁽¹⁾_____ _____. Ideally something that has room to store things under it.

2. What is the purpose of the call?

   (A) To cancel an appointment

   (B) To purchase tickets

   전화를 건 목적은?

   (A) 약속을 취소하려고

   (B) 표를 구매하려고

   > M: Hi. I'm calling to buy ⁽²⁾_____ _____ to the museum fund-raiser next week. Can you help me with that?
   >
   > W: Sure. The ticket price includes a three-course dinner.

3. Why does the man apologize?

   (A) A book is out of print.

   (B) A Web site is not working.

   남자가 사과하는 이유는?

   (A) 책이 절판되어서

   (B) 웹사이트가 작동하지 않아서

   > W: Hello, I'm looking for a book called *Traces in the Water*. Do you have a copy here?
   >
   > M: Hmm, let me check our records. I'm really sorry, but that book is ⁽³⁾_____ _____ _____.

4. Where does the man want to go?

   (A) To an art museum

   (B) To a tourist information center

   남자는 어디에 가고 싶어 하는가?

   (A) 미술관

   (B) 관광 안내소

   > M: Excuse me, what stop should I get off at for the modern ⁽⁴⁾_____ _____?
   >
   > W: The best stop is at Grand Street — you'll only have to walk two blocks.

VOCA 1. office-supply 사무용품 ideally 이상적으로   2. museum 박물관 fund-raiser 모금 행사 include 포함하다
3. called ~라는 이름의 trace 자취, 흔적 record 기록   4. stop 정류장 modern 현대의, 근대의

72

[1-2]

1. What most likely is the woman's job?

　(A) Hotel receptionist

　(B) Travel agent

2. What does the woman say about a train pass?

　(A) It is no longer available.

　(B) It is cheaper to purchase before a trip.

W: Hi, Mr. Smith. I just finished (1)＿＿＿＿＿＿ the hotels and flights for your upcoming vacation.

M: Great—thanks! So what's the next step?

W: We'll need to (2)＿＿＿＿＿＿ your train pass. You only get the tourist discount if you buy it before you go.

[3-4]

3. Who is the man meeting for lunch?

　(A) A business partner

　(B) A job candidate

4. What does the woman ask the man about?

　(A) When he would like to order

　(B) Where he would like to sit

M: Hi. I have a reservation for two under the name Michaels. I'm meeting my (3)＿＿＿＿＿ ＿＿＿＿＿, but he hasn't arrived yet.

W: Yes, I see your reservation right here. Do you have a (4)＿＿＿＿＿ preference? We have a few open tables inside the restaurant and some out on the patio.

M: Well, we'll have a lot of business to discuss. So a quiet area is best.

VOCA **1-2.** receptionist 접수 담당자　no longer 더 이상 ~이 아닌　flight 항공편　upcoming 다가오는, 곧 있을　step 단계
pass 통행권, 승차권　**3-4.** candidate 지원자　preference 선호　patio 테라스　discuss 논의하다　quiet 조용한

1. What is the woman asking about?

(A) A refund

(B) A job

(C) A repair

(D) A sale

2. Why does the man apologize?

(A) An item is out of stock.

(B) An employee is not available.

(C) A store policy has changed.

(D) A fee is charged for a service.

3. What does the woman say she will do in an hour?

(A) Return to the shop

(B) Submit an application

(C) Confirm a payment

(D) Call a vendor

4. What kind of business is the woman calling?

(A) An airline

(B) A taxi service

(C) A hotel

(D) A travel agency

5. What problem does the woman mention?

(A) A mistake with a reservation

(B) A delayed flight

(C) A broken-down car

(D) Lost luggage

6. What does the man offer to do?

(A) Stay open late

(B) Refund a fee

(C) Accept a delivery

(D) Reserve a taxi

7. Why does the woman say she was late?

(A) She was stuck in traffic.

(B) She was delayed at a meeting.

(C) She went to the wrong building.

(D) She forgot the time of an appointment.

8. What does the man tell the woman?

(A) She can see a nurse.

(B) She might have to wait a long time.

(C) A prescription was ordered.

(D) A location was changed.

9. What does the woman decide to do?

(A) Return home

(B) Call another office

(C) Contact her supervisor

(D) Come back another day

6	Orchard Avenue
13	Summit Street
23	Brook Lane
30	Sycamore Drive

10. Look at the graphic. Which bus will the man most likely take?

(A) Bus 6

(B) Bus 13

(C) Bus 23

(D) Bus 30

11. Why is the man visiting the city?

(A) To conduct a job interview

(B) To tour an international office

(C) To negotiate a contract

(D) To give a presentation

12. According to the woman, what does the smartphone application provide?

(A) Tourist information

(B) A weather forecast

(C) Restaurant discounts

(D) Schedule updates

INTRO Part 4

짧은 담화

INTRO Part 4 — 짧은 담화

76

이렇게 풀어 보세요!

STEP **1** 담화를 듣기 전에 질문을 보면서 핵심 키워드를 파악하세요.

- 질문에서 핵심적인 단어에 표시를 하면서 문제 의도를 빠르게 파악해 보세요.
- 질문이 청자에 관한 내용인지 화자에 관한 내용인지 구분해야 합니다.

71. What did **Judy do last week**?	주디가 지난주에 한 일은?
72. What is **the problem**?	무엇이 문제인가?
73. What does **the speaker** ask **Judy to do**?	화자가 주디에게 부탁한 일은?

STEP **2** 첫 번째 문제부터 차례대로 정답의 근거가 들리기 때문에 순서대로 풀이합니다.

PART 3와 마찬가지로 PART 4도 대부분의 경우 문제의 순서대로 정답의 근거가 나옵니다.

Hi, Judy, it's Ted in the accounting department. I'm working on the reimbursement request from **your business trip to New York last week**. I've received the receipts for your travel expenses, but **you forgot to attach the reimbursement form**. I'll need that before we can reimburse you for your travel expenses. **Would you mind sending the completed form to my office?** Thanks, Judy.

71. 주디가 지난주에 한 일

72. 문제점

73. 화자가 주디에게 부탁하는 일

Day 09 전화 메시지 / 공지

강의

전화 메시지

전화 메시지는 주문/배송, 회의나 업무 요청, 컴플레인이나 문의 사항, 그에 대한 응답 등이 출제됩니다.

안녕하세요.
책상을 주문했는데 설명서가 스페인어로 인쇄되어 있습니다.
영어 설명서를 이메일로 보내주시면 감사하겠습니다.

● 위의 담화를 영어로 들으면서 문제를 풀어보세요.

🔊 P4_01
정답과 해설 p.033

화자 소개	Hello, this is Kenichi Itoh.
전화 목적	**Two days ago, I ordered a desk through your online shop.** However, I just opened the box, and the instruction booklet for the item is printed in Spanish!
요청 사항	**Probably the easiest solution would be to e-mail me a link to the English version of the instructions.** Thanks.

instruction booklet 설명서 probably 아마
solution 해결책

1. 화자는 어디에서 물품을 구입했는가?

(A) On the Internet

(B) At a department store

2. 화자는 청자가 무엇을 하기를 원하는가?

(A) Send him an e-mail

(B) Check inventory in a warehouse

department store 백화점 inventory
재고품, 물품 목록 warehouse 창고

패러프레이징(다른 말로 바꾸어 말하기)

담화 through your online shop 귀사의 온라인 쇼핑몰을 통해

→ 정답 On the Internet 인터넷으로

정답 1. (A) 2. (A)

빈출 표현 익히기

전화 메시지와 관련한 여러 가지 빈출 표현을 공부해 보아요. 각각의 주제에 관한 어휘들을 많이 알고 있으면 담화 흐름을 쉽게 따라갈 수 있어요.

1. 주문 / 배송

order 주문(품); 주문하다

tracking 배송 추적

express mail 속달 우편

deliver 배달하다

recipient 수령인

in stock 재고가 있는

shipment 수송, 수송품

appliance (가정용) 기기

2. 회의 / 업무 요청

organize 준비하다, 조직하다

expense report 경비 보고서

projector 프로젝터, 영사기

keep ~ in mind ~을 명심하다

product launch 제품 출시

consider 고려하다

make it to ~에 도착하다[참석하다]

go over 검토하다

3. 컴플레인 / 문의 사항

unfortunately 불행히도

apologize 사과하다

inconvenience 불편함

inquiry 질문, 문의

disappointed 실망한

unacceptable 받아들일 수 없는

understanding 이해, 양해

complaint 불평, 항의

Check Up

우리말을 보고 빈칸을 채우세요.

정답과 해설 p.034

1. _____ _____ _____
the conference 회의에 **참석하다**

2. answer the _____
문의에 답하다

3. cancel the _____
주문을 취소하다

4. _____ for the delay
지연에 대해 **사과하다**

5. receive the _____
수송품을 받다

6. _____ a meeting
회의를 **준비하다**

⦿ 공지

직장에서 업무와 관련한 전달 사항이나, 공공장소에서의 이용 시간 안내, 제품 / 행사에 대한 공지 사항 등이 출제됩니다.

> 뉴욕행 206편 승객 여러분, 오늘 저녁
> 운항이 취소되었습니다.
> 새로운 예약을 위해 고객 서비스 데스크로
> 와 주십시오.
> 오늘 밤 공항 호텔에서 숙박할 수 있도록
> 준비해 두었습니다.

⦿ 위의 담화를 영어로 들으면서 문제를 풀어보세요.

🔊 P4_04
정답과 해설 p. 034

공지 대상	**Attention, passengers on Flight 206 to New York.**
전달 사항	This evening's flight has been canceled because of a technical issue. Please go to the customer service desk in Terminal B, where one of our representatives will assist you with a new reservation.
부가/요청 사항	**As a courtesy, we've made arrangements for you to stay at the airport hotel tonight.**

technical issue 기술적 문제   representative 직원
assist 돕다   arrangement 준비, 채비

1. 청자들은 어디에 있는가?

(A) At an airport
(B) At a bus terminal

2. 청자들은 호의로 무엇을 받는가?

(A) Hotel accommodations
(B) Free Internet service

accommodation 숙박 시설

📎 패러프레이징(다른 말로 바꾸어 말하기)

담화   to stay at the airport hotel   공항 호텔에 묵는 것
→ 정답   Hotel accommodations   호텔 숙박

정답   1. (A)   2. (A)

빈출 표현 익히기

공지와 관련한 여러 가지 빈출 표현을 공부해 보아요. 각각의 주제에 관한 어휘들을 많이 알고 있으면 담화 흐름을 쉽게 따라갈 수 있어요.

1. 공공장소 공지

Attention 주목해 주세요	extend 연장하다
immediately 즉시	mechanical problem 기계적 결함
counter 접수대	on time 정시에
report to ~에 알리다[신고하다]	be sure to 반드시 ~하다

2. 교통 안내

crew 승무원	passenger 승객
baggage 수하물	express train 급행 열차
boarding pass 탑승권	issue 문제; 발행하다
carry-on 휴대용 가방	fasten (안전벨트를) 매다

3. 제품 / 행사 안내

offer 제공하다	feature 특징
opportunity 기회	raffle 추첨
voucher 쿠폰, 상품권	competition 대회
complimentary 무료의	participate 참여하다, 참가하다

Check Up

P4_06

우리말을 보고 빈칸을 채우세요.

정답과 해설 p.034

1. _____ your seat belt.
안전벨트를 **착용해 주세요.**

2. arrive _____ _____
정시에 도착하다

3. grab an _____
기회를 잡다

4. _____ a train ticket
기차표를 **발행하다**

5. _____ hours
시간을 **연장하다**

6. take part in a _____
대회에 참가하다

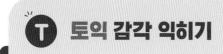

STEP **1** 담화를 듣고 질문에 알맞은 응답을 고른 후, 다시 들으며 빈칸을 채우세요.　🔊 P4_07

1. What is the announcement about?

(A) A sports tournament

(B) A radio program

발표는 무엇에 관한 것인가?

(A) 스포츠 토너먼트

(B) 라디오 프로그램

> And now for Radio KBNM's local news. Organizers of the Sunnytown (1)_____ _____ have announced that the annual charity event has been rescheduled.

2. What does the speaker ask the listener to do?

(A) Call her supervisor

(B) Review her ideas

화자는 청자에게 무엇을 요청하는가?

(A) 관리자에게 전화

(B) 자신의 아이디어 검토

> Hello, Martin. It's Shannon. I hope you enjoyed your holiday last week! We missed you here at the station. Look, I know you just got back... but, uh, I need a favor. Would you mind (2)_____ at the rough draft of my programming (3)_____? I'd really appreciate it.

3. Why does the speaker say a product is unique?

(A) Its battery charges quickly.

(B) It is the smallest model available.

화자는 왜 제품이 특별하다고 말하는가?

(A) 배터리가 빨리 충전돼서

(B) 시중에서 가장 작은 모델이어서

> I'm delighted to announce that Zepler Automobiles will be releasing the Y100 electric car on the market soon. The Y100 will be unlike any other electric car because the (4)_____ can be fully (5)_____ in only three hours.

4. What kind of business does the speaker work for?

(A) A truck rental company

(B) A furniture store

화자는 어떤 종류의 업체에서 일하는가?

(A) 트럭 대여업체

(B) 가구점

> Hello, this is Naomi's Custom Office (6)_____. Just wanted to give you an update on your orders. We've received the office (7)_____ you ordered. From what I see in the invoice notes, it looks like you had wanted them to be delivered tomorrow, but all of our trucks are busy for the next few days.

VOCA **1.** organizer 주최 측, 조직자　announce 발표하다　charity 자선　reschedule 일정을 변경하다　**2.** rough draft 초안 appreciate 감사하다　**3.** release 출시하다　unlike ~와 다른　fully 완전히　**4.** invoice 송장, 청구서

[1-2]

1. What is the purpose of the telephone message?

   (A) To apologize to a customer
   (B) To reschedule an appointment

2. What problem does the speaker mention?

   (A) Some material is damaged.
   (B) A machine is broken.

Hello, Ms. Katayama. I just received your message about the (1)_____ you encountered with some of the fabric we sent to your company two days ago. I'm very (2)_____ that we delivered material that was (3)_____. We will, of course, come to your factory to pick up the fabric you aren't able to use and drop off another shipment at no extra cost.

[3-4]

3. What problem is being addressed?

   (A) Computer errors
   (B) Passenger delays

4. What are listeners asked to do?

   (A) Prepare to present documents
   (B) Go to a different part of the airport

Attention, airline travelers. Due to the large number of people taking flights today, we are experiencing significant (4)_____ at the security checkpoints. In order to speed up the process, please have your (5)_____ and (6)_____ ready for the security guards to check. Please be aware that attendants wearing red badges will be working their way through the waiting lines.

VOCA **1-2.** encounter 맞닥뜨리다, 접하다 fabric 직물 drop off 가져다주다 at no extra cost 별도의 비용 없이
3-4. address (문제를) 처리하다 significant 중요한, 상당한 security checkpoint 보안검색대 be aware 알다
attendant 종업원, 안내원

1. Where does the announcement take place?

   (A) At a clothing shop
   (B) At a bakery
   (C) At a computer store
   (D) At a bookstore

2. According to the speaker, what has been added to the business?

   (A) More checkout counters
   (B) Upgraded equipment
   (C) A reading area
   (D) A café

3. What does the speaker remind the listeners about?

   (A) A discount price
   (B) A product demonstration
   (C) A book signing
   (D) A holiday event

4. What is the problem?

   (A) A store has gone out of business.
   (B) An appliance has broken.
   (C) The price of an item has increased.
   (D) Some merchandise is unavailable.

5. What does the speaker suggest?

   (A) Contacting an interior decorator
   (B) Purchasing an alternate item
   (C) Visiting another store branch
   (D) Replacing a part

6. What does the speaker say he will do?

   (A) Make a delivery
   (B) Recommend a painter
   (C) Send a catalog
   (D) Provide product samples

7. Where is the speaker most likely calling from?

(A) A fish market
(B) A tour company
(C) A theater
(D) A shipping company

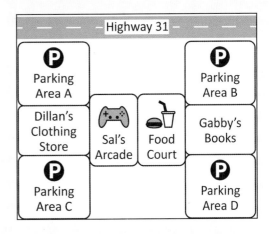

8. What does the speaker warn the listener about?

(A) Tickets are going to sell out.
(B) A departure may be delayed.
(C) An office may be closed.
(D) Parking may be difficult.

9. What should the listener wear?

(A) A name tag
(B) Comfortable shoes
(C) A uniform
(D) A hat

10. What change is being announced?

(A) A later closing time
(B) Additional food options
(C) Higher parking fees
(D) An upcoming building renovation

11. Look at the graphic. Where does a shuttle depart from?

(A) Parking Area A
(B) Parking Area B
(C) Parking Area C
(D) Parking Area D

12. What event will happen next Saturday?

(A) A fashion show
(B) A cooking contest
(C) A book signing
(D) A charity auction

Day 10 방송 / 연설

강의

방송

방송은 지역의 다양한 소식, 초청 게스트 소개, 제품이나 서비스에 광고 등이 주로 출제됩니다.

WQAZ를 청취해 주셔서 감사합니다. 이번 주말에 계획된 음악 축제는 폭풍 예보로 인해 취소되었습니다. 후안 마르티네즈 씨가 지역 스포츠 소식을 전해드리겠습니다.

위의 담화를 영어로 들으면서 문제를 풀어보세요.

🔊 P4_10
정답과 해설 p.039

프로그램 소개	Thanks for listening to WQAZ, Portland's favorite radio station.
세부 내용	**The outdoor music festival at Putnam Park will no longer be held this weekend.** This is a big disappointment to many of you, but **we are expecting quite a large storm to hit our area.**
추가 정보	Now, I'll turn you over to Juan Martinez, who's going to update us on local sports news.

disappointment 실망 storm 폭풍

1. 어떤 행사가 취소되었는가?

(A) A sports tournament

(B) A music festival

2. 왜 행사가 취소되었는가?

(A) Some construction is scheduled.

(B) Bad weather is approaching.

construction 공사 approach 다가오다

📎 패러프레이징(다른 말로 바꾸어 말하기)

담화 a large storm 큰 폭풍

→ 정답 Bad weather 악천후

정답 1. (B) 2. (B)

빈출 표현 익히기

 P4_11

방송과 관련한 여러 가지 빈출 표현을 공부해 보아요. 각각의 주제에 관한 어휘들을 많이 알고 있으면 담화 흐름을 쉽게 따라갈 수 있어요.

1. 지역 뉴스

radio station 라디오 방송국	tune in (라디오 주파수를) 맞추다, 청취하다
commercial break 광고 방송 시간	priority 우선 사항
initiate 개시하다	announce 발표하다
traffic jam 교통 체증	expansion 확장

2. 초청 게스트 소개

release 출시하다	author 작가
contribute to ~에 기여하다	well-known 유명한
expert 전문가	invite 초대하다
introduce 소개하다	explain 설명하다

3. 광고

look for ~을 찾다, 구하다	subscription 구독, 구독료
prefer 선호하다	award-winning 상을 받은
be proud to ~하는 것을 자랑스러워하다	durable 내구성이 좋은
state-of-the-art 최신의	quality 품질

Check Up

P4_12

우리말을 보고 빈칸을 채우세요.

정답과 해설 p.039

1. _____ a guest speaker
초대 연사를 **소개하다**

2. _____ a plan
계획을 **발표하다**

3. improve the _____
품질을 높이다

4. cause a _____ _____
교통 체증을 일으키다

5. _____ the results
결과에 대해 **설명하다**

6. have _____ facilities
최신 시설을 갖추다

LC

PART 4

● 연설

연설은 회의 안건, 사내 교육, 워크숍이나 세미나와 같은 각종 행사에서의 설명 등이 자주 출제되고 있어요.

첫 출근을 축하드립니다!
무엇보다도 안전이 가장 중요하다는
것을 잊지 마세요.
다음으로, 인사 담당 대표를
소개하겠습니다.

● 위의 담화를 영어로 들으면서 문제를 풀어보세요.

P4_13
정답과 해설 p.039

연설 목적	Welcome to your first day on the job here at the shipping port of New York!
세부 내용	Above all, I want to remind everyone to always put safety first on the docks: be careful lifting heavy objects and look out for slippery surfaces.
다음에 할 일	I also want to introduce you all to our human resources representative, Alexi Petrov. He'll be happy to meet with you one-on-one.

shipping port 선적항   safety 안전   look out 조심하다
slippery 미끄러운   surface 표면
representative 대표, 담당자

1. 청자들은 어디에서 일하는가?

(A) At a post office
(B) At a shipping port

2. 화자가 청자들에게 상기시킨 일은 무엇인가?

(A) Follow safety guidelines
(B) Fill out some paperwork

guideline 지침   fill out 작성하다

📎 패러프레이징(다른 말로 바꾸어 말하기)

담화   always put safety first 항상 안전을 최우선으로 생각하다
→ 정답   Follow safety guidelines 안전 지침을 따르다

정답   1. (B)   2. (A)

빈출 표현 익히기

연설과 관련한 여러 가지 빈출 표현을 공부해 보아요. 각각의 주제에 관한 어휘들을 많이 알고 있으면 담화 흐름을 쉽게
따라갈 수 있어요.

1. 회의 안건

company policy 회사 규정	discuss 논의하다
production rate 생산율	competitor 경쟁사
relocate to ~로 이전하다	quarter 분기
reduce 줄이다	sales figure 매출액

2. 사내 교육

training 교육, 훈련	orientation 오리엔테이션, 예비 교육
intern 수습사원, 인턴	background 배경, 경력
critical 대단히 중요한	accurately 정확하게
emphasize 강조하다	pay close attention 세심한 주의를 기울이다

3. 각종 행사

fund-raising 모금 활동	gathering 모임
participant 참가자	opening ceremony 개업식
register 등록하다	keynote speaker 기조 연설자
charity event 자선 행사	be honored to ~하게 되어 영광이다

Check Up

우리말을 보고 빈칸을 채우세요.

정답과 해설 p.039

1. receive _____
훈련을 받다

2. increase the _____ _____
생산율을 높이다

3. hold a _____ _____
자선 행사를 개최하다

4. post a _____ _____
회사 규정을 게시하다

5. _____ in advance
사전 등록하다

6. _____ the safety rules
안전 수칙을 강조하다

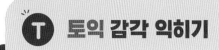
STEP **①** 담화를 듣고 질문에 알맞은 응답을 고른 후, 다시 들으며 빈칸을 채우세요. 🔊 P4_16

1. What is the topic of the meeting?

(A) An office relocation

(B) An upcoming sale

회의의 주제는?

(A) 사무실 이전

(B) 다가오는 세일

> Thank you all for coming to this meeting today. As you know, we're (1)_____ into our (2)_____ _____ on Monday! There are just a few things that I'd like to tell you before then.

2. Who most likely are the listeners?

(A) Sales associates

(B) Bicycle messengers

청자들은 누구겠는가?

(A) 영업 사원

(B) 자전거 배달원

> I have news for you—an important update to a company policy. It applies to all our (3)_____ _____ who ride through the city to deliver legal documents to clients. From now on, please do not wear your headphones while riding.

3. According to the speaker, what happened last week?

(A) A new book was published.

(B) A mobile application was released.

화자에 따르면, 지난주에 무슨 일이 있었는가?

(A) 신간 서적이 출판되었다.

(B) 모바일 앱이 출시되었다.

> Hello, and welcome to *The Money Exchange*. Our guest today is Henry Orton, whose (4)_____ _____, *Spend to Save*, was just (5)_____ last week. In his book, Mr. Orton explains ways to increase the profits of small businesses by investing wisely.

4. What does the speaker say happens at the conference every year?

(A) A keynote speaker is featured.

(B) An award is given.

화자는 매년 학회에서 무슨 일이 있다고 말하는가?

(A) 기조 연설자가 나온다.

(B) 상이 수여된다.

> Thanks everyone for attending this year's Earth and Economics Conference. Every year we (6)_____ _____ _____ to a company that is particularly environmentally conscious.

VOCA 1. relocation 이전   2. legal 법률과 관련된   3. publish 출판하다   profit 이익, 수익   invest 투자하다
4. feature 특별히 포함하다, 특별 출연하다   environmentally conscious 환경에 관심이 있는

[1-2]

1. What most likely is being advertised?

(A) A restaurant

(B) A farmers market

2. According to the speaker, what has the business recently done?

(A) It opened a second location.

(B) It completed a renovation project.

Are you looking for a place to go for a $^{(1)}$_____ _____? Then come to Mario's. Our menu includes fresh seafood, homemade pasta, and vegetables from local farms. And, we have just finished $^{(2)}$_____ the dining area.

[3-4]

3. What will happen at nine o'clock?

(A) A dedication ceremony will begin.

(B) A sports event will take place.

4. According to the speaker, who is the facility primarily for?

(A) City officials

(B) Schoolchildren

Welcome back to Channel 4 News. Well, today is a big day in Coveburg! This morning at nine o'clock the $^{(3)}$_____ _____ for the new community center will begin. The center will be used primarily for an after-school program for the city's $^{(4)}$_____.

VOCA　**1-2.** farmers market 농산물 직판장　complete 완료하다　renovation 재단장, 보수　include 포함하다　vegetable 채소 dining 식사　**3-4.** dedication ceremony 준공식　facility 시설　official 공무원　community center 주민 센터 primarily 주로

1. What kind of business is being advertised?

   (A) A bank
   (B) A law office
   (C) An accounting firm
   (D) An insurance agency

4. What did Anita Perez recently do?

   (A) She worked on a farm.
   (B) She conducted research.
   (C) She traveled overseas.
   (D) She published a book.

2. What has the business recently received?

   (A) A grant
   (B) An award
   (C) A government contract
   (D) A construction permit

5. What will Anita Perez talk about on the broadcast?

   (A) How to use gardening tools
   (B) When to plant certain flowers
   (C) How to grow fresh herbs
   (D) Where to buy local ingredients

3. According to the speaker, what can new customers receive in September?

   (A) A complimentary tote bag
   (B) Access to informational videos
   (C) A free consultation
   (D) An extended service agreement

6. What does the speaker suggest the listeners do?

   (A) Complete an online survey
   (B) Post some photos online
   (C) Attend a free lecture
   (D) Make a dinner reservation

7. What is the speaker excited about?

    (A) A window design

    (B) An indoor waterfall

    (C) A security system

    (D) A rooftop garden

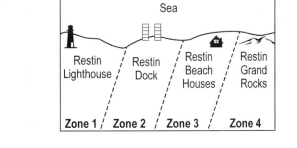

8. Why does the speaker say, "this is not an ordinary building"?

    (A) To justify the duration of a project

    (B) To show appreciation for the workers

    (C) To request a larger budget

    (D) To persuade a potential buyer

10. What type of event is taking place?

    (A) A boat show

    (B) A grand opening

    (C) An orientation session

    (D) A sports competition

9. What will the speaker most likely do next?

    (A) Call a colleague

    (B) Lead a tour

    (C) Take some pictures

    (D) Serve refreshments

11. What are listeners asked to provide?

    (A) Hours of availability

    (B) Meal preferences

    (C) An address

    (D) A clothing size

12. Look at the graphic. Which zone is currently closed?

    (A) Zone 1

    (B) Zone 2

    (C) Zone 3

    (D) Zone 4

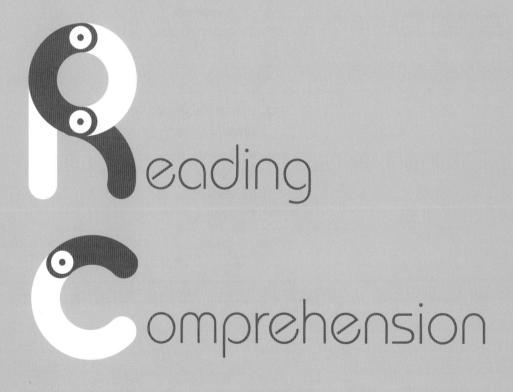

Reading Comprehension

📎 품사

단어를 기능이나 형태에 따라 종류를 나눈 것을 품사라고 해요. 영어에는 8개의 품사가 있는데 토익에서는 주로
감탄사를 제외하고 7개의 품사가 나와요.

이름을 나타내는 명사와 명사를 대신하는 대명사

명사란 세상 모든 것들의 이름이에요. 사람이나 사물뿐 아니라 추상적인
것들도 모두 불리는 이름이 있어요. 바로 그 이름을 나타내는 말이
명사입니다.

대명사는 명사를 대신하는 말이에요. I(나), you(너), this(이것), that(저것)
등이 대표적인 대명사입니다. 영어에서는 같은 단어를 반복하는 것을
싫어해서 대명사를 많이 써요.

| 명사 | Tom 톰 | ball 공 |
| 대명사 | he 그 | it 그것 |

동작이나 상태를 나타내는 동사

동사는 우리말로 '~하다, ~이다'로 끝나는 말로, 사람이나 사물 등의 움직임
또는 상태를 나타내는 말이에요.

Tom **sings**. 탐은 노래한다.

He **is** a singer. 그는 가수이다.

명사만 수식하는 형용사와 명사 빼고 다 수식하는 부사

형용사는 명사를 꾸며주는 말이에요. 다른 품사는 꾸며주지 못해요.
'어떤' 명사인지 수식하거나 명사의 상태를 설명할 때 사용해요.

a **nice** car   멋진 차

a **high** building   높은 빌딩

부사는 형용사, 부사, 동사 등 명사 빼고 다 수식하는 말이에요.

a **very** fast bird   매우 빠른 새

arrive **late**   늦게 도착하다

명사만 꾸미는 **형용사**

명사 빼고 다 꾸미는 **부사**

명사 앞에 위치하는 전치사와 말을 연결해 주는 접속사

전치사는 (대)명사 앞에 위치한다는 뜻이에요. 명사나 대명사 앞에 와서
시간, 장소, 방법 등의 뜻을 나타내요.

in a box   상자 안에

on Cristmas   크리스마스에

접속사는 말 그대로 이어주는 말이에요. 단어, 구, 절을 서로 연결해 줘요.

You **and** I   너와 나

She wanted to go to the party, **but** she couldn't.
그녀는 파티에 가고 싶었지만 갈 수 없었다.

in a box.

You **and** I

밑줄 친 단어의 품사가 무엇인지 쓰세요.

정답과 해설 p. 044

1. The event <u>starts</u> at 11:00 A.M.

2. The hotel room was <u>very</u> clean

3. John's office is <u>on</u> the third <u>floor</u>.

4. The food was delicious <u>but</u> the service was <u>slow</u>.

5. <u>Jane</u> works as a designer, and <u>she</u> manages a company.

정답   1. 동사   2. 부사   3. 전치사, 명사   4. 접속사, 형용사   5. 명사, 대명사

문장의 형식

영어는 동사에 따라 문장의 전체적인 구조가 달라지는데 이를 문장의 형식이라고 합니다. 1형식에서 5형식까지 총 5가지 형식이 있어요.

1형식 : 주어 + 동사

'주어 + 동사'만으로 문장이 완성되는 문장 형식이에요.

<u>Tom</u> <u>arrived.</u> 톰이 도착했다.
　주어　　동사

1형식 동사 : go 가다　work 일하다　arrive 도착하다

2형식 : 주어 + 동사 + 주격 보어

'주어 + 동사' 뒤에 주어를 보충 설명하는 보어가 있는 문장 형식입니다.

<u>He</u> <u>became</u> <u>the CEO.</u> 그는 CEO가 되었다.
주어　　동사　　주격 보어

2형식 동사 : be ~이다　become ~이 되다　seem ~인 것 같다

3형식 : 주어 + 동사 + 목적어

'주어+동사' 뒤에 목적어가 1개 있는 문장 형식입니다.

<u>Mr. Carver</u> <u>ordered</u> <u>a monitor.</u> 카버 씨가 모니터를 주문했다.
　　주어　　　　동사　　　목적어

3형식 동사 : order 주문하다　need 필요하다　attend 참석하다

4형식 : 주어 + 동사 + 목적어 + 목적어

'주어 + 동사' 뒤에 목적어가 2개 있는 문장 형식입니다. '~에게'에 해당하는
간접 목적어 뒤에 '~을/를'에 해당하는 직접 목적어가 와요.

<u>Jane</u> <u>sent</u> <u>me</u> <u>an e-mail</u>. 제인이 나에게 이메일을 보냈다.
주어　동사　간접　직접 목적어
　　　　　　목적어

4형식 동사 : give 주다　offer 제공하다　send 보내다

5형식 : 주어 + 동사 + 목적어 + 목적격 보어

'주어 + 동사 + 목적어' 뒤에 목적어를 보충 설명하는 보어가 있는
문장입니다.

<u>We</u> <u>keep</u> <u>our rooms</u> <u>clean</u>. 우리는 객실을 깨끗하게 유지합니다.
주어　동사　　목적어　　목적격 보어

5형식 동사 : keep ~하게 유지하다　consider ~라고 여기다　find ~라는 것을 알아내다

Check Up

다음 문장이 몇 형식 문장인지 괄호 안에 쓰세요.　　　　　　　　　정답과 해설 p.044

1. I attended the meeting.　　　　　　(　　　)형식

2. The bus goes to the airport.　　　　(　　　)형식

3. He gave me his phone number.　　　(　　　)형식

4. Thomas is a salesperson.　　　　　(　　　)형식

5. I found the workshop informative.　　(　　　)형식

정답　1. 3형식　2. 1형식　3. 4형식　4. 2형식　5. 5형식

Part 5 단문 빈칸 채우기

토익 PART 5는 이렇게 나와요!

주어진 짧은 문장 안의 빈칸에 적절한 말을 고르는 문제입니다.

문제지

101. 문법 문제

Yabbis Ltd. welcomes your ------- regarding any of our consumer products.

(A) suggest
(B) suggests
(C) suggested
(D) suggestions

102. 어휘 문제

On a ------- day, the Gilberto Café serves more than 1,000 customers.

(A) constant
(B) loyal
(C) practical
(D) typical

이렇게 풀어 보세요!

STEP ❶ 보기를 먼저 보고 문제를 파악하세요.

보기만 보고도 문제 유형을 알 수 있는 경우가 많아요. 보기가 다양한 품사로 구성되면 문법 문제이고, 같은 품사의 다른 단어들로 구성되면 어휘 문제예요.

101. 문법 문제
(A) suggest
(B) suggests
(C) suggested
(D) suggestions

❯ 다양한 품사로 구성되어 있으니 문법 문제예요.

102. 어휘 문제
(A) constant
(B) loyal
(C) practical
(D) typical

❯ 모두 형용사로 구성되어 있으니 어휘 문제예요.

STEP ❷ 문법 문제와 어휘 문제는 다르게 접근하세요.

101. 문법 문제 빈칸 앞뒤를 중심으로 문장의 '구조'를 파악해요.

Yabbis Ltd. welcomes your ------- regarding any of our consumer products.
(A) suggest 동사
(B) suggests 동사
(C) suggested 동사
(D) suggestions 명사

야비스 유한회사는 당사의 소비자 제품과 관련된 귀하의 제안을 환영합니다.

❯ 소유격 대명사 뒤에는 명사가 올 수 있어요.

102. 어휘 문제 주어, 동사, 목적어 중심으로 문장의 '의미'를 파악해요.

On a ------- day, the Gilberto Café serves more than 1,000 customers.
(A) constant 끊임없는
(B) loyal 충실한
(C) practical 현실적인
(D) typical 보통의

보통 하루에, 길베르토 카페는 1,000명 이상의 손님을 맞는다.

❯ 보통 하루에 1,000명 이상의 손님을 맞는다는 말이 자연스럽겠죠.

문장의 구성 요소

강의

Jane received a gift.
제인이 선물을 받았다.

She was so happy.
그녀는 매우 행복했다.

영어 문장의 5가지 구성 요소

주어 우리말의 '~은 / 는 / 이 / 가'에 해당되는 **문장의 주체**를 나타내는 말
Jane received a gift. 제인이 선물을 받았다.

동사 우리말의 '~이다 / 하다'에 해당되는 **주어의 동작이나 상태를 표현**하는 말
Jane received a gift. 제인이 선물을 받았다.

목적어 우리말의 '~을 / 를 / 에게'에 해당되는 동작의 **대상**이 되는 말
Jane received a gift. 제인이 선물을 받았다.

보어 주어나 목적어를 **보충 설명**하는 말
She was so happy. 그녀는 매우 행복했다.
　　　　　　　　→ 주어 She의 상태를 보충 설명

수식어 다른 구성 요소를 **꾸며주는** 말
She was so happy. 그녀는 매우 행복했다.
　　　　　　　　→ 보어 happy를 수식

102

● 주어와 동사

The manager arrived. 관리자가 도착했다.
　　　주어　　　　　동사

The manager(관리자가)가 주어, arrived(도착했다)가
동사예요. **주어와 동사는 문장에 꼭 필요해요!**

주어: 문장의 주체

주어는 **문장 맨 앞**에 와요. 주어 자리에는 **명사(구), 대명사, to부정사구, 동명사구, 명사절** 등이 올 수 있어요.

The shop offers free delivery.　그 가게는 무료 배송을 제공한다.
　　명사

We will open a new branch.　우리는 새 지점을 열 것이다.
대명사

Checking orders is our morning routine.　주문을 확인하는 것이 우리의 아침 일과이다.
　　　동명사구

동사: 주어의 동작이나 상태를 나타내는 말

동사는 **주어 뒤**에 와요. 동사 자리에는 **be동사, 일반 동사, <조동사 + 동사 원형>** 등이 올 수 있어요.

Mr. Scott **signed** the document.　스콧 씨가 그 서류에 **서명했다**.
　　　일반 동사

The IT team **will move** into the new building.　IT팀은 새 건물로 **이동할 것이다**.
　　　　조동사 + 동사 원형

 will, can, should, must 등 조동사 뒤에는 동사 원형이 오는 걸 꼭 기억하세요!

주어를 찾아 동그라미를, 동사를 찾아 밑줄을 치세요.　　　정답과 해설 p.044

1. The company updated its software.

2. Meeting the deadline is important.

3. She will meet her client tomorrow.

VOCA　2. meet (기한 등을) 지키다, 맞추다　deadline 마감(일)　important 중요한　**3.** client 고객

● 목적어와 보어

The intern wrote a report.
목적어

인턴이 **보고서를** 작성했다.

a report(보고서를)처럼 동작의 **대상이 되는 말**을 목적어라고 해요.

목적어: 동작의 대상

목적어는 **동사나 전치사 뒤**에 와요. 목적어 자리에는 **명사(구), 대명사, to부정사구, 동명사구, 명사절** 등 명사 역할을 하는 말이 올 수 있어요.

K-Mart will hold **a special event**. K-마트는 **특별 행사를** 개최할 것이다.
　　　　동사　　　목적어 (명사구)

We need **to hire a designer**. 우리는 **디자이너를 고용할** 필요가 있다.
　　동사　　목적어 (to부정사구)

The speech was about **improving customer service**. 강연은 **고객 서비스 향상**에 관한 것이었다.
　　　　　　　전치사　　　　목적어 (동명사구)

보어: 보충 설명하는 말

주어를 보충 설명하는 보어는 **동사 뒤**에, 목적어를 보충 설명하는 보어는 **목적어 뒤**에 와요. 보어 자리에는 **명사나 형용사**가 올 수 있어요.

The book became **a bestseller**. 그 책은 **베스트셀러가** 되었다.
　주어　　　　　보어 (명사)

We keep our rooms **clean**. 우리는 객실을 **깨끗하게** 유지합니다.
　　　목적어　　보어 (형용사)

목적어를 찾아 동그라미를, 보어를 찾아 밑줄을 치세요.　　　　　정답과 해설 p.045

1. Ms. Shin made a presentation.

2. The workshop was informative.

3. This application makes the process easy.

VOCA　**1.** make a presentation 발표하다　　**2.** informative 유익한　　**3.** application 앱, 프로그램　process 과정

○ 수식어

He is a famous chef. 그는 유명한 요리사이다.
　　　　　수식어

famous(유명한)가 chef(요리사)를 꾸며주고 있어요.
이처럼 다른 요소를 꾸며주는 말을 수식어라고 하는데
수식어는 없어도 문장이 성립돼요.

수식어: 형용사, 부사

명사를 꾸며주는 **형용사는 명사** 앞에 오고, 형용사, 동사 등을 꾸며주는 **부사는 다양한 위치**에 올 수 있어요.

The shop sells **old** books. 그 가게는 **오래된** 서적을 판다.
　　　　　 수식어 (형용사)　명사

Sales increased **sharply**. 매출이 **급격히** 증가했다.
　　　동사　　수식어 (부사)

수식어구: 전치사구, to부정사구, 분사구

전치사구, to부정사구, 분사구도 명사, 동사, 문장 등을 꾸며주는 역할을 할 수 있어요.

I bought a laptop **at this store**. 나는 **이 매장에서** 노트북 컴퓨터를 샀다.
　동사　　　　　　수식어구 (전치사구)

To make a reservation, visit our Web site. **예약을 하시려면** 우리 웹사이트를 방문해 주세요.
　수식어구 (to부정사구)　　　　　　문장

 수식어구가 명사를 꾸며줄 때는 명사 뒤에 와요!
The screen **in the meeting room** was broken. 회의실에 있는 스크린이 고장 났다.
　명사　　　수식어구 (전치사구)

수식어(구)를 모두 찾아 밑줄을 치세요.　　　　　　　　　정답과 해설 p.045

1. Visitors will receive the free samples.

2. For 20 years, Y-Pad has been a top-selling item.

3. The restaurant on Park Street is closed today.

VOCA　1. visitor 방문객　receive 받다　free 무료의　　2. top-selling 가장 잘 팔리는

1. ------- must present tickets at the entrance.

   (A) Attends   (B) Attendees

   동사 앞은 주어 자리예요.

2. Mr. Wang is the ------- of MKO Corporation.

   (A) president   (B) preside

   Mr. Wang을 보충 설명하는 보어가 들어갈 자리예요.

3. The supervisor ------- a tour of the facility.

   (A) conducted   (B) to conduct

   문장에 동사는 꼭 필요해요.

4. The manager has decided ------- a new printer.

   (A) purchased   (B) to purchase

   has decided의 목적어가 올 자리예요.

5. The committee ------- meets at 3:00 P.M. every Tuesday.

   (A) generally   (B) general

   동사 meets를 수식하는 말이 들어갈 자리예요.

6. Lin Paints is introducing a new line of ------- colors.

   (A) bright   (B) brighten

   명사 colors를 수식하는 말이 들어갈 자리예요.

VOCA 1. present 제시하다, 보여 주다   entrance 입구   2. corporation 기업, 법인   3. supervisor 관리자
4. decide 결정하다   5. committee 위원회   6. introduce 소개하다, 선보이다

1. City officials ------- using public transportation instead of driving.
   (A) suggestion
   (B) to suggest
   (C) suggesting
   (D) suggest

2. Please read the following ------- on how to apply for a Chesterfield Point membership.
   (A) instructive
   (B) instruct
   (C) instructs
   (D) instructions

3. Stonefruit's canned peaches from Japan are ------- tasty.
   (A) remark
   (B) remarkable
   (C) remarkably
   (D) remarked

4. The ------- of the Premar Steel Factory to Washington will occur in March.
   (A) relocation
   (B) relocates
   (C) relocated
   (D) relocate

5. Mayor Yusif Maalouf played a ------- role in the establishment of the city's newest park.
   (A) centralize
   (B) centrally
   (C) central
   (D) centralization

6. Most customers ------- softer hair after two weeks of using Dahlee shampoo.
   (A) see
   (B) seeing
   (C) seen
   (D) to see

7. In ------- to your request, we have sent your account password to the e-mail address on file.
   (A) respond
   (B) responded
   (C) response
   (D) responsive

8. Mr. Khan was ------- in determining the scope of the redevelopment project.
   (A) to influence
   (B) influential
   (C) influencing
   (D) influentially

VOCA 1. official 공무원   2. following 다음의   apply for ~을 신청하다   3. canned 통조림으로 된   tasty 맛있는
4. occur 발생하다   5. mayor 시장   establishment 설립, 수립   7. account 계정   on file 기록되어 있는
8. determine 결정하다   scope 범위   redevelopment 재개발

Day 01 문장의 구성 요소   107

Day 02 명사와 대명사

> The man likes the woman.
> 그 남자가 그 여자를 좋아한다.

> She likes him too.
> 그녀도 그를 좋아한다.

가산명사와 불가산명사

가산명사 '한 사람, 두 사람', '책 한 권, 책 두 권'과 같이 수를 셀 수 있는 명사
a book 한 권의 책   a company 한 회사

불가산명사 '기쁨', '공기'와 같이 수를 셀 수 없는 명사
coffee 커피   information 정보   safety 안전

대명사의 종류

인칭 대명사 '그', '그녀'처럼 사람을 가리키는 대명사
I 나   you 당신   he 그   them 그들

지시 대명사 '이것', '저것'처럼 가깝거나 멀리 있는 대상을 지시하는 대명사
this / these 이것 / 이것들   that / those 저것 / 저것들

부정 대명사 '하나', '일부'처럼 정해지지 않은 것을 나타내는 대명사
some 일부   another 또 하나   others 다른 것들

108

● 명사의 역할과 자리

The store will hold a sale.
　　　주어　　　　　　　　　목적어

그 상점이 할인 행사를 열 것이다.

store(상점)는 **주어로 쓰인 명사**이고, sale(할인 행사)은
목적어로 쓰인 명사예요.

명사의 역할

명사는 문장에서 **주어, 목적어, 보어** 역할을 할 수 있어요.

Engineers checked the system.　기술자들이 시스템을 점검했다.
　주어

Hitech Co. will launch a new **product** in June.　하이테크 사는 6월에 새로운 **제품을** 출시할 것이다.
　　　　　　　　　　　　　　　　목적어

Ireh Wilson is a **programmer** at a software company.　이레 윌슨은 소프트웨어 회사의 **프로그래머이다.**
　　　　　　　　　보어

명사의 자리

관사(a / an / the) 뒤, 소유격 뒤, 형용사 뒤는 명사 자리예요.

The **project** will begin on October 18.　그 **프로젝트는** 10월 18일에 시작될 것이다.
관사　　명사

My **coworkers** recommended this seminar.　제 **동료들이** 이 세미나를 추천했습니다.
소유격　　명사

The final **version** can be found online.　최종 **버전은** 온라인에서 확인할 수 있다.
　　형용사　　명사

명사를 찾아 동그라미를 치고, 주어, 목적어, 보어를 표시해 보세요.　　　　　정답과 해설 p.046

1. The hotel was very clean and comfortable.

2. We should complete our assignments promptly.

3. He soon became a chief designer.

VOCA　**1.** comfortable 편안한　　**2.** complete 마치다　assignment 임무, 업무　promptly 즉시　　**3.** chief 최고의

Day 02　명사와 대명사　**109**

RC

PART 5

● 명사의 형태

The director interviewed an applicant.
임원이 지원자의 면접을 봤다.

director(임원)의 끝에 있는 -or과 applicant(지원자)의
끝에 있는 -ant를 보고 두 단어가 사람을 나타내는
명사인 것을 알 수 있어요.

명사의 형태

명사를 만드는 끝말이 있어서 그것을 보고 명사를 알아볼 수 있습니다.

-tion, -sion	reservation 예약	decision 결정
-ment	department 부서	payment 지불
-ship, -ism	membership 회원 (자격)	tourism 관광
-ance, -ence	importance 중요성	difference 차이, 다름
-al, -ty	approval 승인	safety 안전
-er, -ee, -or, -ant, -ent 주로 사람 명사	customer 손님 visitor 방문객 resident 거주자	employee 직원 applicant 지원자

He has a museum **membership**. 그는 박물관 **회원권**을 가지고 있다.

복합 명사: 명사 + 명사

두 개 이상의 명사가 하나의 명사처럼 쓰이기도 해요. 이를 복합 명사라고 합니다.

job offer 일자리 제안	registration fee 등록비
customer satisfaction 고객 만족	safety regulations 안전 규정

Customer satisfaction is very important to us. **고객 만족**은 우리에게 매우 중요합니다.

Check Up

알맞은 것을 고르세요.   정답과 해설 p.046

1. (Safe / Safety) is our top priority.

2. Mr. Dike made a hotel (reserve / reservation).

3. John Jackson received the board's (approve / approval).

VOCA 1. priority 우선 사항   3. receive 받다   board 이사회

● 가산 명사와 불가산 명사

The <u>manager</u> gave <u>advice</u>.
　　　가산 명사　　　　　불가산 명사

관리자가 **조언**을 해주었다.

manager(관리자)는 사람 명사이므로 **셀 수 있는 가산 명사**이고,
advice(조언)는 **셀 수 없는 불가산 명사**예요.

가산 명사: 셀 수 있는 명사

가산 명사는 **단수와 복수**로 쓸 수 있어요. **단수인 경우 혼자 쓸 수 없고, 관사(a / an / the)나 소유격과 함께** 써야 해요.

<u>**A customer**</u> wishes to speak with a manager.　**한 손님이** 관리자와 이야기하길 원한다.
Customer (X)

The Maison Hotel offers <u>**discounts**</u> to business travelers.　메종 호텔은 출장 여행자들에게 **할인을** 제공한다.
　　　　　　　　　　discount (X)

불가산 명사: 셀 수 없는 명사

불가산 명사는 복수형이 없고 **단수 취급**해요. 혼자 쓸 수도 있고 the나 소유격과 함께 쓸 수도 있지만, a / an과는 함께 쓸
수 없어요.

information 정보	access 접근	merchandise 상품	permission 허가
management 관리	luggage 짐	equipment 장비	advice 충고

The company logo may not be used without <u>**permission**</u>.　회사 로고는 **허가** 없이 사용될 수 없다.
　　　　　　　　　　　　　　　　a permission (X)

You will receive more <u>**information**</u> about it.　그것과 관련된 더 많은 **정보**를 받으실 겁니다.
　　　　　　　　informations (X)

Check Up

알맞은 것을 고르세요.　　　　　　　　　　　　　　　　　　정답과 해설 p. 047

1. (Participant / Participants) must be at least 16 years old.

2. Winner Law Firm provides expert (advice / advices) on legal issues.

3. The new train station will attract more (tourist / tourists).

VOCA　1. at least 적어도　　2. law firm 법률 사무소　provide 제공하다　expert 전문가(의)　legal 법적인　issue 문제
　　　　3. attract 유치하다, 끌어모으다

He submitted **his** application. 그는 그의 지원서를 제출했다.
주격   소유격

주어 자리에는 주격 인칭 대명사인 He가, **명사를 수식하는 자리**에는
소유격 인칭 대명사인 his가 쓰였어요.

인칭 대명사의 형태

인칭 대명사는 **인칭, 수, 격**에 따라 형태가 달라져요.

인칭/수		격	주격 ~은/는/이/가	소유격 ~의	목적격 ~을/를/에게	소유 대명사 ~의 것	재귀 대명사 자신/스스로
1인칭		단수(나)	I	my	me	mine	myself
		복수(우리)	we	our	us	ours	ourselves
2인칭		단수(너)	you	your	you	yours	yourself
		복수(너희)	you	your	you	yours	yourselves
3인칭	단수	남성(그)	he	his	him	his	himself
		여성(그녀)	she	her	her	hers	herself
		사물(그것)	it	its	it	-	itself
	복수(그들, 그것들)		they	their	them	theirs	themselves

인칭 대명사의 격

인칭 대명사의 **주격은 주어 자리, 목적격은 목적어 자리, 소유격은 명사 앞**에 와요.

They asked **him** to join the meeting. 그들은 그에게 회의 참석을 요청했다.
주격   목적격

The experts spoke about **their** fields. 전문가들이 **그들의** 분야에 대해 이야기했다.
                         소유격   명사

> 주어와 목적어가 같은 대상일 때 목적어 자리에는 재귀 대명사가 와요.
> She proved (her / **herself**) to be a valuable member.
> 그녀는 **그녀 자신이** 가치 있는 일원임을 증명했다.

알맞은 것을 고르세요.   정답과 해설 p. 047

1. (She / Her) announced a change in plans.

2. We are pleased to offer (you / your) the position.

3. Anna Hall will discuss ways to expand (you / your) blog's readership.

VOCA   1. announce 발표하다   2. position 일자리   3. discuss 논의하다   expand 늘리다   readership 구독자 수

● 지시 대명사와 부정 대명사

The company's products are cheaper than those of its competitors.
그 회사의 **제품들**은 경쟁사의 **제품들**보다 저렴하다.

영어는 반복을 싫어해요. 그래서 products(제품들) 대신
지시 대명사 those를 썼어요.

지시 대명사 that과 those

두 대상을 비교할 때, 같은 명사를 두 번 쓰지 않기 위해 두 번째 자리에 지시 대명사 that이나 those를 대신 씁니다. 비교 대상이 **단수 명사나 불가산 명사면 that**, **복수 명사면 those**를 써요.

The number of visitors was double **that** of last year. 방문자 수가 작년 **방문자 수**의 두 배였다.
    비교 대상   = the number of visitors

Motors of K8 PRO are less noisy than **those** of previous models.
비교 대상   = motors
K8 프로의 **모터들**은 과거 모델들의 **모터들**보다 덜 시끄럽다.

 those who는 '~하는 사람들'이라는 뜻이에요.
Jason Smith gave out materials to **those who** attended the meeting.
제이슨 스미스가 회의에 참석한 **사람들**에게 자료를 나눠주었다.

부정 대명사

부정 대명사에서 '부정'은 '**정해지지 않은**'이라는 뜻이에요. 임의의 하나 혹은 일부 등 정해지지 않은 대상을 막연하게 가리킬 때 사용해요.

one 하나	another 다른 하나	
some 일부	others 다른 것들	the other(s) 나머지 전부

There are three ATMs in the building. **One** is on the lobby floor; **another** is on the first floor, and **the other** is on the second floor.
건물에 세 개의 ATM이 있다. **하나는** 로비층에 있고, **다른 하나는** 1층에 있고, **나머지 하나는** 2층에 있다.

알맞은 것을 고르세요.   정답과 해설 p.047

1. Our salary is higher than (that / them) of other companies.

2. We will exchange a wrong size item for (one / another).

3. This course is intended for (that / those) who run an online store.

VOCA **1.** salary 급여   **2.** exchange 교환하다   **3.** course 강좌, 강의   intended for ~를 위해 의도된

1. Sun's Restaurant has received ------- about its slow service.

   (A) complaints (B) complain

   목적어 자리에는 명사가 올 수 있어요.

2. ------- of Blossom Plaza will begin in late October.

   (A) Construction (B) Construct

   주어 자리에는 명사가 와요. 단어 끝말을 보면 명사를 찾을 수 있어요.

3. Interested ------- should submit a cover letter and résumé.

   (A) candidate (B) candidates

   가산 명사 앞에 관사나 소유격이 없으면 복수형으로 써야 해요.

4. There are many Web sites that can help ------- to start a business.

   (A) you (B) your

   빈칸은 동사 help의 목적어 자리예요.

5. ------- decided to choose a more experienced candidate.

   (A) Manager (B) Management

   불가산 명사는 관사나 소유격 없이 쓸 수 있어요.

6. The cost of public transportation can exceed ------- of renting a car.

   (A) that (B) those

   빈칸에는 cost를 대신하는 말이 들어가야 해요.

VOCA 1. receive 받다 3. interested 관심 있어 하는 cover letter 자기소개서 résumé 이력서
5. experienced 경험이 있는, 능숙한 candidate 후보자, 지원자 6. cost 비용 public transportation 대중교통
exceed 초과하다, 넘어서다 rent 대여하다

정답과 해설 p. 048

1. When Mr. Gwok left the office, ------- took my briefcase by accident.
   (A) himself
   (B) his
   (C) him
   (D) he

2. Fonte Coffeehouse will open its first suburban ------- next year.
   (A) locating
   (B) locate
   (C) located
   (D) location

3. Ms. Chin and Ms. Popov both plan to take ------- vacations this week.
   (A) her
   (B) hers
   (C) their
   (D) theirs

4. All Primrose employees must attend the safety ------- next Friday.
   (A) trainable
   (B) trains
   (C) trained
   (D) training

5. ------- of Sky Ville are asked to keep noise levels to a minimum.
   (A) Resides
   (B) Resided
   (C) Residents
   (D) Residing

6. ------- who prepaid the registration fee will receive a full refund.
   (A) Those
   (B) Which
   (C) Them
   (D) Whichever

7. Despite initial -------, the Westover Fashion Show was a great success.
   (A) critical
   (B) critically
   (C) critic
   (D) criticism

8. International experience is the main qualification that separates Mr. Sloan from -------.
   (A) each
   (B) the others
   (C) other
   (D) another

VOCA 1. by accident 우연히, 실수로   2. suburban 교외의   5. to a minimum 최소한도로   6. prepay 선불하다, 선납하다 registration fee 등록비   refund 환불   7. initial 초기의   8. qualification 자격, 자질   separate 분리하다

Day 03 형용사와 부사

형용사

형용사는 명사를 수식해요.

a nice car 멋진 차   a small town 작은 도시

부사

부사는 형용사, 동사, 다른 부사 등 다양한 것을 수식해요.

형용사 수식 He lives in a very small town. 그는 아주 작은 도시에 산다.

동사 수식 It runs fast. 그것은 빠르게 달린다.

부사 수식 It runs very fast. 그것은 매우 빠르게 달린다.

● 형용사의 역할과 형태

She runs a <u>small café</u>. 그녀는 **작은 카페**를 운영한다.
　　　　　형용사　명사

형용사는 명사를 수식해요.

형용사의 역할

형용사는 **명사를 수식하는 역할**과 **보어 역할**(주격 보어, 목적격 보어)을 할 수 있어요.

명사 수식　　a **new** employee 신입 사원　　　　a **weekly** meeting **주간** 회의
　　　　　　　형용사　　명사　　　　　　　　　　형용사　　名사

보어 역할　　The marketing campaign has been **successful**. 그 마케팅 캠페인은 **성공적**이었다.
　　　　　　　주어　　　　　　　　　　　　　　　주격 보어 (주어를 설명하는 말)

　　　　　　　Jake found the workshop **helpful**. 제이크는 워크샵이 **유익하다고** 생각했다.
　　　　　　　　　　　목적어　　목적격 보어 (목적어를 설명하는 말)

 -al/-ant/-ent는 명사를 만드는 끝말과 형태가 동일하니 주의해야 해요.

형용사의 형태

-al	additional 추가의	final 최종의, 마지막의
-ful	beautiful 아름다운	successful 성공적인, 성공한
-ant/-ent	important 중요한	different 다른
-ous	previous 이전의	various 다양한
-tive/-sive	effective 효과적인	expensive 비싼
-able/-ible	available 이용할 수 있는	possible 가능한

Additional fees may apply. **추가** 요금이 적용될 수 있다.

알맞은 것을 고르세요.　　　　　　　　　　　　　　　　　정답과 해설 p. 048

1. The meeting was very (productive / product).

2. Ms. Lopez has made a (significant / significance) impact on the company.

3. The (successful / successfully) applicant will be notified via e-mail.

VOCA 2. make an impact 영향을 주다　3. applicant 지원자　notify 알리다　via ~을 통해서

She quickly found a solution to the problem.
　　 부사　　동사

그녀는 **빠르게** 그 문제의 해결책을 **찾았다**.

동사를 수식하는 건 부사예요!

부사의 역할

부사는 수식하는 역할을 해요. **동사, 형용사, 다른 부사, 구, 문장 등을 수식**할 수 있어요. 주로 앞에서 수식하지만 동사는 뒤에서 수식하기도 해요.

동사 수식	They responded **promptly** to the customer's request. 그들은 고객의 요청에 **즉시** 대응했다.
	동사　　부사
형용사 수식	Your feedback will be **greatly** helpful. 귀하의 의견이 **크게** 도움이 될 것입니다.
	부사　　형용사
다른 부사 수식	She handled the task **very** efficiently. 그녀는 그 일을 **매우** 효율적으로 처리했다.
	부사　　부사
구 수식	**Immediately** after the meeting, the team began work on the new project.
	부사　　전치사구
	그 회의 **바로** 뒤에, 그 팀은 새로운 프로젝트를 시작했다.
문장 수식	**Now**, Bine Co. is expanding abroad. **이제**, 바인 사는 해외로 사업을 확장하고 있다.
	부사　　문장

부사의 형태

형용사 뒤에 -ly를 붙인 것이 대표적인 부사의 형태예요.

형용사 + -ly	**finally** 마침내	**currently** 현재
	directly 직접	**regularly** 정기적으로

Eugene Brown meets **regularly** with the board of directors. 유진 브라운은 이사진과 **정기적으로** 만난다.

 Check Up

알맞은 것을 고르세요.　　　　　　　　　　　　　　　　　　　　　　정답과 해설 p.049

1. Mono Furniture's profits have risen (steady / steadily).

2. (Fortunate / Fortunately), the client was satisfied with the product.

3. Sales have been (unusual / unusually) low this quarter.

VOCA　**1.** profit 수익　rise 오르다　　**2.** be satisfied with ~에 만족하다　　**3.** low 낮은　quarter 분기

● 토익에 자주 나오는 형용사와 부사

We will contact you shortly. 곧 연락드리겠습니다.

shortly는 '짧게'가 아니라 '곧'이라는 뜻이에요.

토익에 자주 나오는 형용사 표현

특정 전치사나 to부정사와 함께 세트로 자주 나오는 형용사 표현들이 있어요.

be available for ~할 수 있다, ~을 위한 시간이 있다	be responsible for ~에 책임이 있다
be skilled at ~에 능숙하다	be eligible for ~에 자격이 있다
be able to부정사 ~할 수 있다	be likely to부정사 ~할 것 같다

The conference room **is available for** company events. 그 회의실은 회사 행사를 위해 사용**할 수 있다.**

혼동하기 쉬운 형용사

형태가 비슷해서 혼동하기 쉬운 형용사들이 있어요. 의미가 다르니 주의하세요.

extensive 넓은, 큰 - extended 길어진	impressive 인상적인 - impressed 인상 깊게 생각하는
confidential 비밀의 - confident 확신하는	informative 유익한 - informed 잘 아는

Dunn Davis has **extensive** knowledge of financial management.
던 데이비스는 재정 관리에 대한 **폭넓은** 지식을 가지고 있다.

혼동하기 쉬운 부사

대부분의 형용사는 뒤에 -ly를 붙이면 비슷한 의미의 부사로 쓰이지만, 아래의 단어들은 형용사와 부사로 다 쓰이기 때문에 -ly를 붙이면 다른 뜻을 갖게 돼요.

late 형 늦은 부 늦게 - lately 부 최근	near 형 가까운 부 가까이 - nearly 부 거의, 대략
short 형 짧은 부 짧게 - shortly 부 곧	high 형 높은 부 높이 - highly 부 매우

Ms. Moore's train arrived too (late / ~~lately~~) for her to attend the meeting.
무어 씨의 기차가 너무 **늦게** 와서 그녀는 회의에 참석할 수 없었다.

알맞은 것을 고르세요. 정답과 해설 p.049

1. Ms. Chung will be (able / responsible) to lead the training session.
2. The Web site provides (informative / informed) articles on industry trends.
3. The budget for the project has been exceeded by (near / nearly) 20%.

VOCA 1. training session 교육   2. article 기사   industry 산업   trend 동향   3. budget 예산   exceed 초과하다

1. Mr. Patel arrived ------- to the conference.
   (A) late　　　　　　　(B) lately

2. The customer reviews are ------- positive.
   (A) exceptional　　　　(B) exceptionally

3. Natonol Vitamins will not be ------- for purchase until early next year.
   (A) available　　　　　(B) responsible

4. Mr. Park always responds ------- to inquiries.
   (A) prompt　　　　　　(B) promptly

5. Blastoff headphones are ------- for many hours of use.
   (A) comfortable　　　　(B) comfortably

6. Ms. Huang is the ------- choice for the department head position.
   (A) probable　　　　　(B) probably

VOCA 2. review 평, 후기　positive 긍정적인　3. purchase 구매　4. respond 응답하다　inquiry 문의　6. choice 선택
department head 부서장　position 자리

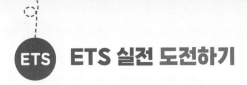

ETS 실전 도전하기

정답과 해설 p.049

1. All new contracts must be read ------- by at least two senior managers.

   (A) carefully
   (B) careful
   (C) care
   (D) cared

2. Ms. Li received an ------- recommendation from her previous employer.

   (A) impress
   (B) impression
   (C) impressive
   (D) impresses

3. Tickets to the Governor's Autumn Banquet are ------- sold out.

   (A) complete
   (B) completed
   (C) completing
   (D) completely

4. The airport express train goes ------- to the business district of the city.

   (A) direction
   (B) directing
   (C) directly
   (D) director

5. The management has noted that Ms. Sato is especially ------- at contract negotiation.

   (A) skilled
   (B) priced
   (C) willing
   (D) telling

6. The Ansan Science Museum averages ------- 2,000 visitors per month.

   (A) nearly
   (B) totally
   (C) relatively
   (D) fairly

7. Thanks to its ------- location in the region, Nortown is home to media companies.

   (A) central
   (B) centers
   (C) centrally
   (D) centering

8. Because the office desk is ------- heavy, it requires at least two people to move it.

   (A) far
   (B) very
   (C) early
   (D) much

RC

PART 5

VOCA 1. contract 계약(서) senior 고위의   2. recommendation 추천 previous 이전의   3. banquet 연회
4. business district 상업 지구   5. management 경영진, 운영진 negotiation 협상   6. average 평균이 되다
per ~당, ~마다   7. location 위치, 장소 region 지역

Day 03 형용사와 부사   **121**

동사

동사의 형태

동사는 주어와 시제에 따라 동사 원형, 현재형, 과거형, 현재분사형(-ing), 과거분사형(p.p.) 등 여러가지 모습이 있어요.

동사 원형	현재형/3인칭 단수형	과거형	현재분사형(-ing)/과거분사형(p.p.)
be	am, are/is	was, were	being/been
have	have/has	had	having/had
start	start/starts	started	starting/started
make	make/makes	made	making/made

능동태와 수동태

능동태 주어가 동사 행위를 스스로 하는 것
Tom made cookies. 톰이 쿠키를 만들었다.

수동태 주어가 동사 행위를 당하는 것
These cookies were made by Tom. 이 쿠키들은 톰에 의해 만들어졌다.

● 시제 ① 단순 시제

I **met** a new client **yesterday**. 나는 어제 새 고객을 만났다.
과거 시제   과거 단서 표현

yesterday(어제)는 과거 시제와 잘 어울려요. 이렇게 **특정 시제와 자주 쓰이는 단서 표현**이 있어요.

현재: 동사 원형 / 동사 원형 + -(e)s

현재의 상태나 반복되는 일, 일반적인 사실을 나타내요. '항상'이나 '보통' 같은 말이 있으면 현재 시제가 어울려요.

단서 표현	always 항상	often 종종	usually 보통	every day[week] 매일[주]

He **checks** his e-mail **every day**. 그는 **매일** 이메일을 확인한다.

과거: 동사 원형 + -(e)d

과거의 일이나 상태를 나타내요. '어제'나 '작년' 같이 과거를 나타내는 표현이 있으면 과거 시제가 어울려요.

단서 표현	yesterday 어제	recently 최근에	last week[month] 지난주[달]	시간 표현 + ago ~ 전에

Ms. Peres **received** an Employee of the Month award **yesterday**.
페레즈 씨는 **어제** 이 달의 직원상을 **받았다**.

미래: will + 동사 원형 / be going to + 동사 원형

미래에 일어날 일을 나타내요. '내일'이나 '다음 달' 같이 미래를 나타내는 표현이 있으면 미래 시제가 어울려요.

단서 표현	tomorrow 내일	soon 곧	next week[month] 다음 주[달]	upcoming 다가오는

The maintenance team **will inspect** the building **next week**.
관리팀이 **다음 주에** 건물을 **점검할 것이다**.

The library **is going to close** for the **upcoming** renovation.
도서관은 **곧 있을** 보수 공사 때문에 **문을 닫을 것이다**.

알맞은 것을 고르세요.   정답과 해설 p.050

1. Ms. Gray usually (parks / will park) her car across the street.
2. John Walker recently (published / will publish) a book on the history.
3. We (posted / will post) the final winner online tomorrow.

VOCA 2. publish 출판하다, 발행하다   3. post 게시하다   winner 우승자

● 시제 ② 현재 진행과 완료 시제

He is fixing the printer now. 그는 지금 프린터를 고치고 있다.
　　현재 진행　　　　　　현재 단서 표현

now(지금)는 현재 진행 시제와 자주 쓰이는 단서 표현이에요.

현재 진행: is + -ing / are + -ing

현재 진행 중인 일이나 동작을 나타내요. '지금'을 의미하는 표현들과 함께 자주 쓰여요.

단서 표현	now 지금	right now 지금	currently 지금

The IT department **is updating** the systems **now**. IT 부서가 **지금** 시스템을 **업데이트하고 있다.**

 현재 진행 시제는 가까운 미래의 일을 나타내기도 해요.
　　They are traveling to Europe next week. 그들은 **다음 주에** 유럽을 **여행할 것이다.**

현재 완료: have[has] + 과거분사(p.p.)

과거에서 현재까지 지속되거나 완료된 일을 나타내요. 기간을 나타내는 표현들과 함께 자주 쓰여요.

단서 표현	since + 과거 ~ 이래로	for + 기간 ~ 동안	over the last[past] + 기간 지난 ~ 동안

Chandler Rice **has worked** at the company **for 10 years**. 챈들러 라이스는 그 회사에서 **10년 동안** 일해 왔다.

과거 완료: had + 과거분사(p.p.)

과거 어느 때보다 더 전에 있었던 일을 나타내요. 기준이 되는 과거 시점이나 과거절이 함께 등장하는 경우가 많아요.

단서 표현	before + 과거 ~ 전에

The meeting **had started before he arrived**. 그가 도착하기 전에 회의가 **시작했다.**

알맞은 것을 고르세요.　　　　　　　　　　　　　　　　　　　　　　정답과 해설 p. 050

1. The oil price (has increased / had increased) steadily since last year.

2. Mega Soft (is searching / had searched) for new employees now.

3. Before Ms. Tylor joined our team, she (has studied / had studied) abroad for years.

VOCA 1. oil price 유가　increase 오르다　steadily 꾸준히　　2. search for ~을 찾다　　3. join 합류하다　abroad 해외에서

● 수 일치

Mr. Martin lives in New York. 마틴 씨는 뉴욕에 산다.
　　단수 주어　　단수 동사

주어가 3인칭 단수(Mr. Martin)라서 동사도 단수 형태(lives)가
왔어요. **주어와 동사의 수를 맞춰야 해요.**

수 일치의 개념

현재 시제에서 **주어가 단수이면 단수 동사를 쓰고, 주어가 복수이면 복수 동사를 쓰는 것을 수 일치라고 해요.** 복수형은
동사 원형이고, 단수형은 동사 뒤에 -(e)s를 붙여요.

Registration begins at 10 A.M. 등록은 오전 10시에 **시작한다.**
　단수 주어　　단수 동사

The managers attend meetings every Monday. 관리자들은 매주 월요일에 회의에 **참석한다.**
　복수 주어　　복수 동사

 be동사는 과거 시제도 수 일치에 주의해야 해요. 단수 과거형은 was이고, 복수 과거형은 were예요.
Our service representative was on vacation. 우리 서비스 담당 직원이 휴가 중이었습니다.
　　　단수 주어　　　　　단수 동사

주의해야 할 수 일치

주어와 동사 사이에 수식어구가 있는 경우가 있어요. 수식어구는 수 일치에 영향을 주지 않으니 **수식어구는 제외하고**
주어와 동사의 수 일치를 판단해야 해요.

The members (of the IT team) **work** from home. IT팀의 구성원들은 재택 근무를 한다.
　복수 주어　　　(수식어구)　　복수 동사

알맞은 것을 고르세요. 정답과 해설 p.050

1. KiKi Shop (sell / sells) a variety of unique items.

2. The survey results (show / shows) the preferences of customers.

3. Applicants for the position (need / needs) to have relevant experience.

VOCA 1. a variety of 다양한　unique 독특한　　**2.** survey 설문 조사　preference 선호도　　**3.** relevant 관련된

She completed her work. 그녀는 **일을 끝마쳤다.**
     타동사   목적어

completed(끝마쳤다)가 타동사라서 뒤에 목적어 her work
(일)가 왔어요. **타동사는 목적어가 필요**해요.

자동사

자동사 뒤에는 목적어가 올 수 없고, 부사나 전치사구 등의 수식어만 올 수 있어요. 토익에 자주 나오는 자동사를 확인해
보세요.

arrive 도착하다	work 일하다	look 보다
rise 오르다	expire 만료되다	participate 참여하다

Your membership **expired last week.** 귀하의 회원권은 **지난주에 만료되었습니다.**
               자동사   부사

All visitors **participated in the survey.** 모든 방문객들이 **설문 조사에 참여했다.**
            자동사   전치사구

> 자동사 뒤에 목적어를 쓰고 싶으면 연결 고리 전치사가 필요해요.
> The bus **arrived at** the hotel. 버스가 호텔에 **도착했다.**
> Ms. Hans **works at** a bank. 한스 씨는 **은행에서 일한다.**

타동사

타동사는 목적어가 바로 와요. 토익에 자주 나오는 타동사를 확인해 보세요.

attend ~에 참석하다	submit ~을 제출하다	hire ~을 고용하다
complete ~을 완료하다, 작성하다	receive ~을 받다	hold ~을 개최하다

Fifty business owners **attended the workshop.** 50명의 사업주들이 **워크숍에 참석했다.**
                 타동사   목적어

Aron Smith **submitted his resignation.** 아론 스미스는 **사직서를 제출했다.**
           타동사   목적어

 Check **Up**

알맞은 것을 고르세요.
정답과 해설 p. 051

1. Employees should (work / complete) their expense reports.
2. A negative review (appeared / received) in the local news.
3. The Society of Scientists will (hold / participate) its annual convention in Paris.

VOCA **1.** expense 경비   **2.** negative 부정적인   local 지역의   **3.** society 협회   annual 연례의   convention 대회

● 능동태와 수동태

A new policy <u>was announced</u>.
수동태

새로운 정책이 **발표되었다**.

주로 사물이 주어가 돼서 '~되다'라는 의미로 쓰고
싶을 때 수동태를 써요.

수동태의 원리

수동태는 동사의 **목적어가 주어 자리에 온 것**이에요. 능동태 문장의 목적어를 주어 자리로 보내고, 동사를 <be동사 +
과거분사(p.p.)> 형태로 바꾸면 수동태가 됩니다.

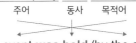

능동태　　The company **held** an event.　회사가 행사를 **개최했다**.
　　　　　　　주어　　　　동사　　목적어

수동태　　An event **was held** (by the company).　행사가 (그 회사에 의해) **개최됐다**.
　　　　　주어　　　　동사　　　<by + 목적격>

> 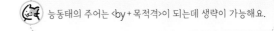 능동태의 주어는 <by + 목적격>이 되는데 생략이 가능해요.

수동태의 형태

수동태의 기본 형태는 **<be동사 + 과거분사(p.p.)>**이고, 수와 시제에 따라 be동사가 달라집니다.

과거　　The weekly report **was reviewed**.　주간 보고서가 **검토됐다**.

미래　　The weekly report **will be reviewed**.　주간 보고서가 **검토될 것이다**.

능동태와 수동태의 구별

3형식 타동사 뒤에 목적어가 있는지 없는지가 매우 중요해요. **목적어가 있으면 능동태, 목적어가 없으면 수동태**가
되어야 해요.

능동태　　We **shipped the orders**. 우리는 **주문품을 발송했습니다**.
　　　　　　　능동태　　　목적어

수동태　　The orders **were shipped**. 주문품은 **발송되었습니다**.
　　　　　　　수동태 (목적어 없음)

알맞은 것을 고르세요.　　　　　　　　　　　　　　　　　　　　　　　　정답과 해설 p. 051

1. Today's meeting will be (reschedule / rescheduled) for tomorrow 9 A.M.

2. The building (offers / is offered) several retail spaces.

3. The marketing seminar will (hold / be held) in the White Hotel.

VOCA　1. reschedule 일정을 변경하다　　2. retail 소매; 소매의　space 공간

1. Author Taylor Moran's books always ------- best sellers.

(A) become   (B) had become

> always(항상)는 현재 시제와 어울리는 표현이에요.

2. Since its construction, the historic Applegate Hall ------- concerts.

(A) hosted   (B) has hosted

> <since+과거>는 현재 완료 시제와 어울려요.

3. Factory ------- have helped ZB Motors to improve its car design.

(A) test   (B) tests

> have helped는 복수 동사예요. 빈칸에는 복수 주어가 와야 해요.

4. The board of directors is ------- into entering the European market.

(A) looking   (B) watching

> 빈칸 뒤에 전치사구가 있으니 자동사가 와야 해요.

5. Juan Suarez ------- at next Monday's team meeting.

(A) is introducing   (B) will be introduced

> introduce는 '~을 소개하다'라는 의미의 타동사예요.

6. Many designers ------- brown fabrics for their autumn collections next month.

(A) are using   (B) had been used

> 문장 끝에 미래 시점을 나타내는 next month(다음 달)가 있어요.

VOCA   **1.** author 작가   **2.** construction 건설   **3.** improve 개선하다   **4.** board of directors 이사회
       6. fabric 직물, 천   collection (패션) 신작 발표회, 수집품

ETS 실전 도전하기

정답과 해설 p.051

1. Mr. Chu ------- in Tokyo late tomorrow evening.

   (A) arriving
   (B) to arrive
   (C) will arrive
   (D) has arrived

2. The February sales report will be ------- by the end of the week.

   (A) completed
   (B) completely
   (C) completion
   (D) completes

3. Local government officials finally ------- the proposed 2 percent tax increase yesterday.

   (A) will be approved
   (B) have been approving
   (C) are approving
   (D) approved

4. You will receive a coupon when you ------- Delacorte Home Design.

   (A) stay
   (B) arrive
   (C) go
   (D) visit

5. Jay Chen ------- to report significant profits at the end of the year.

   (A) expect
   (B) is expected
   (C) expecting
   (D) were expecting

6. Ms. Maeda ------- all the certification exams to become a registered nurse.

   (A) has passed
   (B) has been passed
   (C) were to pass
   (D) will have been passed

7. Comments or suggestions concerning our dining service ------- welcome.

   (A) is
   (B) are
   (C) to be
   (D) being

8. Henry's Bakery staff members ------- the store before the delivery arrived.

   (A) will open
   (B) had opened
   (C) opening
   (D) is opening

VOCA 3. government official 공무원   proposed 제안된, 상정된   tax increase 세금 인상   5. significant 상당한
profit 수익   6. certification exam 자격증 시험   registered 공인된, 등록된   7. comment 논평, 의견
concerning ~에 관한

RC

PART 5

Day 05 to부정사와 동명사

He wants to watch sports.
그는 스포츠를 보길 원한다.

She enjoys watching movies.
그녀는 영화 보는 것을 즐긴다.

to부정사: 〈to+동사 원형〉

동사 원형 앞에 to가 붙은 형태의 to부정사는 명사 역할, 형용사 역할, 부사 역할을 모두 할 수 있어요.
역할이 하나로 정해지지 않은 말이라서 부정사(不定詞)라고 불러요.

명사 He wants **to watch** sports. 그는 스포츠를 보길 원한다.
　　　　　→ 동사 wants의 목적어

형용사 He had time **to watch** sports. 그는 스포츠를 볼 시간이 있었다.
　　　　　→ 명사 time 수식

부사 He changed the channel **to watch** sports. 그는 스포츠를 보기 위해 채널을 돌렸다.
　　　　　→ 전체 문장 수식

동명사: 〈동사 원형+-ing〉

동사를 명사로 바꿔 쓰는 걸 동명사라고 해요. 동사 원형 뒤에 -ing를 붙이면 '~하는 것/~하기'라는 뜻의
동명사가 됩니다.

She enjoys **watching** movies. 그녀는 영화 보는 것을 즐긴다.
　　　　　→ 동사 enjoys의 목적어

● to부정사의 역할 ① 명사

We want to build a factory. 우리는 공장을 건설하길 원한다.
　　　　　to부정사

to부정사는 명사처럼 동사의 목적어 자리에 올 수 있어요.

명사 역할

'~하는 것'으로 해석되며, **주어, 목적어, 보어** 자리에 올 수 있어요.

주어	**To understand our customers' needs** is important. **고객의 요구를 이해하는 것**이 중요하다.
	= It is important **to understand our customers' needs**. (가주어 it 사용)
목적어	We expect **to attract more shoppers**. 우리는 더 많은 쇼핑객들을 끌어모을 것으로 예상한다.
보어	The aim of the video is **to showcase the facility**. 이 비디오의 목적은 **그 시설을 소개하는 것**이다.

동사 + to부정사

다음 동사들은 뒤에 **목적어로 to부정사**가 와요.

plan 계획하다	want 원하다	would like 하고 싶다	need 필요하다	**+ to부정사**
expect 기대하다	decide 결정하다	hope 희망하다	afford 여유가 있다	**(~하기를, ~할 것을)**

Mr. Choi <u>plans</u> <u>to retire soon</u>. 최 씨는 곧 **은퇴할** 계획이다.
　　　　　동사　　　목적어

동사 + 목적어 + to부정사

다음 동사들은 5형식 문장에서 **to부정사를 목적격 보어**로 취해요.

advise 조언하다	encourage 격려하다	ask 요청하다	cause 유발하다	**+ 목적어 + to부정사**
invite 요청하다	expect 기대하다	allow 허용하다	require 요구하다	**(~가 …하는 것을)**

The speaker <u>asked</u> <u>attendees</u> <u>to provide feedback</u>. 연사는 참석자들에게 **피드백을 줄 것을** 요청했다.
　　　　　　동사　　　목적어　　목적격 보어 (목적어를 설명하는 말)

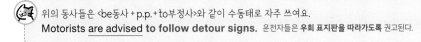

위의 동사들은 <be동사 + p.p. + to부정사>와 같이 수동태로 자주 쓰여요.
Motorists <u>are advised</u> to follow detour signs. 운전자들은 **우회 표지판을 따라가도록** 권고된다.

알맞은 것을 고르세요.
정답과 해설 p.052

1. We need (to revise / revising) the budget of the project.

2. Visitors are asked (to stay / staying) in the trail.

3. Most users decided (to cancel / canceling) their subscriptions to the service.

VOCA 1. revise 수정하다　budget 예산　　2. trail 산책로　　3. subscription 구독

● to부정사의 역할 ② 형용사와 부사

It's time to ship the packages.
　　　명사　　　　　　to부정사

소포를 발송할 시간이다.

time 뒤에 to부정사가 오면 '~할 시간'이란 뜻이에요.

형용사 역할

'~하는, ~할'로 해석되며, 형용사처럼 명사 뒤에서 **명사를 꾸며줍니다.**

a plan 계획	a way 방법	time 시간	+ to부정사
an opportunity 기회	an ability 능력	an effort 노력	(~할, ~하는)

The CEO has a plan to expand the business.　CEO는 **사업을 확장할** 계획을 가지고 있다.
　　　　　　명사

부사 역할

'~하기 위해'라고 해석되며, 부사처럼 문장 앞이나 뒤에서 문장을 꾸며줘요. to부정사의 to는 in order to로 바꿔 쓸 수 있어요.

To enter the building, you must have an ID card.　그 건물에 들어가기 위해서는 신분증이 있어야 한다.
= In order to enter the building,　　　　문장

알맞은 것을 고르세요.　　　　　　　　　　　　　　　　　　　　　정답과 해설 p. 052

1. James Clark had the opportunity (to work / working) with renowned architects.

2. (To receive / Receiving) a refund, customers must show a receipt.

3. We should leave early (to avoid / avoiding) traffic.

VOCA　**1.** renowned 유명한　architect 건축가　　**2.** refund 환불　receipt 영수증　　**3.** traffic 교통(량)

Applying early is recommended.
　　　　동명사

일찍 **신청하는 것을** 추천합니다.

동명사는 명사처럼 주어 자리에 올 수 있어요.

명사 역할

동명사는 명사 역할을 하기 때문에 **주어, 목적어, 보어 자리**에 올 수 있어요.

주어	**Training new hires** is her role. 신입 직원들을 교육하는 것은 그녀의 역할이다.
동사의 목적어	Mr. Hall <u>finished</u> **installing the carpet.** 홀 씨는 카펫을 설치하는 것을 마쳤다.
전치사의 목적어	We are committed <u>to</u> **producing quality speakers**. 우리는 양질의 스피커를 생산하는 것에 전념하고 있습니다.

 be committed to(~에 전념하다)에 있는 to는 전치사예요.
전치사 뒤에는 명사나 동명사가 오고, to부정사 뒤에는 동사 원형이 오기 때문에 둘을 잘 구별해야 합니다.

동사 + 동명사

다음 동사들은 뒤에 **목적어로 동명사**가 와요.

keep 계속하다	enjoy 즐기다	recommend 추천하다	suggest 제안하다	+ 동명사(-ing)
consider 고려하다	finish 끝내다	avoid 피하다	include 포함하다	(~하는 것을)

He <u>suggested</u> <u>rescheduling for 3 May</u>. 그는 **5월 3일로 일정을 변경하는 것을** 제안했다.
　　　동사　　　　　　목적어

동명사와 명사의 구분

동명사 뒤엔 목적어가 올 수 있지만 명사 뒤엔 목적어가 올 수 없어요. 또한 동명사는 앞에 관사나 형용사가 올 수 없어요.

Ms. Hall is in charge of (~~inspection~~ / **inspecting**) <u>the products</u>. 홀 씨는 제품 **검사를** 담당한다.
　　　　　　　　　　　　　　　　동명사　　　　　목적어

The building needs <u>an</u> (**inspection** / ~~inspecting~~). 그 건물은 **점검**이 필요하다.
　　　　　　　　관사　　　명사

 Check Up

알맞은 것을 고르세요. 　　　　　　　　　　　　　　정답과 해설 p.052

1. (Attending / Attend) the safety training is mandatory.

2. Ms. Satou is considering (moving / to move) to London.

3. Read the contract carefully before (signing / signature) it.

VOCA　1. mandatory 의무적인　　3. contract 계약서

1. The company may decide ------- additional staff.
   (A) hires
   (B) to hire

   빈칸은 동사 decide의 목적어 자리예요.

2. Duties for interns will include ------- a company database.
   (A) to update
   (B) updating

   빈칸은 동사 include의 목적어 자리예요.

3. ------- change your reservation, visit our Web site.
   (A) To
   (B) For

   빈칸 뒤에 동사 원형이 있어요.

4. He was looking forward to ------- work on the project.
   (A) begin
   (B) beginning

   빈칸 앞에 있는 to는 전치사예요.

5. Residents are invited ------- in the community cleanup event.
   (A) to participate
   (B) participating

   <invite + 목적어 + 목적격 보어> 문장이 수동태가 된 형태예요.

6. It is desirable ------- the ordering process for our products.
   (A) to simplify
   (B) simplified

   문장 제일 앞에 있는 It은 가주어예요. 빈칸에는 진주어 역할을 할 수 있는 게 와야 해요.

VOCA 1. decide 결정하다   additional 추가의   2. duty 의무, 직무   include 포함하다   3. reservation 예약
5. resident 주민   cleanup 대청소   6. desirable 바람직한   process 과정, 절차

1. Mr. Kardos plans ------- his poster from the printer before leaving for the conference.

   (A) retrieve
   (B) retriever
   (C) retrieved
   (D) to retrieve

2. ------- flowers from any of Claridge Park's gardens is strictly prohibited.

   (A) Removal
   (B) Removable
   (C) Removes
   (D) Removing

3. The awards ceremony is to ------- with a performance at 5:00 P.M.

   (A) begin
   (B) began
   (C) begins
   (D) beginning

4. Management has considered ------- a ban on the personal use of work computers.

   (A) institute
   (B) instituted
   (C) institution
   (D) instituting

5. Flower By You allows customers ------- and cut flowers themselves.

   (A) to choose
   (B) choosing
   (C) chose
   (D) choose

6. The structural engineer is responsible for ------- the roof's integrity once a year.

   (A) evaluates
   (B) evaluating
   (C) evaluated
   (D) evaluate

7. In order to ------- overseas clients, the Majeski Group will open offices in Europe.

   (A) accommodation
   (B) accommodates
   (C) accommodate
   (D) accommodating

8. Ms. Sekibo's paper focuses on ways ------- with sudden changes in market conditions.

   (A) are dealing
   (B) dealt
   (C) deal
   (D) to deal

VOCA 2. strictly 엄격히 prohibit 금지하다   3. performance 공연   4. consider 고려하다 ban 금지 조치
5. allow 허용하다, 용납하다   6. structural 구조의 integrity 온전함, 완전한 상태   7. overseas 해외의; 해외로
8. paper 문서, 논문 sudden 갑작스러운

Day 05 to부정사와 동명사   135

closing doors
닫히고 있는 문

closed doors
닫힌 문

분사

분사는 동사에 -ing나 -ed를 붙여 형용사처럼 바꿔 쓰는 말이에요.

동사 close 닫다

현재분사 closing doors 닫히고 있는 문

과거분사 closed doors 닫힌 문

현재분사: -ing

동사 원형 뒤에 -ing를 붙이면 현재분사가 돼요. 현재분사는 '~하는(능동)/~하고 있는(진행)'의 의미를 가져요.

a standing man 서 있는 남자   running water 흐르는 물

과거분사: p.p.

일반적으로 동사 원형 뒤에 -ed를 붙이면 과거분사가 되는데 변화가 불규칙한 동사들도 있어요. 과거분사는 '~되는(수동)/~된(완료)'의 의미를 가져요.

a damaged item 파손된 제품   fallen leaves 떨어진 잎

● 분사의 역할

He purchased <u>discounted</u> items.
분사

그는 **할인된** 상품을 구입했다.

분사 discounted(할인된)가 명사 items(상품)를 수식하고 있어요.
이렇게 분사는 **명사를 수식**하는 역할을 합니다.

명사 수식

분사는 형용사처럼 **명사 앞**이나 **명사 뒤**에서 명사를 수식하는 역할을 해요.

명사 앞   a **leading** producer 선도적인 생산업체   a **limited** time 제한된 시간
              분사   명사   분사   명사

명사 뒤   engineers **working** in Europe 유럽에서 **일하는** 기술자들
              명사   분사

              companies **based** in Chicago 시카고에 **본사를** 둔 회사들
              명사   분사

> 분사 뒤에 수식어가 붙어서 길어지면 명사 뒤로 와요.

보어 역할

주어를 보충 설명하는 **주격 보어** 자리와 목적어를 보충 설명하는 **목적격 보어** 자리에 쓰여요.

주격 보어   <u>My luggage</u> is **missing**. 제 짐이 **없어졌**어요.
                    주어   주격 보어 (주어를 설명하는 말)

목적격 보어   They got <u>the job</u> **done** well. 그들은 일을 잘 **해냈**다.
                          목적어   목적격 보어 (목적어를 설명하는 말)

Check Up

알맞은 것을 고르세요.   정답과 해설 p. 054

1. Please see the (attach / attached) file.

2. The film (direct / directed) by Mr. Park won three awards.

3. Customers (participating / participation) in the survey will receive gifts.

VOCA 2. direct 감독하다, 지시하다   win 수상하다   award 상   3. survey 설문 조사

● 현재분사와 과거분사

Return a <u>completed</u> form. 작성된 양식을 돌려보내세요.
　　　　　　과거분사

completed는 '작성된'이라는 뜻의 과거분사예요. 이처럼
과거분사는 수동의 의미(~된)를 가져요.

현재분사

수식을 받는 명사가 행위를 하는 주체이면 현재분사를 써요. '~하는, ~한'이라고 **능동**으로 해석됩니다.

a **growing** market 성장하는 시장	a **leading** provider 선도적인 공급업체
lasting relationships 지속적인 관계	**existing** products 기존 제품들

Tech Co. plans to upgrade its **existing** products. 테크 사는 **기존** 제품들을 업그레이드할 계획이다.

 lead, last, exist와 같은 자동사는 현재분사로만 쓰여요. 과거분사로는 쓰이지 않아요.

과거분사

수식을 받는 명사가 행위의 대상이면 과거분사를 써요. '~되는, ~된'이라고 **수동**으로 해석됩니다.

a **completed** form 작성된 양식	an **updated** system 업데이트된 시스템
a **returned** item 반품된 물건	**reduced** prices 할인된 가격
an **experienced** leader 경험이 많은 지도자	**increased** productivity 향상된 생산성

The **updated** system includes new features. **업데이트된** 시스템에는 새로운 기능들이 포함되어 있다.

현재분사와 과거분사의 구별

현재분사는 뒤에 목적어가 올 수 있지만, 과거분사는 수동형이므로 목적어가 올 수 없어요.

People <u>buying</u> tickets as a group can get a discount. 단체로 티켓을 **구매하는** 사람들은 할인을 받을 수 있다.
　　　　현재분사　　목적어

The world book fair <u>held</u> in Tokyo was successful. 도쿄에서 **열린** 세계 도서 박람회는 성공적이었다.
　　　　　　과거분사 (목적어 없음)

알맞은 것을 고르세요.　　　　　　　　　　　　　　　　　　　　　　정답과 해설 p. 054

1. Medi Co. is a (leading / led) supplier of medical equipment.

2. Our (experiencing / experienced) staff will help you find the most suitable product.

3. Good Wheels is a family-owned business (selling / sold) tires.

VOCA 1. supplier 공급 회사　medical 의료의, 의학의　equipment 장비, 기구　2. suitable 적합한　3. wheel 바퀴

● 감정 분사

Customers were <u>satisfied</u> with the service.
감정 분사

고객들은 서비스에 **만족했다**.

satisfied는 '만족한'이라는 뜻의 감정 분사예요. Customers (고객들)가 감정을 느끼는 쪽이라서 과거분사를 썼어요.

감정 분사의 구별

수식하거나 설명하는 대상이 **감정을 일으키는 쪽이면 현재분사(-ing)**, **감정을 느끼는 쪽이면 과거분사(p.p.)**를 써요. 그래서 주로 사람 명사는 과거분사(p.p.)와, 사물 명사는 현재분사(-ing)와 어울려요.

The <u>presentation</u> was **interesting**. 발표가 **흥미로웠다**.
　　　사물　　　　　　　현재분사(-ing)

<u>Mr. Novak</u> is **interested** in the chief editor position. 노박 씨는 편집장 자리에 **관심이 있다**.
　사람　　　　　과거분사(p.p.)

토익에 자주 나오는 감정 분사

interesting 흥미로운 - interested 흥미를 느끼는	surprising 놀라게 하는 - surprised 놀란
exciting 흥미진진한 - excited 신난, 즐거운	satisfying 만족스러운 - satisfied 만족한
thrilling 스릴 있는 - thrilled 스릴을 느끼는	disappointing 실망스러운 - disappointed 실망한

Enjoy our **exciting** tours. 저희 **신나는** 여행을 즐기세요.

Film critics were **disappointed** by the sequel. 영화 평론가들은 속편에 **실망했다**.

알맞은 것을 고르세요. 　　　　　　　　　　　　　　　　정답과 해설 p. 054

1. Ms. Martin was (surprising / surprised) by a recent drop in sales.

2. This career fair will be an (exciting / excited) opportunity for job seekers.

3. Today's workshop includes (interesting / interested) activities.

VOCA　1. recent 최근의　drop 하락　　2. career fair 취업 박람회　opportunity 기회　job seeker 구직자
　　　　3. include 포함하다　activity 활동

1. Web sites often require ------- programming.
   (A) complicate
   (B) complicated

   명사 programming을 수식하는 말이 들어가야 해요.

2. Dr. Dahl's invention had a ------- impact on the field of science.
   (A) lasting
   (B) lasted

   명사 impact를 수식하는 분사가 들어갈 자리예요.

3. Most customers are ------- with the professionalism of our staff.
   (A) satisfying
   (B) satisfied

   customers는 만족을 느끼는 쪽이에요.

4. Woori Co. has a branch ------- in Manchester.
   (A) locate
   (B) located

   앞에 있는 명사 branch를 수식하는 말이 와야 해요.

5. The Grand Symphony Orchestra will present an ------- opera.
   (A) exciting
   (B) excited

   빈칸의 분사가 수식하는 대상은 사물 명사인 opera예요.

6. Employees ------- to transfer to our London office will receive relocation assistance.
   (A) agreed
   (B) agreeing

   앞에 있는 명사 Employees를 수식하는 말이 와야 해요.

VOCA 2. invention 발명(품) impact 영향 3. professionalism 전문성 4. branch 지점 5. present 보여주다, 선보이다
6. transfer 전근을 가다, 옮기다 relocation 이사, 이전 assistance 도움, 원조

1. Ms. Cho indicated that she is very ------- in the position of director.

   (A) interested
   (B) interesting
   (C) interests
   (D) interest

2. The recently ------- Gallar 9A mobile phone should be available in stores by July.

   (A) announcing
   (B) announcer
   (C) announce
   (D) announced

3. Credit card miles may be redeemed with any ------- airline.

   (A) participates
   (B) participating
   (C) participate
   (D) participated

4. Kent Moriwaki published a book ------- interviews with various artists.

   (A) featuring
   (B) featured
   (C) feature
   (D) features

5. ------- attempts to reach Mr. Havert have been unsuccessful.

   (A) Repeated
   (B) Repetition
   (C) To repeat
   (D) Having repeated

6. Miles Airlines has updated its Web site with helpful information ------- for travelers to India.

   (A) was intended
   (B) intended
   (C) intend
   (D) intending

7. Ezio Vitelli has directed several of the most ------- adventure films of the last decade.

   (A) thrilling
   (B) thrilled
   (C) thrill
   (D) thriller

8. Orders ------- the weight limit are subject to additional shipping fees.

   (A) exceeded
   (B) exceeding
   (C) exceed
   (D) excessive

RC

PART 5

VOCA 1. indicate 나타내다, 내비치다   2. available 이용 가능한, 구매할 수 있는   3. redeem (상품권 등을) 상품[현금]으로 바꾸다
5. attempt 시도   reach (전화로) 연락하다   unsuccessful 성공하지 못한   7. adventure 모험   decade 10년
8. weight limit 중량 제한   be subject to ~의 대상이다   additional 추가의

전치사와 접속사

강의

on a sofa
소파 위에서

A cat and a dog are sleeping together.
고양이와 개가 함께 자고 있다.

전치사

전치사는 '앞에 위치하는 품사'라는 뜻이에요. 전치사 뒤에는 명사, 대명사, 동명사, 명사절 등 명사 역할을 하는 품사가 와요.

on <u>a sofa</u> 소파 위에서   to <u>you</u> 당신에게
　　명사　　　　　　　　　　　　　　대명사

접속사의 종류

접속사에는 등위 접속사, 상관 접속사, 부사절 접속사, 명사절 접속사 등이 있어요.

등위 접속사	and 그리고	but 그러나
상관 접속사	both A and B A와 B 둘 다	either A or B A 혹은 B 둘 중 하나
명사절 접속사	that ~라는 것	whether/if ~인지 아닌지
부사절 접속사	when ~할 때	because ~이기 때문에

◉ 시간/장소 전치사

The movie starts <u>at</u> 7 P.M. 영화는 저녁 7시에 시작한다.
전치사

저녁 7시(7 P.M.)처럼 특정 시각 앞에는 전치사 at을 써요.

at / in / on

at / in / on은 시간과 장소에 두루두루 가장 많이 쓰이는 전치사예요.

		시간		장소	
at ~에/~에서	+ 시각/시점	**at** 9 A.M. 오전 9시에	+ 특정 지점	**at** the meeting 회의에서	
in ~에/~에서	+ 월/계절/연도	**in** 2023 2023년에	+ 국가/도시/공간	**in** England 영국에서	
on ~에/~에서	+ 요일/날짜	**on** May 1 5월 1일에	+ 층/표면/거리	**on** the first floor 1층에	

시점/기간 전치사

before ~ 전에	**after** ~ 후에	**since** ~ 이후로
within ~ 이내에	**by/until** ~까지	**for/during** ~ 동안

Your order will arrive **within** one week. 주문하신 물품은 일주일 **이내에** 도착할 것입니다.

Blutem Co. has been a leading producer of Bluetooth devices **since** its establishment.
블루템 사는 설립 **이후로** 블루투스 기기의 선도적인 생산 업체였다.

장소/방향 전치사

from ~에서	**to** ~로, ~에게	**near** ~ 근처에
around ~ 주위에	**through** ~ 통해서	**throughout** ~ 전체에

The Tower Hotel offers a shuttle **from** the hotel **to** the airport. 타워 호텔은 호텔**에서** 공항**까지** 셔틀을 제공한다.

Guests can enter the garage **through** the entrance on 5th Ave.
손님들은 5번 가 입구를 **통해** 차고로 들어갈 수 있다.

알맞은 것을 고르세요.   정답과 해설 p. 056

1. Please arrive at the conference center (to / by) 10:00 A.M.

2. The holiday parade will be held (at / on) May 5.

3. The building inspection has been postponed (until / in) next week.

VOCA **1.** conference center 회의장   **2.** holiday 휴일   **3.** inspection 검사   postpone 연기하다

○ 기타 전치사

The event was canceled due to the bad
이유를 나타내는 전치사

weather. 행사가 악천후 때문에 취소됐다.

due to는 '~ 때문에'라는 뜻으로 이유가 되는 명사 앞에 써요.

기타 전치사

by ~로, ~에 의해	**by** e-mail 이메일로	**by** the firm 그 회사에 의해서
for ~ 때문에, ~을 위해	**for** renovations 수리 때문에	**for** investors 투자자들을 위해
because of / due to ~ 때문에	**because of** inclement weather 악천후 때문에 **due to** low registration 낮은 등록률 때문에	
about / regarding ~에 관하여	**about** the cost 비용에 관하여 **regarding** this matter 이 문제와 관련하여	
despite / in spite of ~에도 불구하고	**despite** a recent drop in sales 최근 매출 하락에도 불구하고 **in spite of** opposition 반대에도 불구하고	
with ~와 함께 **without** ~ 없이	**with** clients 고객들과 함께 **without** notice 예고 없이	

구전치사: 두 단어 이상으로 구성된 전치사

according to ~에 따르면	**prior to** ~에 앞서, ~ 전에
instead of ~ 대신에, ~가 아니라	**regardless of** ~와 상관없이
in addition to ~에 더하여, ~ 이외에도	

According to the revised schedule, the meeting will begin at 6:00 P.M. **instead of** 7:00 P.M.
수정된 일정에 따르면, 회의는 저녁 7시가 아닌 6시에 시작할 것이다.

Check Up

알맞은 것을 고르세요.

정답과 해설 p.056

1. (According to / Instead of) the article, flights are often delayed.
2. The outdoor parking lot was not available (because of / regarding) repairs.
3. (By / Despite) the high ticket price, the concert of AZ Band was sold out.

VOCA 1. article 기사　delay 지연시키다　2. parking lot 주차장　available 이용 가능한　3. sold out 매진된

등위 접속사와 상관 접속사

The room was clean <u>and</u> comfortable.
등위 접속사

객실이 깨끗하**고** 편안했다.

and가 형용사 clean(깨끗한)과 comfortable(편안한)을
연결해 주고 있어요. 이렇게 동일한 요소를 연결해 주는 것을
등위 접속사라고 해요.

등위 접속사

등위 접속사는 **단어와 단어, 구와 구, 절과 절** 등 동일한 요소를 대등하게 이어줘요.

and 그리고	but[yet] 그러나	or 또는	so 그래서

The Pilgrim Theater is easily accessible by <u>car</u> or <u>bus</u>. 필그림 극장은 차**나** 버스로 쉽게 갈 수 있다.
　　　　　　　　　　　　　　　　　　 명사　　명사

<u>Admission is free</u>, **but** <u>a reservation is required</u>. 입장은 무료**이지만**, 예약이 필요하다.
　　　절　　　　　　　　　　　　　　 절

상관 접속사

두 단어 이상이 **짝을 이뤄 쓰는 접속사**예요.

both A and B A와 B 둘 다	not A but B A가 아니라 B
either A or B A 혹은 B 둘 중 하나	not only A but (also) B A뿐만 아니라 B도
neither A nor B A나 B 둘 다 아닌	A as well as B B뿐만 아니라 A도

The museum displays **both** modern **and** classical art. 그 미술관은 현대 미술**과** 고전 미술을 **둘 다** 전시한다.

You can **either** register online **or** in person. 온라인으로 등록하**거나** 직접 등록할 수 있다.

알맞은 것을 고르세요. 　　　　　　　　　　　　　　　　　　　　　　　정답과 해설 p.056

1. Please print this ticket (and / but) present it at the entrance.

2. (Neither / Either) the Seattle office nor the Portland office is hiring.

3. The restaurant not only serves delicious food (as well / but also) has a good atmosphere.

VOCA 1. present 제시하다　entrance 입구　3. delicious 맛있는　atmosphere 분위기

● 명사절 접속사

Research shows <u>that this advertisement</u>
명사절

<u>is effective.</u> 조사는 이 광고가 효과적이라는 것을 보여준다.

that이 이끄는 절이 명사처럼 목적어 역할을 하고 있어요. 이처럼 절을 명사처럼 쓸 수 있도록 만들어 주는 게 명사절 접속사예요.

명사절 접속사

명사절 접속사는 절을 명사처럼 **주어, 목적어, 보어 역할을 할 수 있는 명사절**로 만들어 줘요. 명사절 접속사에는 that, whether[if] 등이 있어요.

that ~라는 것	whether/if ~인지 아닌지

주어 <u>**Whether** the merger will be finalized</u> depends on the negotiations.
명사절
합병이 마무리될**지는** 협상에 달려 있다.

목적어 I wonder <u>**if** I should pay an extra fee to check in my baggage</u>.
명사절
제 짐을 부치려면 추가 요금을 내야 하**는지** 궁금합니다.

보어 The selling point of the product is <u>**that** it is very durable</u>. 제품의 장점은 내구성이 매우 좋다는 **것**이다.
명사절

동사 + that절

다음 동사들은 that절이 목적어로 자주 쓰여요. 이 때 that절은 '~라고, ~라는 것을'이라고 해석됩니다.

announce 발표하다	show 보여주다	indicate 나타내다	+ that절
confirm 확인하다	note 주의하다	request 요청하다	(~라고, ~라는 것을)

N-Tech **announced** <u>that</u> John Adams was appointed as a CEO.
명사절

N-테크는 존 아담스가 CEO로 임명됐다**고** 발표했다.

알맞은 것을 고르세요.   정답과 해설 p.056

1. The blinking light indicates (that / who) the device is charging.
2. Let me know (that / if) you are able to attend the party.
3. Dream Films will soon decide (whether / what) it will produce the sequel.

VOCA 1. blinking 깜박이는   device 기기   charge 충전하다   3. decide 결정하다   sequel 후속편

● 부사절 접속사

When he retired, he returned to his hometown.
부사절

그는 은퇴했을 **때** 고향으로 돌아갔다.

When이 뒤에 있는 절(he retired)을 부사절로 만들어 줬어요. 이처럼 절을
이끌어 부사절로 만들어 주는 접속사가 부사절 접속사예요.

시간 / 조건 부사절 접속사

시간	when ~할 때	before ~ 전에	after ~ 후에	while ~하는 동안
	until ~까지	since ~한 이후로	once ~하자마자	as soon as ~하자마자
조건	if 만약 ~하면	once 일단 ~하면	unless 만약 ~하지 않으면	provided (that) ~한다면

If you're interested in the project, please let me know. 그 프로젝트에 관심이 있으**시면** 제게 알려 주세요.
부사절

We will contact you **when** the repairs are completed. 수리가 완료**되면** 연락을 드리겠습니다.
부사절

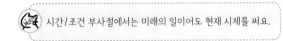
시간/조건 부사절에서는 미래의 일이어도 현재 시제를 써요.

이유 / 양보 부사절 접속사

이유	because/since/as ~이기 때문에	now that ~이므로
양보	although/though/even though 비록 ~이지만	even if ~할지라도

Because the items are fragile, they require great care. 물건이 깨지지 쉽기 **때문에** 큰 주의가 필요하다.
부사절

Though the restaurant had great reviews, the food wasn't to my taste.
부사절

그 식당은 좋은 평가를 **받았지만**, 음식은 내 입맛에 맞지 않았다.

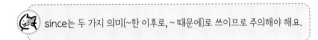
since는 두 가지 의미(~한 이후로, ~ 때문에)로 쓰이므로 주의해야 해요.

알맞은 것을 고르세요.   정답과 해설 p. 056

1. (If / Until) you order within 2 hours, you can get it tomorrow.

2. (Since / Until) the copier was broken, the handouts couldn't be distributed.

3. We carefully check the products (before / although) they leave the factory.

VOCA **2.** copier 복사기   broken 고장 난   handout 인쇄물, 유인물   distribute 배부하다   **3.** carefully 면밀히

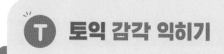

1. Reports must be sent ------- the manager on Monday.

(A) in (B) to

'~로, ~에게'라는 의미의 전치사가 필요해요.

2. Present your original receipt ------- a refund.

(A) at (B) for

at은 '~에', for는 '~을 위해'라는 뜻이에요.

3. Dr. Intira ------- Dr. Kim have advanced degrees in marketing.

(A) and (B) but

and는 '그리고, ~와', but은 '그러나'라는 뜻이에요.

4. Our firm will cover travel expenses ------- the conference.

(A) during (B) while

during은 전치사, while은 접속사예요.

5. ------- he joined Jieun Co., Mr. Tran was a manager at Inhye Engineering.

(A) Since (B) Before

since는 '~ 이후로', before는 '~ 전에'라는 뜻이에요.

6. Applicants must present ------- a driver's license or a current utility bill.

(A) either (B) both

or와 짝을 이루는 상관 접속사를 찾아야 해요.

VOCA 2. present 제시하다 receipt 영수증 refund 환불 3. advanced 고급의, 상급의 4. cover (충분한 돈을) 대다 travel expense 출장비 6. applicant 지원자 driver's license 운전면허증 current 현재의 utility bill 공공요금

1. Hotel guests can enjoy live music in the atrium every evening ------- 6:00 P.M.

   (A) of
   (B) for
   (C) at
   (D) on

2. Mr. Yan cannot attend the budget meeting ------- he is assisting a client.

   (A) including
   (B) because
   (C) otherwise
   (D) despite

3. Please address any questions ------- the Reese account to the legal department.

   (A) regard
   (B) regards
   (C) regarding
   (D) regarded

4. Successful candidates need to be licensed to operate ------- cranes and backhoes.

   (A) once
   (B) there
   (C) after
   (D) both

5. Visitors come ------- many countries to enjoy the Great Smoky Mountains.

   (A) from
   (B) for
   (C) along
   (D) by

6. ------- Ms. Grey was delayed by computer problems, she completed the project on time.

   (A) Besides
   (B) Except
   (C) Although
   (D) Meanwhile

7. ------- the committee offers Dr. Rao the position will depend on a vote.

   (A) Whether
   (B) After
   (C) Although
   (D) Until

8. The Hotel Nagar requests ------- you confirm your room reservation no later than May 4.

   (A) but
   (B) if
   (C) that
   (D) like

VOCA **1.** atrium 아트리움, 중앙 홀   **2.** budget 예산   assist 돕다, 보조하다   **3.** account 계정, 계좌   legal 법률과 관련된
4. successful candidate 합격자   licensed 면허증을 소지한   operate 가동하다   crane 기중기   backhoe 굴착기
6. on time 시간을 어기지 않고   **7.** committee 위원회   depend on ~에 달려 있다   vote 투표

관계대명사

강의

This is a smartphone, which I bought yesterday.
이건 내가 어제 산 스마트폰이다.

관계대명사

관계대명사는 <대명사＋접속사> 기능을 하는 접속사로, 절을 이끌어 앞의 명사를 수식하는 역할을 해요.
명사를 수식해서 '관계사절'을 '형용사절'이라고도 합니다.

This is a smartphone. + I bought it yesterday. 이것은 스마트폰이다. 나는 어제 그것을 샀다.

This is a smartphone, [which I bought yesterday.] 이것은 [내가 어제 산] 스마트폰이다.
관계사절(형용사절)

선행사

관계사의 수식을 받는 명사를 '선행사'라고 해요. 선행사에 따라 관계사가 달라지기 때문에 선행사가
중요해요.

This is a smartphone, [which I bought yesterday.] 이것은 [내가 어제 산] 스마트폰이다.
선행사

Customers [who spend over $50] receive

선행사   주격 관계대명사

a discount. [50달러 이상 구입하는] 고객들은 할인을 받는다.

선행사가 사람 명사(Customers)이고 관계사절에서 주어 역할을
하기 때문에 주격 관계대명사 who가 쓰였어요.

주격 관계대명사

관계대명사가 관계사절에서 주어 역할을 하면 주격 관계대명사라고 해요. 주어 역할을 하기 때문에 **뒤에 동사가** 와요.
선행사가 사람이면 who나 that을 사용하며, 사물이면 which나 that을 사용합니다.

선행사	주격 관계대명사
사람	who, that
사물	which, that

Mr. Harris [**who** has worked as a marketing director] will retire next week.
  사람 선행사   주격 관계대명사

[마케팅 이사로 일해 온] 해리스 씨는 다음 주에 은퇴할 것이다.

관계사절 동사의 수 일치

주격 관계대명사가 포함된 **관계사절의 동사는 선행사와 수를 일치**시켜요. 선행사가 단수이면 관계사절의 동사도 단수로,
선행사가 복수이면 관계사절의 동사도 복수로 써요.

The CEO is pleased with the new plan [**that** focuses on market expansion.]
                        단수 선행사   단수 동사

CEO는 [시장 확대에 초점을 맞춘] 새로운 계획에 만족하고 있다.

Check Up

알맞은 것을 고르세요.   정답과 해설 p. 058

1. This session will focus on skills, (who / which) boost customer satisfaction.

2. Employees (who / which) exceed their sales goals will be awarded.

3. Ez-Use is known as a company that (create / creates) user-friendly products.

VOCA 1. focus on ~에 초점을 맞추다   boost 높이다   customer satisfaction 고객 만족   2. exceed 초과하다   goal 목표
         award 상을 주다   3. user-friendly 사용자 친화적인

● 목적격 관계대명사

The report, [which I sent,] has an error.

선행사   목적격 관계대명사

[제가 보낸] 보고서에 오류가 있습니다.

선행사가 사물 명사(The report)이고 관계사절에서 목적어 역할을
하기 때문에 목적격 관계대명사 which가 쓰였어요.

목적격 관계대명사

관계대명사가 관계사절에서 목적어 역할을 하면 목적격 관계대명사라고 합니다. 목적어 역할을 하기 때문에 **뒤에
<주어＋동사>가 와요. 선행사가 사람이면 who, whom, that을 사용하며, 사물이면 which나 that을 사용합니다.**

선행사	목적격 관계대명사
사람	who, whom, that
사물	which, that

Please keep the receipt [that you received] as proof of purchase.

사물 선행사   목적격 관계대명사

[당신이 받은] 영수증을 구매 증빙용으로 보관하세요.

목적격 관계대명사의 생략

목적격 관계대명사는 생략될 수 있어요. 관계사가 보이지 않아도 관계사절을 파악할 수 있어야 해요.

The computer [that I ordered last week] has not arrived yet.

= The computer [I ordered last week] has not arrived yet. [지난주에 주문한] 컴퓨터가 아직 도착하지 않았다.

선행사   └ 목적격 관계대명사 생략

 Check **Up**

알맞은 것을 고르세요.   정답과 해설 p.058

1. The interns (whom / which) Bebe Co. recently hired are highly qualified.

2. We carefully reviewed the portfolio (who / that) you submitted.

3. The software, (whom / which) Max Soft newly developed, is now available for download.

VOCA   1. highly qualified 뛰어난 자격을 갖춘   2. carefully 꼼꼼히   portfolio 포트폴리오   3. develop 개발하다

● 관계부사

That's <u>the reason</u> [<u>why</u> the meeting was
　　　　　이유　　　　　관계부사

canceled.] 그것이 회의가 취소**된 이유**이다.

선행사가 이유(the reason)이면 관계부사는 why를 써요.

관계부사

관계대명사와 비슷해 보이지만, 관계사절에서 부사 역할을 하는 것은 관계부사라고 해요. **시간을 나타낼 때는** when, **장소는** where, **이유는** why, **방법은** how를 씁니다. 관계부사도 생략될 수 있어요.

	선행사	관계부사
시간	the day, the time 등	when
장소	the place, the area 등	where
이유	the reason	why
방법	the way	how

The store will hold a sale <u>this Friday</u> [**when** the holiday begins.]
그 매장은 [연휴가 시작되**는**] 이번 주 금요일에 세일을 할 것이다.

I attended <u>the seminar</u> [**where** you spoke about the market trends.]
[당신이 시장 동향에 대해 말씀하**신**] 세미나에 참석했습니다.

There were <u>several reasons</u> [**why** the deadline was postponed.] [마감이 연기**된**] 여러 이유가 있었다.

John explained [**how** the new software works.] 존이 [새로운 소프트웨어가 작동하**는**] 방법을 알려 주었다.

= John explained **the way** [the new software works.]

> 관계부사 how는 선행사 the way와 함께 쓰지 않아요. 둘 중 하나만 써요.

알맞은 것을 고르세요.　　　　　　　　　　　　　　　정답과 해설 p. 058

1. You can download the image directly from the page (where / which) it is used.
2. The company's sales increased in June (how / when) its new product was released.
3. The high cost of fuel is the reason (when / why) customers are buying more efficient cars.

VOCA　**1.** directly 직접, 바로　　**2.** increase 오르다　release 공개하다　　**3.** cost 가격　fuel 연료　efficient 효율적인

1. Ms. Song canceled the order, ------- she made yesterday.
   (A) which   (B) when

   she made 뒤에 목적어 자리가 비어 있어요. 목적격 관계대명사가 필요해요.

2. Please avoid calling between 2 P.M. and 3 P.M. ------- there are many inquiries.
   (A) that   (B) when

   선행사가 시간 명사이고, 빈칸 뒤에 완전한 절이 왔어요.

3. The candidate ------- won the popular vote will assume office.
   (A) who   (B) what

   선행사가 사람 명사(The candidate)예요.

4. The new hire ------- the manager interviewed will begin working soon.
   (A) that   (B) when

   관계사절의 동사인 interviewed 뒤에 목적어가 없어요.

5. The report contains a summary, ------- shows consumer preferences.
   (A) which   (B) who

   선행사가 사물 명사(a summary)예요.

6. The company provides health insurance for employees who ------- full-time.
   (A) works   (B) work

   주격 관계대명사가 포함된 관계사절의 동사는 선행사와 수를 일치시켜요.

VOCA 2. avoid 피하다, 방지하다   inquiry 문의   3. candidate 후보자   popular vote 일반 투표   assume office 취임하다
5. contain 포함하다   summary 요약(본)   preference 선호(도)   6. health insurance 건강 보험

정답과 해설 p.059

1. The manual features instructions ------- describe how to repair a broken monitor.

   (A) that
   (B) what
   (C) this
   (D) where

2. The jacket you ordered is currently unavailable in the color you --------.

   (A) requests
   (B) requested
   (C) are requested
   (D) requesting

3. Sea grass provides a protective environment ------- marine life thrives.

   (A) where
   (B) that
   (C) which
   (D) it

4. I have sent a copy of the design ------- you asked for during yesterday's meeting.

   (A) then
   (B) that
   (C) what
   (D) where

5. Nye Electronics products come with a warranty that ------- for three years.

   (A) last
   (B) to last
   (C) lasting
   (D) lasts

6. We can handle your request during the end of the week ------- the office is less busy.

   (A) where
   (B) than
   (C) but
   (D) when

7. An online module will be provided for employees ------- cannot attend the training session.

   (A) who
   (B) what
   (C) when
   (D) where

8. The Yunof brand of teas, ------- entered the market 3 years ago, is a best-selling brand.

   (A) when
   (B) who
   (C) where
   (D) which

VOCA 1. feature (특별히) 포함하다   instructions 지시, 설명   describe 설명하다   2. unavailable 구할 수 없는
3. sea grass 해변 식물   protective 보호하는   environment 환경   marine 바다의   thrive 잘 자라다
5. warranty 품질 보증서   6. handle 처리하다

장문 빈칸 채우기

토익 PART 6는 이렇게 나와요!

주어진 지문 안의 빈칸 네 곳에 적절한 말이나 문장을 고르는 문제입니다.

문제지

Questions 131-134 refer to the following memo.

From: Meghna Ganguly
To: Staff at Percuriam Law LLC
Subject: Green Initiative
Date: April 7

Percuriam Law is committed to caring for the environment. Accordingly, various measures will be implemented in the months ahead. ------- (131.), phase one is already underway. It involves ------- (132.) many of our paper forms to online versions. The measure will allow us to cut costs. ------- (133.). Next month we will put phase two into ------- (134.), which will involve replacing the light switches in all offices with motion-activated light meters to help conserve energy. We ask for your patience during the implementation of these measures.

131. 접속부사 문제
(A) In contrast
(B) In fact
(C) Later
(D) Rather

132. 어휘 문제
(A) representing
(B) generating
(C) observing
(D) converting

133. 문장 고르기 문제
(A) Without a doubt, our IT department has a dedicated staff.
(B) Regrettably, our initiatives took two years to be approved.
(C) We should expect to see a 15 percent annual savings on office supplies.
(D) Moreover, we will be hiring a consultant to help us develop ideas.

134. 문법 문제
(A) action
(B) acting
(C) act
(D) acted

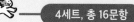

🪶 이렇게 풀어 보세요!

지문을 처음부터 읽으세요.

Part 6는 문맥이 중요하고 빈칸 앞뒤 문장에서 단서를 찾을 수 있는 경우가 많답니다. 읽어 나가면서 글의 주제를 파악하세요.

순서대로 문제를 풀어나가세요.

131. 접속부사 문제 빈칸의 앞뒤 문장을 해석해보고 내용의 논리 관계를 파악하세요.

퍼큐리엄 법률사무소는 환경을 돌보는 것에 전념하고 있습니다. 이에 따라 앞으로 몇 달 동안 다양한 조치가 시행될 예정입니다. [대조적으로 / **사실** / 나중에 / 오히려] , 1단계는 이미 진행 중입니다.

❯ 빈칸 앞 '다양한 조치'를 뒷받침해주는 말이 필요하죠.

132. 어휘 문제 지문 안에서 동의어나 힌트가 되는 단서를 찾으세요.

퍼큐리엄 법률사무소는 환경을 돌보는 것에 전념하고 있습니다. 이에 따라 앞으로 몇 달 동안 다양한 조치가 시행될 예정입니다. 사실, 1단계는 이미 진행 중입니다. 그것은 우리의 많은 종이 양식을 온라인 버전으로 [대표하는 / 생성하는 / 준수하는 / **변환하는**] 것을 포함합니다.

❯ 종이 양식에서 온라인 버전으로 바뀐다는 말이 자연스럽겠죠.

133. 문장 고르기 문제 빈칸의 앞뒤 문장을 보고 문맥을 파악하세요.

그 조치를 통해 우리는 비용을 절감할 수 있을 것입니다. **사무용품에 드는 비용은 연간 15퍼센트가 절약될 것으로 예상됩니다.**

❯ 비용 절감에 대한 이야기가 이어지는 것이 자연스러워요.

134. 문법 문제 주변 문장에서 정답의 단서를 찾아보세요.

다음 달에 우리는 에너지 절약을 돕기 위해 모든 사무실의 전등 스위치를 움직임 감지 조도계로 교체하는 것을 포함하는 2단계를 **시행할** 것입니다.

❯ 빈칸 앞에 전치사 into가 있으니 명사가 와야 되죠. 그리고 put ~ into action은 '실행에 옮기다'라는 표현이에요.

문제 유형

● 문법/어휘 문제

Part 6의 문법/어휘 문제는 Part 5의 문법/어휘 문제와 비슷하지만 답을 찾는 방식은 약간 다를 수 있어요.
Part 6는 주로 앞뒤 문장과의 관계를 파악해야 풀 수 있는 시제나 동사 어형, 대명사를 고르는 문제 등이 많이
출제된답니다.

Part 6 문법/어휘 문제 풀이 방법

• 빈칸의 앞뒤 문장을 보고 문맥을 파악하세요.
• 어휘는 지문 안에서 동의어나 힌트가 되는 단서를 찾으세요.

Dear Mr. Cortelyou:	코르텔류 씨께:
We are pleased / that you ------- the position of editorial assistant / at Berberian Press. // At 9:00 A.M. on Monday, June 5, / please report to the Human Resources office. //	우리는 기쁩니다 / 당신이 편집 보조직을 **수락해주셔서** / 버버리안 출판사의. // 6월 5일 월요일 오전 9시에 / 인사과 사무실로 오셔서 출근 보고해 주십시오. //

(A) accepting
(B) have accepted

 빈칸 앞 you는 that절의 주어이므로 빈칸은 동사가 와야 하는 자리입니다. (A) accepting은 동명사
또는 현재분사의 형태이므로 동사 자리에는 올 수 없습니다. 따라서 현재 완료 시제인 (B) have
accepted가 정답이 됩니다.

Check Up

빈칸에 알맞은 것을 고르세요. 정답과 해설 p.060

Dear Ms. Fisher,

Janten's Formal Wear would like to thank you for your business and invite you to a -------.
1.

The grand opening of our new shop at 16 Meadow Lane ------- place on Thursday, January
2.

20, from 4:00 to 8:00 P.M.

1. (A) celebration
   (B) presentation

2. (A) taking
   (B) will take

VOCA formal 정장의, 격식을 차린   grand opening 개점 행사   lane 길

◉ 접속부사 문제

접속부사 문제는 앞뒤 문장을 자연스럽게 연결해주는 부사를 고르는 문제로, 앞뒤 문장을 해석해보고 논리적 관계를 파악하여 적절한 접속부사를 골라야 해요.

Part 6 접속부사 문제 풀이 방법

- 빈칸의 앞뒤 문장을 해석해보고 내용의 논리 관계(인과, 대조, 첨가 등)를 파악하세요.
- 보기가 전부 접속부사로만 이루어지지 않는 경우가 있으니, 접속사나 전치사와 구분하세요.

Hello Peter,

Corvan Furniture Store will receive its summer inventory / shortly. // ------, I would like to begin online advertising campaign / to promote our new items. //

안녕하세요 피터,

코반 가구점에서는 여름용 상품을 들이려고 합니다 / 곧. // **따라서**, 온라인 광고 캠페인을 시작하고 싶습니다 / 우리의 새로운 상품을 홍보하기 위해. //

(A) Accordingly
(B) Nevertheless

 빈칸 앞 문장에서 여름용 상품을 들인다고 했으므로, 그것 때문에 광고 캠페인을 시작한다고 하는 말이 가장 자연스러워요.

접속부사의 종류

인과	therefore 그러므로	accordingly 따라서, 그에 따라	as a result 결과적으로
대조	however 그러나	on the other hand 반면에	nevertheless 그럼에도 불구하고
첨가	in addition 게다가	besides 게다가	furthermore / moreover 더욱이
기타	then 그러고 나서	otherwise 그렇지 않으면	likewise 마찬가지로

빈칸에 알맞은 것을 고르세요.

정답과 해설 p.060

Your order is ready for in-store pickup at our Clearfield Avenue location. Please be sure to retrieve your merchandise by 3 October at the latest. ------ , your order will be canceled.

(A) Otherwise
(B) Furthermore

VOCA in-store 매장 내의 pickup 수령, 수거 location 지점, 위치 retrieve 되찾다 merchandise 상품 at the latest 늦어도

● 문장 고르기 문제

문장 고르기 문제는 문맥상 빈칸에 들어갈 알맞은 문장을 고르는 문제로, 앞뒤 문장과의 논리적 관계상 가장 자연스러운 문장을 골라야 해요.

Part 6 문장 고르기 문제 풀이 방법

• 빈칸의 앞뒤 문장에서 단서 표현을 찾아 알맞은 문장을 고르세요.
• 보기의 문장에 지시어나 대명사가 있다면 그것이 가리키는 것을 지문에서 찾아보세요.

To Whom It May Concern:

I am writing / to recommend Katrin Wada / for employment. // Ms. Wada served as a property manager / for Alcott Real Estate / for ten years. // During this period, / she received our company's Most Efficient Employee award / four times. // ------- . // I am confident / that she will be an asset / to your real estate management company. //

담당자 귀하:

저는 (이 편지를) 씁니다 / 카트린 와다를 추천하기 위해 / 채용에. // 와다 씨는 부동산 관리인으로 일했습니다 / 올콧부동산의 / 10년 동안. // 이 기간 동안 / 그녀는 우리 회사의 가장 효율적인 직원상을 받았습니다 / 네 번. // **확실히 와다 씨는 우리 팀의 중요한 일원이었습니다.** // 저는 확신합니다 / 그녀가 자산이 될 것이라고 / 귀하의 부동산 관리 회사의. //

(A) Alcott Real Estate has been in business for over a decade.
(B) Clearly, Ms. Wada was a vital member of our team.

 이 편지는 와다 씨의 채용을 추천하는 내용이에요. 빈칸 앞에서는 와다 씨가 직원상을 네 번 수상했다고 하고, 뒤에서는 회사의 자산임을 확신한다는 말이 나오죠. 따라서 빈칸에는 와다 씨에 대한 좋은 이야기가 연결되는 것이 자연스러워요.

Check Up

빈칸에 알맞은 것을 고르세요.
정답과 해설 p.060

Dear Ms. Nottage,

I greatly enjoyed meeting you last week. After reviewing your employment application with my colleagues, we are excited to offer you the curriculum director position at the Marietta Theater Club.

The hiring committee was particularly impressed with your experience in course development. ------- . Our students often go on to become recognized professionals in theater.

(A) Our education department is ranked among the best in the region.

(B) The position has been filled by a very qualified candidate.

VOCA employment application 채용지원서   curriculum director 교육과정 책임자   hiring committee 채용 위원회
be impressed with ~에 감명받다   recognized 인정 받는   rank 순위를 매기다   region 지역   qualified 자격 있는

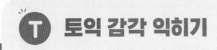
빈칸에 알맞은 것을 고르세요.

[1-2]

The planned ------- at 173 Stanton Avenue will commence this weekend. We will begin by
1.
installing new lighting in all four elevator cars. In addition, the floor tiles in the north elevator

cars ------- replaced.
2.

1.　(A) renovation
　　(B) celebration
　　(C) auction
　　(D) inspection

2.　(A) will have been
　　(B) had been
　　(C) will be
　　(D) is　　※ 앞 문장의 시제에 주목하세요!

3.

I am writing to inform you that we are unable to ship your merchandise. Due to unforeseen
demand, the item is out of stock until February 15. I apologize if this inconveniences you.
Please let me know if you would like to cancel your order because of this delay. ------- , you
can expect delivery of your original order in approximately three weeks from today.

(A) Otherwise
(B) Accordingly
(C) Nevertheless
(D) Indeed　　※ 품절로 인해 주문을 취소할 것인지 아니면
　　　　　　　　　　기다릴 것인지 묻는 내용이에요.

4.

Renard Inn guests should be aware that overnight street parking is by permit only and
restricted to Forestville residents. Nonresidents who violate the parking ordinance will be
issued a ticket and will have to pay a fine. Renard Inn guests may park in our lot for a fee of
$10 per night. When you check in, you will be issued a parking voucher to place in your car.
------- . If our lot is full, you may use the garage on Plummer Street.

(A) We hope you enjoy your stay at Renard Inn.
(B) Forestville parking ordinances change frequently.
(C) Make sure the slip is visible through your windshield.
(D) The garage has been redesigned to handle more cars.　　※ 호텔에서 주차권을 발급해준다는
　　　　　　　　　　　　　　　　　　　　　　말에 주목하세요.

VOCA　1-2. commence 시작하다　install 설치하다　lighting 조명　replace 교체하다　3. due to ~때문에　unforeseen
예상치 못한　out of stock 품절인　apologize 사과하다　approximately 대략　4. restricted to ~로 제한된　violate
위반하다　ordinance 법령, 조례　issue 발급하다, 발부하다　fine 벌금　lot 구역　parking voucher 주차권

RC

PART 6

ETS 실전 도전하기

정답과 해설 p.061

Questions 1-4 refer to the following notice.

Attention All Employees

As you ------- , the company will hold its annual banquet on Saturday, December 20,
1.

from 7:00 to 10:00 P.M. ------- . Dinner and dessert will be served. ------- , the award for
2. **3.**

outstanding service will be announced. Please reserve your spot by calling Elaine Lau by

5:00 P.M. on December 2. Gift bags will be distributed during the event. Employees who are

unable to attend can ------- a bag at the human resources office on Monday, December 22.
4.

---

1. (A) to know
    (B) knowing
    (C) may know
    (D) are known

2. (A) The banquet has been rescheduled for
        December 27.
    (B) Your supervisor will be notified of the
        changes.
    (C) We are delighted that you have
        accepted the invitation.
    (D) The event will take place at the Plaza
        Hotel in Elm City.

3. (A) For example
    (B) Instead
    (C) Normally
    (D) As always

4. (A) try
    (B) pick up
    (C) show off
    (D) design

VOCA annual 연례의, 매년의   banquet 연회   award 상   outstanding 뛰어난   announce 발표하다   distribute 배부하다
attend 참석하다   human resources 인사과

162

March 18

Alexandra Miller

8248 Highlands Road

Waco, TX 76701

Dear Ms. Miller,

We are pleased to inform you that the Waco Recycling Program will commence in your area on April 1. Residents who would like ------- in the initiative will be issued a wheeled, green
5.
container. To ------- a container, please call 1-800-555-1122.
6.
Curbside recycling will take place twice a month, rather than once a week, as initially proposed. ------- , trips into neighborhoods will be less frequent, which will lower fuel costs
7.
and emissions. A list of recyclable materials can be found in the enclosed brochure.

For more information and to view a schedule of citywide recycling routes and maps, visit www.wacorecycling.org. ------- .
8.
Sincerely,

Jorge Lorenzo, Manager

Waco Recycling Program

Enclosure

5. (A) participated
   (B) to participate
   (C) participates
   (D) having participated

6. (A) repair
   (B) return
   (C) review
   (D) request

7. (A) After all
   (B) As a result
   (C) In the meantime
   (D) Alternatively

8. (A) We hope that you will take part in this important initiative.
   (B) Please make sure not to place broken glass in your container.
   (C) The container will arrive at your curb within one week.
   (D) The City of Waco has invested an enormous sum in this program.

VOCA resident 주민, 거주자   initiative 계획   wheeled 바퀴 달린   curbside 차도 가장자리, 연석   take place 개최되다   rather than ~보다는   initially 처음에   propose 제안하다   fuel cost 유류비   emission 배기가스, 배출   enclosed 동봉된

독해

🌑 토익 PART 7은 이렇게 나와요!

주어진 지문을 읽고 이와 관련된 문제를 2~5문항씩 푸는 유형입니다.

문제지

Questions 147-148 refer to the following advertisement.

Trans-Galleon

Ready for a Fantastic Holiday? Trans-Galleon is here to help!

Save up to €100 on companion fares all season long, from 1 June to 31 August!

- Applies only to flights within continental Europe
- Good for one companion fare only
- Offer valid when you book by 15 May

Go to www.trans-galleon.com to book your hotel and car as well! And join our loyalty club to stay informed of all future discounts and last-minute sales.

147. What is being discounted?

(A) Car rentals
(B) Airplane tickets
(C) Cruise packages
(D) Hotel accommodations

148. What is indicated about the discount?

(A) It is available for a limited time.
(B) It is limited to online purchases.
(C) It is valid for travel anywhere in the world.
(D) It is available only to Trans-Galleon loyalty club members.

이렇게 풀어 보세요!

STEP **①** 지문의 종류와 제목/앞 부분을 확인하세요.

Questions 147-148 refer to the following **advertisement.** ❯ 광고문

*Ready for a Fantastic **Holiday**? Trans-Galleon is here to help!*
❯ 휴가 관련 업체나 서비스 광고임을 예상

STEP **②** 질문을 읽고 키워드를 파악하세요.

147. What is being discounted? 할인되고 있는 것?
❯ discount와 비슷한 표현이 나오는 부분, Save up to €100 이하의 내용에 주목한다.

148. What is indicated about the discount? 할인에 대해 명시된 것?
❯ 지문 중앙에 있는 세부 항목 부분을 자세히 살펴본다.

STEP **③** 키워드 중심으로 내용을 파악하세요.

147. 할인되고 있는 것?

Save up to €100 on companion fares all season long, from 1 June to 31 August!
• **Applies only to flights** within continental Europe

→ 정답 **(B) Airplane tickets** 항공권

148. 할인에 대해 명시된 것?

• Offer valid when you book **by 15 May**

→ 정답 **(A) It is available for a limited time.** 할인은 한정된 기간 동안 이용 가능하다.

지문 유형

◉ 편지 / 이메일 / 회람

편지(letter), 이메일(e-mail), 회람(memo)은 발신인 / 수신인, 글의 제목, 날짜 등이 나오는 비슷한 지문 유형이에요. Part 7에서 가장 많이 등장하는 지문 유형이니 지문의 흐름과 빈출 표현들을 익혀두세요.

이메일(E-mail)_지문의 흐름

수신인 발신인	To: Jake Wu <jwu@litlesky.net> From: Elissa DiStefano <edistefano@hestonmining.ca>	수신: 제이크 우 <jwu@litlesky.net> 발신: 엘리사 디스테파노 <edistefano@hestonmining.ca>
제목 날짜	Subject: First day Date: April 2	제목: 첫날 날짜: 4월 2일
	Dear Mr. Wu:	우 씨께:
주제 / 목적 세부 사항 / 요청 사항	I am delighted to welcome you / to the staff of our Edmonton facility. // Your position as a customer service representative / begins on April 6. // As a new hire, / you should report to the human resources office / at 8:30 A.M. / to complete your paperwork. //	당신을 환영하게 되어 기쁩니다 / 우리 에드먼턴 시설의 직원으로. // 고객 서비스 담당자로서의 귀하의 직책은 / 4월 6일에 시작됩니다. // 신입사원으로서, / 인사과에 출근 보고해야 합니다 / 오전 8시 30분에 / 서류 작업을 완료하기 위해. //
발신인 정보	Sincerely, Elissa DiStefano Human Resources Manager	엘리사 디스테파노 인사 담당자

편지 / 이메일 / 회람 주요 빈출 표현

목적	요청
I'm writing to ~ ~하기 위해 씁니다	You should ~ ~하셔야 합니다
I'd like to ~ ~하고 싶습니다	Could you ~? ~해주시겠습니까?
I'm pleased[delighted] to ~ ~하게 되어 기쁩니다	Please let me know 알려주세요
Thank you for ~ ~에 대해 감사드립니다	I would appreciate it if you ~ ~해주시면 감사하겠습니다

위의 이메일을 다시 읽고 다음 질문에 답해보세요.

정답과 해설 p.063

Q. 디스테파노 씨가 우 씨에게 이메일을 보낸 이유는?

(A) To provide him with instructions

(B) To notify him of a change in his hours

VOCA provide 제공하다 · instructions 지시사항 · notify 통지하다

공지(notice)는 새로운 정책이나 변경 사항 등을 안내하는 내용이, 광고(advertisement)는 크게 서비스 및 제품 광고와 구인 광고가 출제됩니다. 안내문(information)은 제품이나 특정 서비스의 매뉴얼 내용이 제시되므로, 세부 사항을 잘 파악하도록 하세요.

공지(Notice)_지문의 흐름

	Notice:	공지합니다
공지 대상 / 업체명	This area is for all Francine Computing staff / to use during lunch and break times. //	이곳은 모든 프랜신 컴퓨팅 직원들을 위한 공간입니다 / 점심 및 휴식 시간에 사용하기 위한. //
세부 사항 / 요청 사항	• Please do your part / to keep this area clean. // Some cleaning supplies are located / under the sink. //	• 제 역할을 다하십시오 / 이 구역을 청결하게 유지하기 위해. // 청소 용품은 있습니다 / 싱크대 아래에. //
	• Coffee is supplied / by the company. // If you find the coffeepot empty, / please ask Bill Scott / to make some more. //	• 커피는 제공됩니다 / 회사에서. // 커피포트가 비어 있는 것을 발견하면, / 빌 스코트에게 부탁하세요 / 좀 더 만들어 달라고. //

공지 / 광고 / 안내문 주요 빈출 표현

We are pleased to announce ~
~을 알려드리게 되어 기쁩니다

~ will take place ~이 있을 것입니다

~ will be held ~이 열릴 것입니다

~ be supplied[provided] ~이 제공됩니다

We offer ~ ~을 제공합니다

~ be located …이 ~에 위치해 있습니다

Beginning on ~ ~부터 시작합니다

We apologize for ~ ~에 대해 사과드립니다

Are you looking for ~ ~을 찾고 계십니까?

~ be required ~이 요구됩니다

Check Up

위의 공지를 다시 읽고 다음 질문에 답해보세요.

정답과 해설 p.063

Q. 공지에 의하면 스코트 씨의 업무 중 하나는 무엇인가?

(A) Cleaning sinks

(B) Making coffee

문자 메시지/온라인 채팅

문자 메시지(text-message chain)와 온라인 채팅(online chat discussion) 지문은 주로 직장 동료 간에 신속한 업무 진행을 위해 주고받는 대화의 내용이 출제됩니다. 등장 인물의 이름에 주의하며, 특정 문장의 의도를 묻는 문제가 꼭 출제된다는 점에 유의하세요.

문자 메시지(Text-message chain)_지문의 흐름

대화의 목적/ 문제점	**Harry Berman [9:48 A.M.]** The client just arrived. // Should I start the presentation / without you? //	해리 버먼 [오전 9:48] 고객이 방금 도착했습니다. // 발표를 시작해야 하나요 / 당신 없이? //
해결 방법	**Colin Marks [9:49 A.M.]** Yes, please do. // I'm about 20 minutes away. //	콜린 마크스 [오전 9:49] 네, 해주세요. // 저는 20분 정도 거리에 있어요. //
요청 사항	**Harry Berman [9:50 A.M.]** OK, I'll give the general overview. // I hope you'll be here / by 10:15. //	해리 버먼 [오전 9시 50분] 좋아요, 제가 전반적인 개요를 말할게요. // 오셨으면 좋겠어요 / 10시 15분까지. //
	Colin Marks [9:52 A.M.] All right. // See you soon. //	콜린 마크스 [오전 9시 52분] 좋아요. // 곧 만나요. //

문자 메시지/온라인 채팅 주요 빈출 표현

What[How] about ~? ~하는 게 어때요?	I'll be right there. 바로 갈게요.
Could you help me with ~? ~하는 것을 도와주시겠어요?	I'll let you know. 알려드릴게요.
Do you mind if ~? ~해도 될까요?	I'm on my way. 가는 길이에요.
Should I ~ 제가 ~해야 할까요?	No problem. 문제없어요.
Let me check. 제가 확인할게요.	Don't bother. 안 하셔도 돼요.

 Check Up

위의 문자 메시지를 다시 읽고 다음 질문에 답해보세요.   정답과 해설 p.063

Q. 오전 9시 49분, 마크스 씨가 "Yes, please do (네, 해주세요)"라고 쓸 때, 그가 의미하는 것은 무엇이겠는가?

(A) He wants Mr. Berman to stay on schedule.

(B) He thinks they should take a twenty-minute break now.

VOCA on schedule 예정대로   take a break 휴식을 취하다

기사/웹페이지/기타 양식

기사(article)는 비즈니스, 문화, 인물 관련 뉴스가 주로 등장하므로 좀 어렵게 느껴질 수 있지만, 주요 관련 어휘를 미리 익혀두면 도움이 됩니다. 웹페이지와 다양한 기타 양식은 실생활에서 많이 접하는 형식의 지문이므로 신속하게 주요 정보를 잡아내는 연습을 해보세요.

기사(Article)_지문의 흐름

주제/소개	*Tough Trader,* / a new adventure film / with an award-winning cast, / stars James	<터프 트레이더>는 / 새로운 모험 영화인데 / 수상 경력 있는 배우들이 출연하는 영화로서 / 제임스 야보로가 출연한다 / 주인공 밥 트레이더 역할로. //
세부 사항	Yarborough / in the leading role of Bob Trader. // Directed by Lynne Montgomery, / this highly entertaining movie / provides nonstop action / from start to finish / and is	린 몽고메리 감독이 연출한 / 매우 재미있는 이 영화는 / 쉬지 않고 액션을 제공한다 / 처음부터 끝까지 / 그리고 흥행에 성공할 것이 확실하다. //
안내/계획	sure to be a box-office hit. // Look for it / in theaters / on Friday, Feburuay 12. //	만나보라 / 극장에서 / 2월 12일 금요일에. //

기사/웹페이지/기타 양식 주요 빈출 표현

기사	웹페이지/기타 양식
Effective + 날짜 ~부터 유효한	Sign Up / Join Us 회원 가입
officially reopen ~ 공식적으로 ~을 재개장하다	Not valid on ~ ~은 해당 없음
will host ~ ~을 개최할 것이다	You're cordially invited to ~ ~에 정중히 초대합니다
According to the company spokesperson, 회사 대변인에 따르면,	complete[fill out] the form 양식을 작성하다
	Seating is limited. 좌석이 한정되어 있습니다.
A survey found that ~ 설문 조사에 따르면,	Please RSVP. 참석 여부를 알려주세요.

위의 기사를 다시 읽고 다음 질문에 답해보세요. 정답과 해설 p. 063

Q. 제임스 야보로는 누구인가?

(A) A movie director

(B) An actor

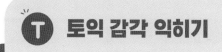

다음 지문을 읽고 질문에 알맞은 답을 고르세요.

1.

광고 advertisement

CENTRAL LOCATION — Two adjoining 800-square-foot offices available for immediate occupancy at Aston Corporate Towers, close to off-street parking and public transport. The offices may be leased together or separately. Rental price for each is £18.95 per square foot, excluding utilities. Several desks and chairs available at no extra cost. Call 020 7946 0233 for more details or to make an appointment for viewing.

What is included in the price of the lease?

(A) A parking space
(B) Some furniture

2.

회람 Memo

Memo
To: All Staff
From : Cheryl Niper, Director of Security
Re: Security
Date : June 1

As you were informed at the staff meeting on May 15, new security measures will be applied in this building as of June 15. All authorized personnel will be issued a new electronic ID card bearing their name and photo. This card must be swiped through a reader located near each entrance. When the cards are ready, you will be notified to pick them up in my office.

When will the new procedures take effect?

(A) On May 15
(B) On June 15

VOCA **1.** adjoining 인접한, 붙어 있는   immediate 즉각적인   occupancy (건물, 방 등의) 사용   public transport 대중교통   lease 임대하다   separately 별도로, 따로   excluding ~를 제외하고   utilities 공과금   **2.** security 보안   measures 조치, 정책   apply 적용하다   authorized 권한이 있는   personnel 직원들   electronic 전자의   bear 지니다   swipe (판독기에) 읽히다   reader 판독기   notify 통지하다   pick up 찾아오다

3.

Ryan O'Banion [1:20 P.M.]

Can you give me an update on the job in Mullaghmore?

Fiona Delaney [1:30 P.M.]

We've completed the exterior, and we're almost finished with the window trim.

Ryan O'Banion [1:31 P.M.]

Is that it? If you'll be wrapping up before 3 P.M., I was hoping you'd come over here to help.

Fiona Delaney [1:32 P.M.]

We also have to put another coat of paint on the garage door. The client found some smudges.

Ryan O'Banion [1:35 P.M.]

Okay. Let's check in again around 2:30 P.M.

At 1:31 P.M., what does Mr. O'Banion most likely mean when he writes, "Is that it"?

(A) He wants to know what tasks still need to be done.

(B) He is trying to identify the cause of a problem.

4.

Passenger: Stephanie Martin To Heron Springs, via Northern Line			Ticket Number 4321 48-22 Issued May 13 7:28 A.M.	
Perdil City	Depart	8:02	Platform 3	Seat C9
change trains at Iversen Station				
Iversen	Depart	10:15	Platform 8	Seat F72
Heron Springs	Arrive	11:32	Platform 1	
			Price £15.50 Payment Method: Cash	

According to the ticket, when will Ms. Martin leave Iversen?

(A) At 8:02 A.M.

(B) At 10:15 A.M.

VOCA 3. complete 완료하다 exterior 외부 trim 테두리 wrap up 마무리 짓다 smudge 자국, 얼룩 **4.** passenger 승객
depart 출발하다 payment method 결제 방식

ETS 실전 도전하기

정답과 해설 p.065

Questions 1-2 refer to the following information.

> For your convenience, a laundry service is available. In the front closet of each room, you will find a bag with a card attached. Complete the information on the card and place soiled clothes in the bag. Contact reception anytime between 6:00 A.M. and 6:00 P.M. to request laundry pickup. The laundry will be returned clean and folded according to your instructions. Please allow up to three hours for this service. The cost will be added to your final bill.

1. For whom is the information most likely intended?

(A) Hotel receptionists

(B) Hotel guests

(C) Newly hired cleaning staff

(D) Building maintenance workers

2. What is mentioned about the service?

(A) It is available 24 hours a day.

(B) It will take one hour to complete.

(C) It is offered free of charge.

(D) It includes pickup and delivery.

VOCA laundry 세탁(물) closet 벽장, 옷장 attached 부착된 soiled 더러워진, 때묻은 fold 개키다 instructions 지시
up to ~까지 add 더하다, 보태다 bill 청구서
1. newly hired 새로 채용된 staff 직원 maintenance 유지보수 2. free of charge 무료로 delivery 배달

172

```
╔═══════════════════════════════════════════════════════════════╗
║                          *E-mail*                             ║
╠═══════════════════════════════════════════════════════════════╣
```

To:	lamott@lamottarchitecture.com
From:	skisaka@littletoneats.com
Date:	January 10
Subject:	Your meal with us

Dear Ms. Lamott,

We're so happy you and your colleagues chose Littleton Eats for Lamott Architecture's fifth anniversary luncheon! As a new restaurant, we are actively soliciting opinions from our guests so that we can provide them with the best possible dining experience in the future. Would you be willing to help us by taking our five-minute survey about your experience here at Littleton Eats? If you participate, you will receive an automated e-mail with a coupon for a complimentary appetizer with your next meal. Click <u>here</u> to get started.

Sincerely,

Steve Kisaka
General Manager
Littleton Eats

3. What is the purpose of the e-mail?

(A) To advertise a new restaurant

(B) To request customer feedback

(C) To confirm a lunch reservation

(D) To invite guests to a celebration

4. What does Mr. Kisaka offer to Ms. Lamott?

(A) A free food item

(B) A discount for a large group

(C) A coupon for first-time customers

(D) A reduced price on lunch specials

VOCA anniversary 기념일 luncheon 오찬 solicit 구하다, 간청하다 be willing to 기꺼이 ~하다 participate 참가하다
automated 자동의, 자동화된 complimentary 무료의 appetizer 애피타이저, 전채
3. advertise 광고하다 request 요청하다 confirm 확정하다 celebration 기념 행사 4. reduced 할인된

Questions 5-6 refer to the following article.

Business Briefs

10 September—David Fonte, chief executive officer of Clayburgh Books, has resigned effective 1 October to become head of Brett and Landis Ltd. in Sydney, Australia. During Mr. Fonte's four years of leadership, Clayburgh Books experienced steady growth in online sales and opened new retail locations in three major cities in the United Kingdom. A new CEO is expected to be named by the end of the year.

5. What is the purpose of the article?

(A) To describe potential branch offices in the United Kingdom

(B) To invite applications for additional staff positions

(C) To announce the departure of an executive

(D) To summarize a company's financial report

6. What is suggested about Clayburgh Books?

(A) It is moving to Sydney, Australia.

(B) It has expanded operations in recent years.

(C) It recently changed its business plan.

(D) It plans to recognize Mr. Fonte at an award ceremony.

VOCA chief executive officer 최고 경영자   resign 사임하다, 물러나다   effective 시행되는   steady 꾸준한   retail 소매
5. describe 말하다, 서술하다   potential 잠재적인   summarize 요약하다   financial 금융의, 재정의
6. expand 확장하다, 확대하다   operation 사업체, 기업   recognize (공로를) 인정하다, 표창하다

Questions 7-8 refer to the following online chat discussion.

◀ ▶ https://www.hardingers.com ▾	
Live Chat 👤–👥–👥	
Cedrick Jones [2:47 P.M.]	Thanks for contacting Hardinger's. How can I help you?
Yoon Oh [2:48 P.M.]	I want to stop my order. It's order #1784903. I placed the order using my credit card a few minutes ago.
Cedrick Jones [2:49 P.M.]	Let me look it up. May I ask who I'm chatting with?
Yoon Oh [2:50 P.M.]	I'm Yoon Oh.
Cedrick Jones [2:51 P.M.]	OK, Ms. Oh. The order is for 6 Karsen window shades in white. Correct?
Yoon Oh [2:52 P.M.]	Yes.
Cedrick Jones [2:53 P.M.]	We seem to be out of stock on these right now. Is that the problem?
Yoon Oh [2:54 P.M.]	Yes, that's why. I need the shades for my office now. I can't wait 6 weeks.
Cedrick Jones [2:55 P.M.]	I see. It's done. I apologize for the inconvenience.

7. For what division at Hardinger's does Mr. Jones most likely work?

   (A) Marketing
   (B) Human Resources
   (C) Customer Service
   (D) Management

8. At 2:55 P.M., what does Mr. Jones mean when he writes, "It's done"?

   (A) Ms. Oh's credit card has been charged.
   (B) Ms. Oh's order has been canceled.
   (C) Ms. Oh's window shades have shipped.
   (D) Ms. Oh's refund has been denied.

VOCA look up 찾아보다 window shade 블라인드, 창문 가리개 out of stock 재고가 없는, 품절된 apologize 사과하다
inconvenience 불편
7. division (조직의) 분과, 부 human resources 인사과 management 관리
8. charge 청구하다 ship 선적하다, 출하하다 refund 환불 deny 거부하다, 부인하다

Day 10 지문 유형 **175**

Questions 9-11 refer to the following Web page.

Ptolemy Bookseller

| **My Account** |
| Hello, So-Ra Cho! |

🛒 Shopping Cart

| **Print Books** | E-books | Audio Books | Music CDs | Digital Music | DVDs |

Sunrise on the Danube by Erik Koehler has been added to your online shopping cart!

| Proceed to check-out and complete your purchase |

Readers interested in *Sunrise on the Danube* also recommend the following titles:

| *Walking the Sahara* | *Taipei Daydream* | *Kowloon at Twilight* |
| By Rafe Bond | By Melody Lin | By Charles Durant |

---

9. What is indicated about Ptolemy Bookseller?

   (A) It has several store locations.
   (B) It charges sales tax on all orders.
   (C) It sells music products.
   (D) It offers express shipping.

10. What book does Ms. Cho plan to purchase?

    (A) *Sunrise on the Danube*
    (B) *Walking the Sahara*
    (C) *Taipei Daydream*
    (D) *Kowloon at Twilight*

11. Who most likely is Charles Durant?

    (A) A bookstore owner
    (B) An online customer
    (C) A musician
    (D) An author

VOCA account 계정 proceed (계속) 진행하다 recommend 추천하다 daydream 백일몽 twilight 황혼, 땅거미
9. charge 청구하다 sales tax 판매세 express 급행의, 신속한 11. owner 주인 author 작가, 저자

Questions 12-14 refer to the following letter.

June 17

Jasmine Burnes
15 Raleigh Road
Guelph, ON N1H 8E8
CANADA

Dear Ms. Burnes,

We are pleased to confirm your registration for the 8th Annual International Colloquium on Pediatric Nursing to be held in Bratislava, Slovakia. — [1] —. We have charged the full €250 to your credit card, which will cover the welcome reception and all conference sessions and associated materials. When you check in, you will also receive three vouchers valid for lunch at any cafeteria on the premises. — [2] —. Water, tea, and coffee are complimentary throughout the duration of the conference.

Please note that your access package does not include the guided tour of Bratislava that is planned for Thursday night. However, you can still register and pay for this excursion during the conference itself. — [3] —.

Enclosed are a conference program and a map of Bratislava for your convenience. We encourage you to consult the program in advance in order to select the sessions you would like to attend. — [4] —.

Thank you, and we look forward to seeing you.

Sincerely,

Ladislav Szabo

Ladislav Szabo
Conference Registration Coordinator

Enclosures (2)

12. Why was the letter sent?

(A) To acknowledge a payment

(B) To correct a pricing error

(C) To confirm issuance of a refund

(D) To announce a professional gathering

13. What is Ms. Burnes advised to review ahead of time?

(A) A menu

(B) A schedule

(C) A city map

(D) A scholarly paper

14. In which of the positions marked [1], [2], [3], and [4] does the following sentence best belong?

"Individual tickets will be available at the check-in desk for €35."

(A) [1]

(B) [2]

(C) [3]

(D) [4]

VOCA registration 등록 colloquium 학회, 세미나 pediatric 소아과의 charge 청구하다 associated 관련된 valid 유효한
premises 구내, 부지 complimentary 무료의 duration 기간 excursion (짧은) 여행 enclosed 동봉된
12. acknowledge 인정하다, 알리다 correct 바로잡다 pricing 가격 책정 issuance 지급, 발행 gathering 모임
13. ahead of time 사전에 scholarly paper 학술 논문   14. individual 각각의, 개개의

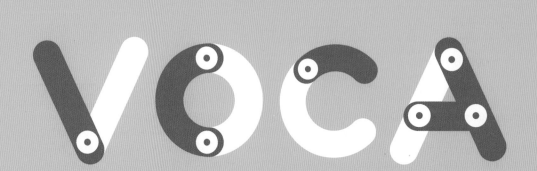

Part 1에 자주 출제되는 어휘들입니다. 예문과 함께 익혀보세요.

V_D01

01	**pour** ⑧ 따르다, 붓다	She's pouring tea into a cup. 여자가 컵에 차를 따르고 있다.
02	**product** ⑲ 제품, 상품	A woman is reaching for a product. 여자가 제품에 손을 뻗고 있다.
03	**repair** ⑧ 수리하다	A man is repairing some wires. 남자가 전선을 수리하고 있다.
04	**patio** ⑲ 테라스	Some people are sitting on the patio. 사람들이 테라스에 앉아 있다.
05	**adjust** ⑧ 조정하다	A woman's adjusting a clock. 여자가 시계를 조정하고 있다.
06	**occupy** ⑧ 차지하다	The parking lot is occupied by many cars. 많은 차들이 주차장을 차지하고 있다.
07	**mow** ⑧ (잔디를) 깎다	A field of grass is being mowed. 잔디가 깎이고 있다. 출제 TIP '잔디 깎이'를 뜻하는 lawn mower가 Part 1에 가끔 등장합니다. He is using a lawn mower. 남자가 잔디 깎이를 사용하고 있다.
08	**fold** ⑧ 접다, 개다	A man is folding a towel. 남자가 수건을 개고 있다.
09	**stroll** ⑧ 거닐다, 산책하다	Some tourists are strolling along the beach. 관광객들이 해변을 따라 거닐고 있다.
10	**statue** ⑲ 조각상	The statue is located in the center of the plaza. 조각상은 광장 한가운데 있다.

| 11 | **wipe** | The woman is **wiping** off some spilled coffee. |
| | 图 닦다 | 여자가 흘린 커피를 닦고 있다. |

| 12 | **counter** | Some people are waiting in line at a ticket **counter**. |
| | 图 계산대, 판매대 | 사람들이 매표소에 줄을 서서 기다리고 있다. |

| 13 | **trim** | Some tree branches are being **trimmed**. |
| | 图 다듬다, 손질하다 | 나뭇가지가 다듬어지고 있다. |

| 14 | **grab** | One of the workers is **grabbing** a tool. |
| | 图 잡다 | 인부 중 한 명이 연장을 잡고 있다. |

출제 TIP '잡다'의 의미일 때 hold, grip으로 바꾸어 쓸 수 있어요.

| 15 | **bend** | She's **bending** down to pick up a stool. |
| | 图 굽히다, 숙이다 | 여자가 의자를 집으려고 몸을 굽히고 있다. |

| 16 | **remove** | A woman is **removing** the stain on the dress. |
| | 图 제거하다, 없애다 | 여자가 드레스의 얼룩을 제거하고 있다. |

출제 TIP remove는 '(옷 등을) 벗다' 라는 의미로도 쓰여요.
A man is removing his coat. 남자가 코트를 벗고 있다.

| 17 | **gather** | Some people are **gathered** in an auditorium. |
| | 图 모이다, 모으다 | 사람들이 강당에 모여 있다. |

| 18 | **refrigerator** | The woman has opened a **refrigerator** door. |
| | 图 냉장고 | 여자가 냉장고 문을 열었다. |

| 19 | **ceiling** | A light fixture is hanging from the **ceiling**. |
| | 图 천장 | 조명이 천장에 매달려 있다. |

| 20 | **apron** | A man is wearing an **apron**. |
| | 图 앞치마 | 남자가 앞치마를 입고 있다. |

VOCA

Day 1

21	**stall** 명 가판대	A vendor is arranging the goods on the stall. 행상인이 가판대의 물건을 정리하고 있다.
22	**shovel** 명 삽 동 삽질하다	One of the women is using a shovel. 여자들 중 한 명이 삽을 사용하고 있다.
23	**rug** 명 깔개	A rug is being removed from the floor. 깔개가 바닥에서 걷어지고 있다.
24	**examine** 동 검사하다, 살펴보다	A piece of equipment is being examined. 장비 하나가 검사되고 있다. 출제 TIP　examine은 '(의사가) 진찰하다'라는 의미로도 쓰여요. The doctor is examining a patient. 의사가 환자를 진찰하고 있다.
25	**overlook** 동 내려다보다	The balcony is overlooking the ocean. 발코니는 바다를 내려다보고 있다.
26	**toolbox** 명 공구 상자, 연장 통	The man is carrying a toolbox. 남자가 연장 통을 나르고 있다.
27	**briefcase** 명 서류 가방	The man is opening a briefcase. 남자가 서류 가방을 열고 있다.
28	**work** 동 작업하다, 일하다	A man is working on a laptop computer. 남자가 노트북 컴퓨터로 작업하고 있다.
29	**platform** 명 승강장	Some people are walking down a platform. 사람들이 승강장을 따라 걷고 있다.
30	**load** 동 싣다	A cart is being loaded with fruit. 카트에 과일이 실리고 있다.

[1-4] 단어의 의미를 찾아 연결하세요.

1. ceiling •

2. fold •

3. pour •

4. trim •

• ⓐ 따르다, 붓다

• ⓑ 천장

• ⓒ 다듬다, 손질하다

• ⓓ 접다, 개다

[5-8] 보기에서 알맞은 어휘를 골라 우리말 뜻에 맞게 빈칸을 채우세요.

ⓐ overlook	ⓑ stroll	ⓒ product	ⓓ counter

5. 새로운 **상품**을 구입하다   buy a new _____

6. 바다를 **내려다보고 있다**   _____ the sea

7. **계산대** 뒤에 서있다   stand behind the _____

8. 공원에서 **산책하다**   _____ in the park

[9-12] 우리말 힌트를 보며 빈칸에 들어갈 적절한 어휘를 고르세요.

ⓐ toolbox	ⓑ statue	ⓒ briefcase	ⓓ apron	ⓔ rug

9. One of the women is carrying a ____서류 가방____ .

10. Some of the people are organizing the ____공구 상자____ .

11. She is taking a picture of the ____조각상____ .

12. The ____깔개____ is under the dining table.

정답 1. ⓑ 2. ⓓ 3. ⓐ 4. ⓒ 5. ⓒ 6. ⓐ 7. ⓓ 8. ⓑ 9. ⓒ 10. ⓐ 11. ⓑ 12. ⓔ

VOCA

Day 1

Part 2에 자주 출제되는 어휘들입니다. 예문과 함께 익혀보세요.   V_D02

| 01 | **secretary**
명 비서 | How long has the secretary worked here?
그 비서는 여기서 얼마나 오래 일했죠? |

02 retire
동 퇴직하다

Why did Mr. Lee decide to retire early?
리 씨는 왜 일찍 은퇴하기로 결심했나요?

03 responsible
형 책임지고 있는, 담당하는

Who's responsible for handling this year's invoices?
올해 청구서 처리는 누가 담당하나요?

04 conference room
회의실

The presentation is in the conference room.
발표는 회의실에서 있습니다.

05 make it
(시간 맞춰) 가다, 참석하다

I don't think I can make it to the conference tomorrow.
내일 회의에 시간 맞춰 갈 수 있을 것 같지 않아요.

06 deadline
명 마감 (기한)

I have a deadline coming up.
마감이 다가오고 있어요.

07 reschedule
동 (일정을) 다시 잡다, 조정하다

Why did they reschedule our presentation?
그들은 왜 우리 발표 일정을 변경했나요?

출제 TIP 미국식 발음은 [뤼스께쥴], 영국식으로 발음은 [뤼쉐쥴]

08 hold
동 열다, 개최하다

We could hold the event outside, then.
그럼 야외에서 행사를 개최할 수 있죠.

출제 TIP hold는 Part 1에서는 '잡다, 쥐다'라는 의미로 주로 사용됩니다.
The man is holding a basketball. 남자가 농구공을 쥐고 있다.

09 exit
명 출구 동 나가다

Where is the exit to the parking garage?
주차장으로 가는 출구가 어디 있죠?

10 renovation
명 보수, 개조

You approved the renovations to the break room, didn't you?
휴게실 보수를 승인하셨죠, 그렇지 않나요?

11	**attend** 동 참석하다	Would you be able to attend the press conference this afternoon? 오늘 오후 기자회견에 참석할 수 있겠어요? 출제 TIP attend가 전치사 to와 함께 쓰이면 '~에 주의를 기울이다'라는 의미가 됩니다.
12	**maintenance** 명 정비, 유지보수	The truck went to the auto shop for maintenance today, right? 그 트럭은 오늘 정비 때문에 자동차 정비소로 갔죠, 그렇죠?
13	**get to** ~에 도착하다	How long will it take to get to Chicago? 시카고에 도착하는 데 얼마나 걸릴까요?
14	**available** 형 구할 수 있는, 시간이 되는	Are you available to work on weekends or only on weekdays? 주말에 일할 시간이 되나요, 아니면 평일에만 일할 수 있나요?
15	**presentation** 명 발표	Did you like David's presentation at the staff meeting? 직원 회의에서 데이비드의 발표가 마음에 들었나요?
16	**fill out** 작성하다	You must fill out this request form. 이 요청서를 작성하셔야 합니다. 출제 TIP '작성하다'라는 의미일 때 complete와 바꾸어 쓸 수 있어요.
17	**contact** 동 연락하다	How can I contact technical support? 기술 지원 부서에 어떻게 연락하면 돼요?
18	**appointment** 명 약속	You have a dentist appointment this morning, don't you? 오늘 오전에 치과 예약이 있으시죠, 그렇지 않나요?
19	**prefer** 동 선호하다	Do you prefer standard or express shipping? 일반 배송을 원하세요, 아니면 특급 배송을 원하세요?
20	**locate** 동 ~에 두다, 위치시키다	Where will the company billboard be located? 회사 게시판은 어디에 둘 건가요?

VOCA Day 2

| 21 | **mind** | Would you **mind** speaking more slowly? |
| | 통 꺼리다 | 더 천천히 얘기해 주실 수 있나요? |

| 22 | **cafeteria** | The **cafeteria** is closed on weekends. |
| | 명 구내식당 | 구내식당은 주말에는 문을 닫아요. |

| 23 | **out of stock** | Sorry, that item is currently **out of stock**. |
| | 품절인 | 죄송하지만, 그 물건은 현재 품절입니다. |

| 24 | **impressive** | His drawing skills are **impressive**. |
| | 형 인상적인 | 그의 그림 실력은 인상적이에요. |

| 25 | **spare** | Where can I go to get a **spare** office key? |
| | 형 남는, 여분의 | 여분의 사무실 열쇠는 어디 가서 받을 수 있을까요? |

26	**broken**	The lock on this door is **broken**.
	형 고장 난	이 문의 잠금 장치는 고장 났어요.
		출제 TIP 같은 뜻의 out of order도 자주 쓰여요.

| 27 | **overwork** | Have you ever suffered from **overwork** before? |
| | 명 과로, 초과 근무 | 전에 과로로 힘들었던 적이 있나요? |

28	**stop by**	Do you want to **stop by** the café and grab a coffee?
	잠깐 들르다	카페에 잠시 들러 커피 마시고 싶으세요?
		출제 TIP 같은 표현으로 drop by, come by가 있습니다.

| 29 | **borrow** | Can I **borrow** a sweater? |
| | 통 빌리다 | 스웨터를 빌릴 수 있을까요? |

| 30 | **business hours** | **Business hours** are posted on the homepage. |
| | 영업시간 | 영업시간은 홈페이지에 게시되어 있습니다. |

[1-4] 단어의 의미를 찾아 연결하세요.

1. broken •
2. make it •
3. available •
4. impressive •

• ⓐ (시간 맞춰) 가다, 참석하다
• ⓑ 고장 난
• ⓒ 구할 수 있는, 시간이 되는
• ⓓ 인상적인

[5-8] 보기에서 알맞은 어휘를 골라 우리말 뜻에 맞게 빈칸을 채우세요.

ⓐ attend	ⓑ retire	ⓒ stop by	ⓓ hold

5. 내년에 **퇴직할** 계획이다　　plan to _____ next year
6. 채용박람회를 **개최하다**　　_____ a job fair
7. 결혼식에 **참석하다**　　_____ a wedding ceremony
8. 우체국에 **들르다**　　_____ the post office

[9-12] 우리말 힌트를 보며 빈칸에 들어갈 적절한 어휘를 고르세요.

ⓐ located	ⓑ exit	ⓒ deadline	ⓓ maintenance	ⓔ responsible

9. _____ 마감기한 was extended by one week.
10. Who is _____ 담당하는 for Web site updates?
11. _____ 정비 will be completed by the end of the day.
12. Is the warehouse _____ 위치한 downtown?

정답　1. ⓑ　2. ⓐ　3. ⓒ　4. ⓓ　5. ⓑ　6. ⓓ　7. ⓐ　8. ⓒ　9. ⓒ　10. ⓔ　11. ⓓ　12. ⓐ

VOCA Day 2

빈출 어휘

Part 3

Part 3에 자주 출제되는 어휘들입니다. 예문과 함께 익혀보세요.

 V_D03

01	**merchandise** 명 물품, 상품	Do you have any other **merchandise** besides clothing? 옷 이외에 다른 상품이 있나요?
02	**inquire** 동 문의하다	I'm calling to **inquire** about the delivery date for my purchase. 제가 구매한 물건의 배송일자를 문의하려고 전화 드렸습니다.
03	**sign up for** ~을 신청하다, ~에 가입하다	I'm here because I wanted to **sign up for** a membership. 회원 신청을 하고 싶어서 왔습니다. 출제 TIP register for, enroll in과 바꾸어 쓸 수 있어요.
04	**recruit** 동 채용하다	We need to **recruit** more employees for the busy season. 우리는 성수기에 직원을 더 뽑아야 합니다.
05	**estimate** 명 견적서	I'll send you a detailed **estimate** by the end of the day. 오늘까지 상세 견적서를 보내 드리겠습니다.
06	**valid** 형 유효한	You need a **valid** form of identification. 유효한 신분증이 필요합니다.
07	**postpone** 동 연기하다	The event was **postponed** due to a technical issue. 행사는 기술적 문제로 인해 연기됐어요. 출제 TIP delay, put off와 바꾸어 쓸 수 있어요.
08	**recently** 부 최근에	We've **recently** updated the security software. 우리는 최근 보안 소프트웨어를 업데이트했습니다.
09	**post** 동 게시하다	I **posted** the job description for the assistant director position. 조감독 직책에 대한 직무 설명을 게시했습니다.
10	**inspection** 명 점검, 검사	The **inspection** of the apartment is scheduled for tomorrow. 아파트 점검이 내일로 예정되어 있어요. 출제 TIP inspection은 동사 conduct와 자주 쓰여요. conduct an inspection 검사를 실시하다

11	**catering** 명 출장 요리, 음식 공급(업)	I'm not sure we should hire a catering service. 출장 요리 업체를 고용해야 할지 잘 모르겠어요.
12	**return** 명 반품 동 반납[반품]하다	Our store policy limits returns to within thirty days of the purchase. 저희 매장 정책은 반품을 구입 후 30일 이내로 제한하고 있습니다.
13	**upcoming** 형 다가오는, 곧 있을	Here's a calendar for our upcoming summer lectures. 다가오는 여름 강의 일정표가 여기 있어요.
14	**replace** 동 교체하다	My car's battery needs to be replaced. 제 차의 배터리를 교체해야 해요.
15	**expire** 동 만료되다, 만기가 되다	This coupon has expired, can we still use it? 쿠폰이 만료됐는데, 아직 쓸 수 있나요?
16	**brochure** 명 소책자	We have a brochure listing all of the different options. 다양한 옵션을 모두 나열한 소책자가 있습니다.
17	**in advance** 미리	Thank you for sending the forms to me in advance. 저에게 서식을 미리 보내 주셔서 감사합니다.
18	**budget** 명 예산	With our current budget, I don't think we can afford that. 우리 현재 예산으로는 그럴 여력이 안 될 것 같아요.
19	**incorrect** 형 부정확한	I tried to enter my password, but it said it was incorrect. 제 비밀번호를 입력해 봤지만 틀렸다고 했어요.
20	**continue** 동 계속하다, 지속하다	Let's continue with our discussion about the new product. 신제품에 대한 논의를 계속하죠.

VOCA

Day 3

21	**upgrade** ⑧ 개선하다 ⑨ 업그레이드, 상향	We can **upgrade** your room for an additional fee. 추가 요금을 내시면 객실을 업그레이드해 드릴 수 있습니다.
22	**task** ⑨ 업무, 과제	He always completes his **tasks** on time. 그는 항상 제시간에 업무를 완료해요.
23	**recipe** ⑨ 요리[조리]법	I came up with this new pasta **recipe**. 저는 새로운 파스타 조리법을 만들었어요.
24	**block** ⑧ 막다, 차단하다	I can't access the Web site, it's **blocked**. 웹사이트에 접속이 안 돼요. 차단됐어요. 출제 TIP block은 '구역, 블록'이라는 뜻의 명사로도 자주 나와요.
25	**business trip** 출장	The company is paying for the **business trip** expenses. 회사가 출장 비용을 지불합니다.
26	**anniversary** ⑨ 기념일	I'm looking for a gift for our **anniversary**. 우리 기념일을 위한 선물을 찾고 있어요.
27	**branch** ⑨ 지점	The **branch** office is scheduled to open next week. 지사가 다음 주에 문을 열기로 되어 있어요. 출제 TIP branch는 '나뭇가지'라는 의미로도 쓰여요.
28	**improve** ⑧ 개선하다, 향상시키다	We will reduce production until the situation **improves**. 상황이 나아질 때까지 생산량을 줄일 겁니다.
29	**résumé** ⑨ 이력서	Applicants should submit their **résumés** by next Friday. 지원자들은 다음 주 금요일까지 이력서를 제출해야 합니다.
30	**client** ⑨ 고객	I have some important **clients** coming to my office at two o'clock. 두 시에 중요한 고객들이 제 사무실로 올 거예요.

Check Up

[1-4] 단어의 의미를 찾아 연결하세요.

1. incorrect •　　　　　• ⓐ 유효한

2. anniversary •　　　　• ⓑ 개선하다, 향상시키다

3. valid •　　　　　　• ⓒ 부정확한

4. improve •　　　　　• ⓓ 기념일

[5-8] 보기에서 알맞은 어휘를 골라 우리말 뜻에 맞게 빈칸을 채우세요.

| ⓐ recruit | ⓑ replace | ⓒ estimate | ⓓ task |

5. **견적서**를 검토하다　　　　review an _____

6. 신입사원을 **채용하다**　　　_____ new employees

7. 배터리를 **교체하다**　　　_____ the batteries

8. **업무**를 완료하다　　　　complete the _____

[9-12] 우리말 힌트를 보며 빈칸에 들어갈 적절한 어휘를 고르세요.

| ⓐ inspection | ⓑ upcoming | ⓒ recipe | ⓓ merchandise | ⓔ in advance |

9. You should make a reservation _____(미리).

10. The _____(다가오는) holiday season is important for sales.

11. The IT team will conduct a regular _____(점검).

12. The department store sells all kinds of _____(상품).

정답　1. ⓒ　2. ⓓ　3. ⓐ　4. ⓑ　5. ⓒ　6. ⓐ　7. ⓑ　8. ⓓ　9. ⓔ　10. ⓑ　11. ⓐ　12. ⓓ

VOCA Day 3

Part 4에 자주 출제되는 어휘들입니다. 예문과 함께 익혀보세요.

🔊 V_D04

01	**remind** 통 상기시키다	I want to **remind** listeners of the film festival. 청취자들에게 영화제를 상기시키고 싶습니다.
02	**reply** 통 응답하다	I'm waiting for you to **reply** to my message. 제 메시지에 대한 응답을 기다리겠습니다.
03	**talented** 형 재능이 있는	A **talented** singer will perform tonight. 오늘 밤에 재능 있는 가수가 공연할 것입니다.
04	**staff meeting** 직원 회의	Thank you for coming to today's **staff meeting**. 오늘 직원 회의에 와 주셔서 감사합니다.
05	**latest** 형 최신의	We'll be back in a minute with the **latest** business news. 잠시 후 최신 비즈니스 소식으로 돌아오겠습니다.
06	**attract** 통 (마음을) 끌다, 끌어모으다	This movie is sure to **attract** a large audience. 이 영화는 분명 많은 관중을 끌어모을 것입니다.
07	**board** 통 탑승하다	Show your hotel confirmation to the driver when you **board** the bus. 버스에 탑승하면 운전기사에게 호텔 예약 확인서를 보여주세요. **출제 TIP** board는 명사로 '위원회, 이사회'라는 의미도 있어요.
08	**on sale** 할인 중인, 판매 중인	These books are **on sale** for a limited time. 이 책들은 한시적으로 판매 중입니다. **출제 TIP** for sale은 '판매 중'이라는 의미로만 사용됩니다. The latest smartphone is now for sale. 최신 스마트폰이 지금 판매 중입니다.
09	**submit** 통 제출하다	All employees must **submit** original receipts. 모든 직원은 영수증 원본을 제출해야 합니다.
10	**take part in** ~에 참여하다	It's a great opportunity to **take part in** the art exhibition. 미술 전시회에 참여하는 것은 멋진 기회입니다.

11	**found** ⑧ 설립하다	She is planning to **found** a business with her friends. 그녀는 친구들과 함께 사업체를 설립할 계획입니다. 출제 TIP find(찾다)의 과거/과거분사형과 똑같이 생겼으니 주의하세요. find-found-found found-founded-founded
12	**strategy** ⑲ 전략	We should work on a new **strategy** as soon as possible. 우리는 되도록 빨리 새 전략에 착수해야 합니다.
13	**destination** ⑲ 목적지	The plane will arrive at its **destination** soon. 비행기가 곧 목적지에 도착할 것입니다.
14	**host** ⑧ 주최하다, 진행하다 ⑲ 진행자	I'm **hosting** a goodbye dinner for my cousin tonight. 오늘 밤 내 사촌을 위한 송별 저녁 식사를 주최합니다.
15	**last** ⑧ 지속[계속]되다	Our special celebration offer only **lasts** until Friday. 특별 기념 할인은 금요일까지만 지속됩니다.
16	**article** ⑲ 기사, 글	The final drafts of your **articles** are due by tomorrow. 기사의 최종 원고는 내일까지입니다.
17	**career** ⑲ 직업, 경력	I'm glad to be speaking at this **career** symposium. 본 직업 심포지엄에서 연설하게 되어 기쁩니다. 출제 TIP 비슷한 발음의 carrier와 혼동하지 않도록 주의하세요. career [커리어] 직업, 경력 carrier [캐리어] 항공사, 운송회사
18	**unique** ⑱ 독특한, 유일한	The museum has a **unique** collection of ancient artifacts. 박물관은 독특한 고대 공예품을 소장하고 있습니다.
19	**comfortable** ⑱ 편안한	This hotel has **comfortable** rooms and a great view. 이 호텔은 편안한 객실과 훌륭한 전망을 갖췄습니다.

VOCA

Day 4

20	**performance** 명 공연	The singer gave an amazing performance last night. 그 가수는 어젯밤 놀라운 공연을 했습니다.
21	**positive** 형 긍정적인	A positive mindset can change your life. 긍정적인 사고방식이 당신의 삶을 바꿀 수 있습니다.
22	**take place** 열리다, 발생하다	The Birchwood Job Fair will take place on Wednesday. 버치우드 취업박람회가 수요일에 열릴 예정입니다.
23	**regular price** 정가	This item is worth more than its regular price. 이 물품은 정가보다 더 가치 있습니다.
24	**agree** 동 동의하다	The two sides finally agreed to a compromise. 양측이 마침내 타협에 이르렀습니다.
25	**request** 명 요청 동 요청하다	I'm calling about your request for a reservation. 귀하의 예약 요청 건으로 전화 드렸습니다.
26	**thanks to** ~ 덕분에	Thanks to Ms. Yamamoto, we can protect more wildlife. 야마모토 씨 덕분에 우리는 더 많은 야생 동물을 보호할 수 있습니다. 출제 TIP due to, owing to와 바꾸어 쓸 수 있어요.
27	**free of charge** 무료로	The tours last 30 minutes and are free of charge. 투어는 30분간 이어지며 무료입니다.
28	**famous** 형 유명한	It's a famous landmark in the city. 그것은 시의 유명한 랜드마크입니다.
29	**successful** 형 성공적인	He has authored six successful books. 그는 여섯 권의 성공적인 책을 썼습니다.
30	**audience** 명 청중, 관중	The audience is invited to participate in the event. 관객들은 이 행사에 참여해 달라는 초청을 받았습니다.

[1-4] 단어의 의미를 찾아 연결하세요.

1. comfortable •   • ⓐ 상기시키다

2. host •   • ⓑ 편안한

3. last •   • ⓒ 주최하다, 진행하다; 진행자

4. remind •   • ⓓ 지속[계속]되다

[5-8] 보기에서 알맞은 어휘를 골라 우리말 뜻에 맞게 빈칸을 채우세요.

ⓐ take part in	ⓑ submit	ⓒ attract	ⓓ request

5. 보고서를 **제출하다**   _____ a report

6. 대회에 **참가하다**   _____ the competition

7. 환불을 **요청하다**   _____ a refund

8. 관광객을 **끌다**   _____ tourists

[9-12] 우리말 힌트를 보며 빈칸에 들어갈 적절한 어휘를 고르세요.

ⓐ famous	ⓑ talented	ⓒ found	ⓓ positive	ⓔ latest

9. The author released his _____ novel.
   최신의

10. The Eiffel Tower is a _____ landmark.
    유명한

11. The leader has a very _____ attitude to life.
    긍정적인

12. She's a _____ graphic designer.
    재능이 있는

정답 1. ⓑ 2. ⓒ 3. ⓓ 4. ⓐ 5. ⓑ 6. ⓐ 7. ⓓ 8. ⓒ 9. ⓔ 10. ⓐ 11. ⓓ 12. ⓑ

Part 5&6에 자주 출제되는 명사 어휘들입니다. 예문과 함께 익혀보세요.　　🔊 V_D05

01	**fee** 요금, 수수료	Sans Airlines charges a service **fee** for changing your reservation. 산스 항공은 예약 변경에 서비스 수수료를 부과한다.
02	**policy** 정책, 방침	The new vacation **policy** will be announced next week. 새 휴가 정책이 다음 주에 발표될 것이다.
03	**selection** 선택, 선택된 것들	We offer a wide **selection** of rugs for use in your home or office. 저희는 집이나 사무실에서 사용하는 다양한 깔개를 엄선하여 제공합니다. 출제 TIP　a wide selection of은 '다양하게 엄선된'이라는 뜻이에요.
04	**suggestion** 제안, 의견	You can submit your **suggestions** to Mr. Wu. 제안 내용을 우 씨에게 제출하면 됩니다.
05	**growth** 성장, 증가	Business economists predict more job **growth** in the region. 기업 경제학자들은 지역 내 일자리 증가를 예측한다.
06	**profit** 수익, 이익	All **profits** will be donated to the public library. 모든 수익금은 공공 도서관에 기부될 것이다.
07	**experience** 경험, 경력	Ms. Huang has much **experience** managing project teams. 후앙 씨는 프로젝트팀을 관리한 경험이 많다.
08	**purchase** 구입, 구매(품) 동 구입하다	You can receive a 20% discount on a future **purchase**. 향후 구매 시 20퍼센트 할인을 받으실 수 있습니다. 출제 TIP　Part 1에서 물건을 사는 모습을 묘사할 때도 많이 사용돼요. A woman is making a purchase. 여자가 물건을 사고 있다.
09	**location** 위치, 장소, 입지	Please confirm the time and **location** of our meeting. 회의 시간과 장소를 확인해 주세요.
10	**production** 생산(량), 제작	Our **production** line has been running at full capacity. 우리 생산 라인은 전면 가동 중입니다.

11	**promotion** 승진; 홍보, 판촉 행사	Maden Co. announced the promotion of Mr. Sim to general manager. 메이든 사는 심 씨가 총괄 관리자로 승진했음을 발표했다.
12	**equipment** 장비, 설비	All participants should bring proper equipment. 모든 참가자는 적절한 장비를 가져와야 한다.
13	**addition** 추가(물)	The final step in the manufacturing process is the addition of an eraser at one end. 그 제조 공정의 마지막 단계는 한쪽 끝에 지우개를 추가하는 것이다.
14	**security** 보안	Our security policy requires that employees change their passwords once a month. 우리 보안 정책에 따라 직원들은 월 1회 비밀번호를 변경해야 한다.
15	**safety** 안전	We strive to ensure the safety of everyone in the workplace. 저희는 직장 내 모두의 안전을 보장하고자 노력하고 있습니다.
16	**inconvenience** 불편	Passengers will be offered compensation for the inconvenience. 승객은 불편에 대해 보상을 받을 것이다.
17	**opening** 개장, 개업	Next Thursday marks the first anniversary of Mueller Bank's opening. 다음 주 목요일은 뮐러 은행의 첫 번째 창립기념일이다. 출제 TIP opening은 '(일자리) 공석'을 나타낼 때도 쓰여요. There are several openings in the marketing team. 마케팅 팀에 공석이 여러 개 있다.
18	**inventory** 재고(품), 재고 조사	Inventory management software informs users when to replace items. 재고 관리 소프트웨어는 사용자들에게 물품 교체 시기를 알려준다.
19	**attention** 주의, 집중	The performances call attention to important social issues. 그 공연들은 중요한 사회적 문제에 대한 주의를 환기시킨다.
20	**access** 이용 권한, 접근 통 접근하다, 이용하다	Visitors must check in at the front desk to gain access to the building. 방문객은 건물 출입을 위해 안내 데스크에서 수속을 밟아야 한다.

VOCA

Day 5

21	**applicant** 지원자, 신청자	**Applicants** must be able to type at least 50 words per minute. 지원자는 최소한 1분에 50개의 단어를 타자 칠 수 있어야 한다.
22	**shipment** 배송(품), 선적(물)	We received the wrong **shipment** of items from the supplier. 우리는 공급업체로부터 물품을 잘못 배송받았다.
23	**relocation** 이전, 이주	The information will help employees prepare for the upcoming **relocation**. 그 정보는 직원들이 앞으로 있을 이전에 대비하는 데 도움이 될 것이다.
24	**participation** 참가, 참여	**Participation** in the survey is optional. 설문 조사 참여는 선택 사항입니다. **출제 TIP** participation 뒤에 참가[참여]하는 곳을 나타낼 때는 전치사 in을 써요. participation in the event 행사 참가
25	**material** 자료, 재료	Please read carefully through all instructional **materials**. 교육용 자료 전체를 꼼꼼히 읽으세요.
26	**responsibility** 책임, 임무	The **responsibilities** of this position include managing the budget. 이 직책의 책무에는 예산 관리가 포함되어 있다.
27	**requirement** 필요조건, 요건	One of the **requirements** is five years of marketing experience. 요건 중 하나는 5년의 마케팅 경력이다.
28	**reimbursement** 상환, 변제	Employees can find **reimbursement** forms on the company Web site. 직원들은 회사 웹사이트에서 환급 양식을 찾을 수 있다.
29	**summary** 요약	Customers can find a **summary** of their recent purchases in the Account tab. 고객은 계정 탭에서 최근 구매 내역 요약본을 확인할 수 있다.
30	**trend** 트렌드, 경향	The marketing team analyzed the latest consumer **trends**. 마케팅 팀에서 최근 고객 트렌드를 분석했다.

Check Up

정답과 해설 p.069

[1-4] 단어의 의미를 찾아 연결하세요.

1. applicant •   • ⓐ 승진; 홍보

2. requirement •   • ⓑ 정책, 방침

3. promotion •   • ⓒ 필요조건, 요건

4. policy •   • ⓓ 지원자, 신청자

[5-8] 보기에서 알맞은 어휘를 골라 우리말 뜻에 맞게 빈칸을 채우세요.

| ⓐ growth | ⓑ equipment | ⓒ security | ⓓ fee | ⓔ reimbursement |

5. 적절한 **장비**   proper _____

6. 추가 **요금**   an additional _____

7. 빠른 **성장**   rapid _____

8. **보안**상의 이유로   for _____ reasons

[9-12] 빈칸에 알맞은 어휘를 고르세요.

9. Last June, Fine Furniture held a grand (ⓐ opening / ⓑ access).

10. The new hires have at least two years of prior (ⓐ selection / ⓑ experience).

11. The (ⓐ location / ⓑ attention) of the forum has not been decided yet.

12. We apologize for any (ⓐ safety / ⓑ inconvenience).

정답 1. ⓓ 2. ⓒ 3. ⓐ 4. ⓑ 5. ⓑ 6. ⓓ 7. ⓐ 8. ⓒ 9. ⓐ 10. ⓑ 11. ⓐ 12. ⓑ

Part 5&6 빈출 어휘 1_명사 **199**

VOCA Day 5

빈출 어휘 2_동사

Part 5&6에 자주 출제되는 동사 어휘들입니다. 예문과 함께 익혀보세요.   🔊 V_D06

---

01 delay
미루다, 지연시키다
명 지연, 지체

Ms. Benson's flight has been **delayed**.
벤슨 씨가 탈 항공편이 지연됐다.

---

02 announce
발표하다, 공표하다

The mayor **announced** that all signs will be made bilingual.
시장은 모든 표지판이 2개 국어로 만들어질 것이라고 발표했다.

---

03 offer
제안하다, 제공하다

The coffee house is **offering** a 15 percent discount this week.
그 커피숍은 이번 주 15퍼센트 할인을 제공한다.

출제 TIP   offer는 명사로 '할인'이라는 뜻도 있어요.
a special offer 특별 할인

---

04 forward
보내다, 전달하다

All e-mails will be **forwarded** to team members.
모든 이메일은 팀원들에게 전달될 것이다.

---

05 expect
기대하다, 예상하다

This year's apple harvest is **expected** to be small.
올해 사과 수확은 적을 것으로 예상된다.

---

06 conduct
실시하다, 수행하다

The daily sales meeting is **conducted** in the afternoon.
일일 영업 회의는 오후에 진행된다.

---

07 notify
알리다, 통보하다

We will **notify** the winner by e-mail.
우리는 우승자에게 이메일로 알릴 것입니다.

---

08 feature
특징으로 삼다

Corso Athletic's newest running shoes **feature** a simple design.
코르소 애슬래틱의 최신 운동화는 단순한 디자인이 특징이다.

출제 TIP   feature는 명사로 '기능, 특징; 특집 기사'라는 의미도 있어요.
feature article 특집 기사
special feature 특별한 기능

---

09 cause
일으키다, 유발하다

Roadwork along Route 10 is expected to **cause** traffic delays.
10번 도로 보수 작업은 교통 체증을 일으킬 것으로 예상된다.

출제 TIP   cause는 명사로 '원인, 이유, 대의 명분'이란 의미도 있어요.
determine the cause 원인을 알아내다

10	**avoid** 피하다, 막다	Please send your rental payment by May 5 to avoid incurring a late fee. 연체료 발생을 막기 위해 임대료를 5월 5일까지 보내주세요.
11	**promote** 홍보하다, 증진하다	Jazz singer Susumu Yamada is on tour to promote his new album. 재즈 가수 스스무 야마다는 신규 앨범 홍보를 위한 투어 중이다. 출제 TIP promote는 '승진시키다'라는 뜻도 있어요. Mr. Lee was promoted to manager. 이 씨는 관리자로 승진됐다.
12	**depart** 떠나다, 출발하다	Passengers should check their boarding passes to confirm what time their flights will depart. 승객들은 자신의 항공편이 몇 시에 출발하는지 확인하기 위해 탑승권을 확인해야 한다.
13	**join** 합류하다, 참가하다	John joined the conference call from his office in New York. 존은 뉴욕에 있는 그의 사무실에서 전화 회의에 참석했다.
14	**represent** 대표하다, 대신하다	Chad Smith will represent Sam Co. at the marketing conference. 채드 스미스는 마케팅 회의에서 샘 사를 대표할 것이다.
15	**allow** 허용하다, 허락하다	Passengers are allowed to change their flight once. 승객들은 항공편을 1회 변경할 수 있다.
16	**decide** 결정하다	After much discussion, they decided to cancel the project. 많은 논의 끝에 그들은 프로젝트를 취소하기로 결정했다.
17	**anticipate** 예상하다, 기대하다	A change in the processing of orders is anticipated this week. 이번 주에 주문 처리 방법이 바뀔 것으로 예상된다.
18	**affect** 영향을 미치다	Weather conditions sometimes affect the store's hours of operation. 기상 조건은 때때로 매장의 영업 시간에 영향을 준다.
19	**appoint** 임명하다; (약속 시간 등을) 정하다	Dr. Snover was appointed to reorganize the development process. 스노버 박사는 개발 과정을 재편성하도록 임명됐다.

VOCA

Day 6

20	**establish** 설립하다, 확립하다	Denver University was **established** over 100 years ago. 덴버 대학교는 100년도 더 전에 설립됐다.
21	**merge** 합병하다, 합치다	Fine Edu has recently **merged** with Polar Learning. 파인 에듀는 최근 폴라 러닝과 합병했다.
22	**oversee** 감독하다	Kane Silver will **oversee** the training of new employees. 케인 실버가 신입 직원 교육을 감독할 것이다.
23	**revise** 수정하다, 개정하다	TRS Engineering will **revise** its bid for the project. TRS 엔지니어링은 프로젝트 입찰을 변경할 것이다.
24	**reserve** 예약하다; 보유하다	Viostar Rail advises passengers to **reserve** tickets in advance. 바이오스타 레일은 승객들에게 표를 미리 예약하라고 권고한다.
25	**introduce** 소개하다; 내놓다, 도입하다	The company **introduced** a line of eco-friendly products. 그 회사는 환경 친화적인 제품군을 내놓았다.
26	**clarify** 분명히 하다	Mr. Bak sent a letter to employees in order to **clarify** the policy. 박 씨는 정책을 명확히 하기 위해 직원들에게 서신을 보냈다.
27	**lead** 이끌다	The CEO will **lead** a seminar on effective communication. CEO가 효과적인 커뮤니케이션에 대한 세미나를 이끌 것이다. 출제 TIP lead는 Part 1에서 '(길, 계단 등이) 이어지다'라는 의미로 쓰여요. Some stairs lead to an entrance. 계단이 입구로 이어진다.
28	**respond** 응답하다; 반응하다	Dr. Kahn will not be able to **respond** to individual questions. 칸 박사는 개별 질문에 응답할 수 없을 것이다.
29	**expand** 확장하다	The company plans to **expand** its operations to overseas markets next year. 그 회사는 내년에 해외 시장으로 사업을 확장할 계획이다.
30	**provide** 제공하다	The research report will **provide** you with the information about industry trends. 연구 보고서는 업계 동향에 대한 정보를 제공할 것입니다.

Check Up

[1-4] 단어의 의미를 찾아 연결하세요.

1. cause •
2. expect •
3. introduce •
4. feature •

• ⓐ 특징으로 삼다
• ⓑ 일으키다, 유발하다
• ⓒ 기대하다, 예상하다
• ⓓ 소개하다; 내놓다, 도입하다

[5-8] 보기에서 알맞은 어휘를 골라 우리말 뜻에 맞게 빈칸을 채우세요.

| ⓐ respond | ⓑ reserve | ⓒ join | ⓓ anticipate | ⓔ conduct |

5. 설문조사를 **하다**   _____ a survey

6. 회의실을 **예약하다**   _____ a conference room

7. 고객 불만에 **대응하다**   _____ to customer complaints

8. 팀에 **합류하다**   _____ the team

[9-12] 빈칸에 알맞은 어휘를 고르세요.

9. The delivery of the furniture was (ⓐ offered / ⓑ delayed) by a day.

10. Mr. White was (ⓐ appointed / ⓑ merged) the human resources director.

11. Raymond Wood will (ⓐ lead / ⓑ avoid) the IT department from next month.

12. Alpha Corp. will (ⓐ depart / ⓑ announce) the new product line next Wednesday.

정답 1. ⓑ 2. ⓒ 3. ⓓ 4. ⓐ 5. ⓔ 6. ⓑ 7. ⓐ 8. ⓒ 9. ⓑ 10. ⓐ 11. ⓐ 12. ⓑ

VOCA

Day 6

Part 5&6에 자주 출제되는 형용사 어휘들입니다. 예문과 함께 익혀보세요.   V_D07

01	**current** 현재의	Lydertech's **current** operations in Beijing are successful. 라이더테크의 현재 베이징 사업은 성공적이다.
02	**main** 주된, 주요한; 가장 큰	The **main** focus of the presentation is market trends. 발표의 주요 초점은 시장 동향이다.
03	**particular** 특정한	Each employee will be assigned to a **particular** task. 각 직원은 특정 업무를 배정받을 것이다.
04	**extensive** 광범위한, 폭넓은	Some of the buses need **extensive** repairs. 일부 버스는 대대적인 수리를 받아야 한다.
05	**initial** 초기의, 처음의	The **initial** response to the movie was negative. 그 영화에 대한 초기 반응은 부정적이었다.
06	**temporary** 임시의, 일시적인	**Temporary** workers will be hired during the busy season. 성수기 동안 임시직 직원들이 고용될 것이다.
07	**able** ~할 수 있는, 유능한	The firm was **able** to rapidly expand its client base. 그 회사는 고객층을 빠르게 확대할 수 있었다.
08	**likely** ~할 것 같은	Ms. Hall is **likely** to be named Employee of the Month. 홀 씨는 이달의 사원으로 지명될 것 같다.
09	**significant** 상당한; 중요한	We are making a **significant** change to our marketing plan. 우리는 마케팅 계획에 큰 변화를 주고 있다.
10	**suitable** 적합한, 적절한	Finding a **suitable** venue would be difficult at this late date. 이렇게 늦은 시기에 적합한 장소를 찾기는 어려울 것이다.
11	**updated** 최신의, 갱신된	The **updated** version has been installed on company computers. 최신 버전이 회사 컴퓨터에 설치됐다.

12	**additional** 추가의, 부가적인	The Brens Hotel offers laundry services for an additional fee. 브렌스 호텔은 추가 요금을 받고 세탁 서비스를 제공한다.
13	**necessary** 필요한	The necessary forms must be submitted by tomorrow. 필요한 서식은 내일까지 제출해야 한다.
14	**financial** 재정의, 금융상의	Mr. Wang has a lot of experience in financial management. 왕 씨는 재무 관리 경험이 많다.
15	**major** 주요한, 중대한	North Shore Airlines has raised its fares to major destinations. 노스 쇼어 항공은 주요 목적지 요금을 인상했다.
16	**related** 관련된	The job requires related experience in customer service. 그 일은 고객 서비스 관련 경험을 필요로 한다.

> **출제 TIP** 앞에 명사가 붙어 '~와 관련된'이란 뜻으로 쓰이기도 해요.
> health-related careers 건강 관련된 직업

17	**professional** 전문적인; 직업의	Our professional staff will provide you with the best service possible. 저희 전문 직원들이 가능한 한 최상의 서비스를 제공할 것입니다.

> **출제 TIP** professional은 명사로 '전문가'라는 뜻도 있어요.
> Professionals from the fashion industry attended the seminar.
> 패션 업계 전문가들이 세미나에 참석했다.

18	**creative** 창의적인	The art exhibit showcased a wide range of creative works. 그 미술 전시회는 다양한 창의적인 작품들을 선보였다.
19	**multiple** 다수의, 다양한	Time Mall has undergone multiple renovations. 타임 몰은 다수의 보수 공사가 진행 중이다.
20	**efficient** 효율적인, 능률적인	Com Tech was able to increase its profits by making its processes more efficient. 컴 테크는 절차를 더욱 효율적으로 만들어 이익을 늘릴 수 있었다.

VOCA Day 7

21	**regular** 정기적인, 규칙적인; 보통의	Our **regular** provider did not have the desks in stock. 우리 정규 공급업체에는 그 책상이 재고가 없었습니다.
22	**due** (제출·반환 등의) 기한이 된, 지불해야 하는	The utility payment is **due** by the end of the month. 공공요금은 월말까지 내야 한다.
23	**experienced** 경험이 있는, 숙련된	Dawn Co. is seeking an **experienced** leader to run the marketing division. 던 사는 마케팅 부문을 관리할 경험이 많은 지도자를 찾고 있다.
24	**previous** 이전의	The company's profits have decreased compared to the **previous** year. 회사의 이익은 전년 대비 감소했다.
25	**personal** 개인의, 사적인	No one can access the clients' **personal** information. 아무도 고객의 개인 정보에 접속할 수 없다.
26	**unexpected** 예상치 못한, 뜻밖의	Employees were surprised to receive an **unexpected** bonus. 직원들은 뜻밖의 보너스를 받고 놀랐다.
27	**brief** 간단한, 짧은	The shutdown in production was **brief**. 생산 중단은 잠시 동안이었다.
28	**numerous** 많은	Fletcher LLC took proposals from **numerous** suppliers. 플레처 유한책임회사는 많은 공급업체로부터 제안서를 받았다. **출제 TIP** numerous는 '많은'이라는 뜻이라서 뒤에 복수 명사가 와요. numerous clients 많은 고객들
29	**generous** 후한, 넉넉한	Our company offers a **generous** benefits package. 우리 회사는 후한 복지 혜택을 제공합니다.
30	**familiar** 잘 알고 있는, 익숙한	Employees should be **familiar** with the safety protocols. 직원들은 안전 수칙을 숙지하고 있어야 한다.

Check Up

[1-4] 단어의 의미를 찾아 연결하세요.

1. financial •
2. updated •
3. major •
4. efficient •

• ⓐ 최신의, 갱신된
• ⓑ 주요한, 중대한
• ⓒ 효율적인, 능률적인
• ⓓ 재정의, 금융상의

[5-8] 보기에서 알맞은 어휘를 골라 우리말 뜻에 맞게 빈칸을 채우세요.

| ⓐ significant | ⓑ multiple | ⓒ experienced | ⓓ previous | ⓔ current |

5. **숙련된** 직원   the _____ employee
6. **상당한** 영향   the _____ impact
7. **현재** 상황   the _____ status
8. **이전** 모델   the _____ model

[9-12] 빈칸에 알맞은 어휘를 고르세요.

9. Megers has been our (ⓐ main / ⓑ personal) competitor for the past ten years.

10. Mr. Morris has (ⓐ able / ⓑ extensive) experience in the education industry.

11. Amanda Co. is seeking a (ⓐ likely / ⓑ suitable) site for its retail store.

12. The floor manager asked to hire a (ⓐ brief / ⓑ temporary) staff member.

정답   1. ⓓ   2. ⓐ   3. ⓑ   4. ⓒ   5. ⓒ   6. ⓐ   7. ⓔ   8. ⓓ   9. ⓐ   10. ⓑ   11. ⓑ   12. ⓑ

VOCA Day 7

Part 5&6에 자주 출제되는 부사 어휘들입니다. 예문과 함께 익혀보세요.　🔊 V_D08

01	**immediately** 즉시	Every issue should be reported to the supervisor **immediately**. 모든 문제는 즉시 상관에게 보고해야 한다. 출제 TIP　immediately는 after/before와 함께 자주 쓰여요. immediately after 직후에 immediately before 직전에
02	**finally** 마침내, 결국	The problem with the computer system was **finally** fixed. 컴퓨터 시스템의 문제는 마침내 해결되었다.
03	**highly** 매우, 대단히	Yeran Ri was **highly** recommended for the position. 예란 리는 그 자리에 적극 추천됐다.
04	**currently** 현재	The manager is **currently** reviewing the annual budget. 관리자는 현재 연간 예산을 검토하고 있다.
05	**early** 일찍, 초기에	Mega Store will close **early** this Friday. 메가 스토어는 이번 주 금요일에 일찍 문을 닫는다.
06	**closely** 면밀하게, 밀접하게	The staff **closely** monitors the interns' training. 직원들은 인턴들 교육을 면밀히 주시한다.
07	**previously** 이전에, 과거에	Jonathan **previously** worked in Spain for three years. 조나단은 전에 3년간 스페인에서 일했다.
08	**directly** 곧바로, 직접	The completed form should be sent **directly** to Human Resources. 작성한 서식은 인사부서에 직접 보내야 한다.
09	**nearly** 거의, 하마터면	**Nearly** twenty thousand people are expected to visit the book fair. 거의 2만 명의 사람들이 도서박람회를 방문할 것으로 예상된다.
10	**frequently** 자주, 흔히	Mr. Wong is **frequently** asked to give presentations. 웡 씨는 발표 요청을 자주 받는다.

11	**especially** 특히	Ms. Nahia is especially skilled at analyzing financial data. 나히아 씨는 특히 재무 자료 분석에 능숙하다.
12	**promptly** 즉시, 지체 없이	Mr. Lewis promptly responds to all inquiries. 루이스 씨는 모든 문의에 즉시 응답한다. **출제 TIP** promptly 뒤에 시간이 나오면 '딱, 정확히'라는 뜻이에요. promptly at 7 P.M. 정확히 저녁 7시에
13	**temporarily** 임시로, 일시적으로	The scanner will be moved into the conference room temporarily. 스캐너는 임시로 회의실로 옮겨질 것이다.
14	**carefully** 주의 깊게, 신중히	Read these directions carefully before using your oven. 오븐 사용 전 설명을 꼼꼼히 읽으세요.
15	**typically** 보통, 일반적으로	Photography sessions typically last about 30 minutes. 사진 촬영 시간은 보통 30분 정도 이어진다.
16	**easily** 쉽게, 수월하게	With this software program, you can easily protect your computer. 이 소프트웨어 프로그램이 있으면 컴퓨터를 쉽게 보호할 수 있습니다.
17	**clearly** 명백하게, 또렷하게	Confirm that the address is clearly printed. 주소가 선명하게 인쇄됐는지 확인하세요.
18	**specifically** 특별히; 구체적으로	Krefton Services was specifically mentioned as a trusted firm. 크레프톤 서비스는 신뢰받는 업체로 특별히 언급됐다.
19	**properly** 제대로, 정확하게	All tools must be stored properly after each use. 모든 도구는 매번 사용 후 제대로 보관해야 한다.
20	**relatively** 비교적, 상대적으로	The server problem was relatively minor. 서버 문제는 비교적 심각하지 않았다.

VOCA

Day 8

21	**officially** 공식적으로, 정식으로	As of March 1, the snack bar is **officially** open. 스낵바는 3월 1일자로 정식 개업한다.
22	**unusually** 이례적으로, 유난히	We are processing an **unusually** high number of requests. 우리는 이례적으로 많은 요청 건을 처리하고 있다.
23	**quickly** 빠르게	The repair was completed **quickly**. 수리는 빠르게 완료됐다.
24	**considerably** 상당히, 많이	Sales of sports utility vehicles have increased **considerably**. SUV 매출이 상당히 증가했다.
25	**unexpectedly** 예상외로, 뜻밖에	The film drew an **unexpectedly** large audience. 그 영화는 뜻밖에 많은 관객을 끌었다.
26	**formerly** 이전에	Textile artist Austin Tran was **formerly** a sheep farmer. 섬유 예술가인 오스틴 트랜은 전에 목양업자였다.
27	**increasingly** 점점, 더욱 더	Mr. Cho has become **increasingly** aware of consumer needs. 조 씨는 소비자의 요구를 점점 더 잘 알게 됐다.
28	**shortly** 곧, 바로	You will be contacted by our support staff **shortly**. 저희 지원 인력이 곧 연락드릴 것입니다. 출제 TIP shortly도 before/after와 자주 쓰여요. shortly before 직전에 shortly after 직후에
29	**entirely** 완전히, 전부	The color of this dress is **entirely** different from the one I saw online. 드레스의 색상이 온라인에서 본 것과 완전히 다르다.
30	**automatically** 자동으로	The software updates will be installed **automatically** when your computer restarts. 컴퓨터가 다시 시작되면 소프트웨어 업데이트가 자동으로 설치될 것입니다.

[1-4] 단어의 의미를 찾아 연결하세요.

1. carefully •
2. properly •
3. directly •
4. early •

• ⓐ 일찍, 초기에
• ⓑ 곧바로, 직접
• ⓒ 제대로, 정확하게
• ⓓ 주의 깊게, 신중히

[5-8] 보기에서 알맞은 어휘를 골라 우리말 뜻에 맞게 빈칸을 채우세요.

| ⓐ easily | ⓑ officially | ⓒ immediately | ⓓ quickly | ⓔ considerably |

5. 직후에 _____ after
6. 쉽게 접근할 수 있는 _____ accessible
7. 크게 줄어들다 decrease _____
8. 공식적으로 발표하다 _____ announce

[9-12] 빈칸에 알맞은 어휘를 고르세요.

9. The construction of the bridge was completed (ⓐ finally / ⓑ highly) last month.

10. Customers are (ⓐ increasingly / ⓑ previously) purchasing books online.

11. Black Market offers discounts (ⓐ relatively / ⓑ frequently).

12. Mr. Roy works (ⓐ clearly / ⓑ closely) with the design team.

정답 1. ⓓ 2. ⓒ 3. ⓑ 4. ⓐ 5. ⓒ 6. ⓐ 7. ⓔ 8. ⓑ 9. ⓐ 10. ⓐ 11. ⓑ 12. ⓑ

VOCA Day 8

빈출 어휘 5_전치사/접속사

Part 5&6에 자주 출제되는 전치사/접속사 어휘들입니다. 예문과 함께 익혀보세요.　　🔊 V_D09

01	**according to** ~에 따르면, ~에 따라	**According to** a survey, most users are pleased with the new design.　조사에 따르면, 대부분의 사용자는 새 디자인을 마음에 들어 했다.
02	**since** [전][접] ~ 이래로	**Since** he joined Zarb Architects, Mr. Im has designed homes for many clients.　임 씨는 자브 아키텍트에 입사한 이래, 많은 고객의 집을 설계했다. **출제 TIP** since는 접속사로 '~ 때문에'라는 뜻도 있어요. Since the train was delayed, we arrived late for the meeting. 열차가 연착되어서 우리는 회의에 늦었다.
03	**until** [전][접] ~까지	Tickets may be exchanged **until** two weeks prior to the concert date.　입장권은 음악회 날짜 2주 전까지 교환될 수 있다.
04	**regarding** [전] ~에 관하여	Thank you for contacting us **regarding** our services. 저희 서비스에 관해 연락 주셔서 감사합니다.
05	**within** [전] ~ 이내에, ~ 안에	The merger is expected to be finalized **within** the next week. 합병은 다음 주 내로 마무리될 것으로 보인다.
06	**including** [전] ~을 포함하여	All employees, **including** part-time workers, should attend the workshop.　시간제 직원을 포함한 전 직원은 워크숍에 참석해야 한다.
07	**across** [전] ~을 건너서, ~에 걸쳐서	Last month, Martin's Art Supplies relocated **across** the street. 마틴 아트 서플라이는 지난달 길 건너로 이전했다.
08	**throughout** [전] ~ 도처에	Our services are available to customers **throughout** the world. 저희 서비스는 전 세계 고객들이 이용하실 수 있습니다.
09	**under** [전] ~ 아래에	This position requires the ability to work **under** pressure. 이 직책은 압박감 속에서 일할 수 있는 능력이 필요하다. **출제 TIP** under는 진행 중인 상황을 나타낼 때도 써요. under construction 공사 중 under renovation 보수 중
10	**based on** ~에 근거하여	**Based on** sales reports, we should increase our advertising budget.　우리는 영업 보고서에 기반해 광고 예산을 늘려야 한다.

11	**during** 전 ~ 동안	The seminar will be held **during** the first week of December. 세미나는 12월 첫째 주 동안 열릴 예정이다.
12	**due to** ~ 때문에, ~ 덕분에	**Due to** the rise in food costs, Davo Restaurant has increased its prices. 다보 레스토랑은 식품 비용 인상 때문에 가격을 올렸다.
13	**because of** ~ 때문에	**Because of** its popularity, the exhibition has been extended by two weeks. 전시회는 인기 때문에 2주 연장됐다.
14	**following** 전 ~ 후에	**Following** the workshop, participants will receive a certificate of completion. 워크숍 이후 참가자들은 수료증을 받을 것이다. 출제 TIP following은 형용사로 '다음의'라는 뜻도 있어요. the following day 다음 날 the following week 다음 주
15	**between** 전 둘 사이에	Sky Airlines offers nonstop flights **between** Tokyo and Seoul. 스카이 항공은 도쿄와 서울 간의 직항 항공편을 제공한다.
16	**despite** 전 ~에도 불구하고	The plan has been approved **despite** concern from residents. 그 계획은 주민들의 우려에도 불구하고 승인됐다.
17	**instead of** ~ 대신에	**Instead of** receiving a raise, Mr. Narita chose to take more vacation days. 나리타 씨는 급여 인상을 받는 대신 휴가를 더 받는 것을 선택했다.
18	**depending on[upon]** ~에 따라	**Depending on** the weather conditions, the company picnic may be rescheduled. 기상 상태에 따라 회사 야유회 일정이 변경될 수 있다.
19	**as soon as** ~하자마자	**As soon as** Amanda finds a full-time job, she will open a savings account. 아만다는 정규직 일자리를 찾자마자, 예금 계좌를 개설했다.
20	**as** 전 ~로(서) 접 ~할 때; ~ 때문에	Ms. Benson is unable to attend the lunch meeting, **as** her flight has been delayed. 벤슨 씨는 항공편이 지연됐기 때문에 점심 회의에 참석할 수 없다.

VOCA

Day 9

21	**beyond** 전 ~을 넘어서	Ms. Brown took on responsibilities **beyond** her regular duties. 브라운 씨는 정규 업무 이상의 책무를 맡았다.
22	**toward** 전 ~을 향하여; ~을 위하여	Hood Co. encourages employees to work **toward** a common goal. 후드 사는 직원들이 공동의 목표를 위해 일하도록 장려한다. **출제 TIP** Part 1에서 '~을 향해' 걷고 있는 모습을 묘사할 때도 사용해요. A man is walking toward a park. 한 남자가 공원을 향해 걷고 있다.
23	**as long as** ~하는 한, ~하기만 하면	Nonmembers may join the workshop **as long as** they register in advance. 비회원은 사전에 등록하기만 하면 워크숍에 참여할 수 있다.
24	**prior to** ~ 전에, ~에 앞서	Plan to arrive at the terminal at least two hours **prior to** the flight's scheduled departure. 항공편의 예정 출발 시간보다 최소 2시간 전에 터미널에 도착하도록 계획을 세우세요.
25	**as a result of** ~의 결과로	**As a result of** the rising economy, employment opportunities are expanding. 경기 상승의 결과로 고용 기회가 확대되고 있다.
26	**among** 전 ~ 중에	Liang Consulting is **among** the largest firms of its kind in the region. 리앙 컨설팅은 지역 내 동일 업계에서 가장 큰 업체 중 하나다.
27	**such as** ~ 같은	Nature Sports Co. plans to add new products **such as** tennis shoes and sandals. 네이처 스포츠 사는 테니스용 신발, 샌들과 같은 신상품을 추가할 계획이다.
28	**even though** 비록 ~일지라도	Employees will still be able to access the cafeteria **even though** the lobby is being renovated. 로비가 보수 작업 중이더라도, 직원들은 여전히 카페테리아에 출입할 수 있을 것이다.
29	**rather than** ~ 대신에, ~보다는	They decided to purchase new printers **rather than** repair the old ones. 그들은 오래된 프린터를 수리하는 대신 새것을 구입하기로 했다.
30	**in addition to** ~에 더하여, ~뿐 아니라	**In addition to** the monthly salary, employees receive paid vacation time. 직원들은 월급 외에 유급 휴가를 받습니다.

[1-4] 단어의 의미를 찾아 연결하세요.

1. due to   •
2. including   •
3. since   •
4. despite   •

    • ⓐ ~에도 불구하고
    • ⓑ ~ 이래로
    • ⓒ ~을 포함하여
    • ⓓ ~ 때문에, ~ 덕분에

[5-8] 보기에서 알맞은 어휘를 골라 우리말 뜻에 맞게 빈칸을 채우세요.

ⓐ because of	ⓑ among	ⓒ under	ⓓ throughout	ⓔ beyond

5. 날씨 **때문에**   _____ the weather
6. 하루 **종일**   _____ the day
7. 어떠한 경우**에도**   _____ any circumstances
8. 후보자들 **중에**   _____ the candidates

[9-12] 빈칸에 알맞은 어휘를 고르세요.

9. Street repairs will be completed (ⓐ until / ⓑ within) 24 hours.

10. (ⓐ As long as / ⓑ According to) the schedule, the opening ceremony will begin at 2:00 P.M.

11. Sales of the Eve Cosmetics dropped by 5 percent (ⓐ during / ⓑ across) the last quarter.

12. Top Gear's policy (ⓐ following / ⓑ regarding) the return and exchange is available on its Web site.

정답   1. ⓓ   2. ⓒ   3. ⓑ   4. ⓐ   5. ⓐ   6. ⓓ   7. ⓒ   8. ⓑ   9. ⓑ   10. ⓑ   11. ⓐ   12. ⓑ

Part 7에 자주 출제되는 어휘들입니다. 예문과 함께 익혀보세요.　🔊 V_D10

01	**enclosed** 톙 동봉된	A revised schedule is **enclosed**. 수정한 일정표가 동봉되어 있습니다.
02	**assistance** 톙 도움, 지원	Please let me know if you need any further **assistance** with your presentation.　발표하시는 데 도움이 더 필요하시면 말씀하세요.
03	**extend** 톙 연장하다	I'm going to **extend** my stay here in Hong Kong for two extra days.　저는 여기 홍콩에서 이틀 더 연장하여 있을 생각입니다. **출제 TIP**　extend는 Part 1에서는 길이나 다리가 '뻗어 있다'는 의미로도 쓰여요.
04	**inform** 톙 알리다	I am happy to **inform** you that your proposal was approved. 귀하의 제안서가 승인되었음을 알리게 되어 기쁩니다.
05	**take over** 인계 받다, 이어받다	James will be **taking over** Ben's position as secretary starting next month.　제임스는 다음 주부터 벤이 맡았던 비서직을 인계 받는다.
06	**commence** 톙 시작되다	Your salary will **commence** at $40,000 per year. 당신의 연봉은 4만 달러에서 시작될 것입니다.
07	**issue** 톙 문제, 쟁점	Please contact me if you experience any further technical **issues**.　기술적인 문제가 더 있으시면 저에게 연락하세요. **출제 TIP**　issue는 잡지 등의 '호'라는 의미로도 많이 쓰여요. the next issue of the news letter 소식지의 다음 호
08	**instructions** 톙 설명, 지시사항	This guide provides you with **instructions** about how to use your new phone.　이 안내서는 새 전화기 사용법에 대한 설명을 제공합니다.
09	**registration** 톙 등록	No further **registrations** will be accepted. 더 이상 등록을 받지 않습니다.
10	**supervision** 톙 감독, 지휘	Children are not permitted in the pool without adult **supervision**. 아이들은 어른의 감독 없이 수영장에 들어갈 수 없습니다.

11	**appropriate** 휑 적절한	Used towels must be placed in the appropriate bin located near the exit. 사용한 수건은 출구 근처에 놓인 적절한 통에 넣으셔야 합니다.
12	**seek** 동 찾다, 구하다	Diaz Construction seeks a highly-motivated office assistant. 디아즈 건설사는 매우 의욕적인 사무실 보조원을 구하고 있다.
13	**application** 명 지원, 신청	Applications will not be accepted after June 12. 6월 12일 이후 지원은 받지 않습니다. **출제 TIP** application은 '어플, 앱'이라는 의미도 있죠. app이라고 줄여 쓰기도 한답니다.
14	**receipt** 명 영수증	A full refund is provided for all returns made within 30 days of purchase with receipt. 구매 후 30일 이내에 영수증과 함께 반품 시 전액 환불됩니다.
15	**promotional** 휑 홍보의, 판촉의	Coupon cannot be combined with any other promotional offer. 쿠폰은 다른 판촉 행사와 결합하여 사용할 수 없습니다.
16	**commercial** 휑 상업적인	These photographs cannot be used for commercial purposes. 이 사진들은 상업적인 목적으로 사용될 수 없습니다.
17	**rate** 명 요금	Group rates are available for parties of 12 or more. 단체 요금은 12명 이상 일행에 가능합니다. **출제 TIP** rate은 '비율'이라는 의미로도 많이 쓰여요. exchange rate 환율
18	**donate** 동 기부하다, 기증하다	67 percent of Australians donated items to food banks. 67퍼센트의 호주인들이 푸드 뱅크에 물품을 기부했다.
19	**fit** 동 맞다, 적합하다	We have facilities that fit your needs. 귀하의 요구에 맞는 시설이 있습니다.
20	**occasion** 명 행사, 경우	Dungo Hall is ideal for formal occasions. 덩고 홀은 공식적인 행사에 이상적이다.

VOCA Day 10

| 21 | **accommodate** | The stage **accommodates** up to 40 performers. |
| | 통 수용하다 | 무대는 최대 40명의 공연자를 수용한다. |

22	**head**	I'm **heading** there now. 나는 지금 그쪽으로 가고 있어요.
	통 향하다, 가다	출제 TIP head는 명사로 '우두머리, 책임자'라는 의미도 있어요.
		the head of the office 사무실 책임자

| 23 | **occur** | Training for these volunteers will **occur** on June 2. |
| | 통 일어나다, 발생하다 | 이 자원봉사자들을 위한 교육은 6월 2일에 있을 것이다. |

| 24 | **celebration** | A grand reopening **celebration** will be held from 11 A.M. to 6 P.M. |
| | 명 기념행사, 축하행사 | 재개점 축하행사는 오전 11시부터 오후 6시까지 열릴 것이다. |

| 25 | **review** | Please **review** the attached schedule. |
| | 통 검토하다 | 첨부한 일정을 검토해주세요. |

26	**public**	These lectures are free and open to the **public**.
	명 대중	이 강의는 무료로 일반인에게 공개됩니다.
		출제 TIP public은 형용사 '공공의'라는 의미로도 많이 쓰여요.
		public holiday 공휴일

| 27 | **overseas** | She will be moving to one of our **overseas** branches in May. |
| | 형 해외의 부 해외로 | 그녀는 5월에 우리 해외 지점 중 한 곳으로 옮겨갈 것이다. |

| 28 | **qualifications** | **Qualifications** include a degree in biology. |
| | 명 자격요건 | 자격요건에는 생물학 학위가 포함됩니다. |

| 29 | **note** | Please **note** that the parking lot is currently closed for renovations. |
| | 통 유의하다, 주의하다 | 현재 공사로 인해 주차장이 폐쇄되었으니 유의하시기 바랍니다. |

| 30 | **complimentary** | **Complimentary** breakfast will be served each morning. |
| | 형 무료의 | 매일 아침 무료 조식이 제공될 것입니다. |

[1-4] 단어의 의미를 찾아 연결하세요.

1. occasion • •ⓐ 자격 요건

2. qualifications • •ⓑ 상업적인

3. appropriate • •ⓒ 행사, 경우

4. commercial • •ⓓ 적절한

[5-8] 보기에서 알맞은 어휘를 골라 우리말 뜻에 맞게 빈칸을 채우세요.

ⓐ registration   ⓑ accommodate   ⓒ review   ⓓ inform   ⓔ enclosed

5. 구직 신청서를 **검토하다** _____ job applications

6. **동봉된** 설문조사를 작성하다 complete the _____ survey

7. 300명의 손님을 **수용하다** _____ up to 300 guests

8. **등록**비를 지불하다 pay a _____ fee

[9-12] 빈칸에 알맞은 어휘를 고르세요.

9. The bag is too small to (ⓐ fit / ⓑ donate) all of the supplies.

10. Can we (ⓐ commence / ⓑ extend) the deadline for this project?

11. Please keep your (ⓐ receipt / ⓑ issue) as proof of purchase.

12. We are (ⓐ occurring / ⓑ seeking) a qualified candidate to fill this position.

정답   1. ⓒ   2. ⓐ   3. ⓓ   4. ⓑ   5. ⓒ   6. ⓔ   7. ⓑ   8. ⓐ   9. ⓐ   10. ⓑ   11. ⓐ   12. ⓑ

ETS. TOEIC.

토익 단기공략
첫걸음

LC **RC** **VO CA**

정답과 해설

LC | Part 1

Day 01 인물 사진

🔵 1인 사진

Check Up | 본책 p.020

M-Au

(A) He's holding a box. [O / X]
남자가 상자를 들고 있다.

(B) He's reaching for a shelf. [O / X]
남자가 선반을 향해 손을 뻗고 있다.

| 해설 | **1인 사진 - 실내**
(A) 정답: 남자가 상자를 들고 있는(is holding a box) 모습이므로 정답이다.
(B) 동작 묘사 오답: 사진에 선반이 보이지만, 남자가 선반을 향해 손을 뻗고 있는(is reaching for) 모습이 아니다.

| 어휘 | shelf 선반

Check Up | 본책 p.021

1 carrying **2** looking **3** wearing **4** pointing

🔵 2인 이상 사진

Check Up | 본책 p.022

W-Am

(A) The women are wearing glasses. [O / X]
여자들이 안경을 쓰고 있다.

(B) One woman is answering a phone. [O / X]
한 여자가 전화를 받고 있다.

| 해설 | **2인 이상 사진 - 사무실**
(A) 정답: 사진에 등장하는 여자들이 모두 안경을 쓰고 있는(are wearing glasses) 상태이므로 정답이다.
(B) 동작 묘사 오답: 여자들 중 누구도 전화를 받고 있지(is answering a phone) 않다.

Check Up | 본책 p.023

1 greeting **2** serving **3** handing **4** boarding

🅣 토익 감각 익히기

본책 p.024

1 (B)   **2** (A)   **3** (A)

1

W-Am

(A) She's putting on a necklace.
(B) She's holding a newspaper.

(A) 여자가 목걸이를 목에 거는 중이다.
(B) 여자가 신문을 들고 있다.

| 해설 | **1인 사진 - 실내**
(A) 동작 묘사 오답: 여자가 목걸이를 이미 착용한 상태이며, 목걸이를 걸고 있는(is putting on a necklace) 동작이 아니다.
(B) 정답: 여자가 손에 신문을 들고 있는(is holding a newspaper) 모습이므로 정답이다.

| 어휘 | necklace 목걸이

2

W-Am

(A) They're looking at a sign.
(B) One of the people is cleaning the street.

(A) 사람들이 표지판을 보고 있다.
(B) 사람들 중 한 명이 길을 청소하고 있다.

| 해설 | **2인 이상 사진 - 길가**
(A) 정답: 두 사람이 표지판을 보고 있는(are looking at a sign) 모습이므로 정답이다.
(B) 동작 묘사 오답: 사진에 길(the street)은 보이지만 길을 청소하고 있는(is cleaning the street) 것이 아니다.

| 어휘 | sign 표지판

3

M-Cn

(A) A woman is <u>pointing</u> to a chart.

(B) Some people are <u>shaking</u> hands.

(A) 여자가 차트를 가리키고 있다.
(B) 몇몇 사람들이 악수하고 있다.

| 해설 | **2인 이상 사진 - 사무실**
(A) 정답: 여자가 차트를 손으로 가리키고 있는(is pointing to a chart) 모습이므로 정답이다.
(B) 동작 묘사 오답: 두 사람이 악수를 하고 있는(are shaking hands) 것이 아니다.

| 어휘 | chart 차트

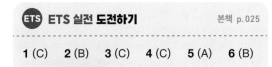
ETS ETS 실전 **도전하기**　　　　본책 p.025

| **1** (C) | **2** (B) | **3** (C) | **4** (C) | **5** (A) | **6** (B) |

1

W-Am

(A) She's running in a park.

(B) She's putting on boots.

(C) She's pushing a wheelbarrow.

(D) She's filling a bucket.

(A) 여자가 공원에서 달리고 있다.
(B) 여자가 부츠를 신는 중이다.
(C) **여자가 손수레를 밀고 있다.**
(D) 여자가 양동이를 채우고 있다.

| 해설 | **1인 사진 - 정원**
(A) 동작 묘사 오답: 공원에서(in a park) 여자가 달리고 있는(is running) 것이 아니다.
(B) 동작 묘사 오답: 여자가 부츠(boots)를 신고 있는(putting on) 동작이 아니다.
(C) 정답: 여자가 손수레를 밀고 있는(is pushing a wheelbarrow) 모습이므로 정답이다.
(D) 동작 묘사 오답: 사진에 양동이(a bucket)가 보이지만, 채우고 있는(is filling) 것이 아니다.

| 어휘 | wheelbarrow 손수레　fill 채우다　bucket 양동이

2

M-Cn

(A) He's opening a package.

(B) He's reading a document.

(C) He's making photocopies.

(D) He's holding a pile of books.

(A) 남자가 상자를 열고 있다.
(B) **남자가 서류를 읽고 있다.**
(C) 남자가 복사를 하고 있다.
(D) 남자가 책 한 무더기를 들고 있다.

| 해설 | **1인 사진 - 사무실**
(A) 동작 묘사 오답: 사진에 상자(a package)가 보이지만 남자가 열고 있는(is opening) 것이 아니다.
(B) 정답: 남자가 서류를 읽고 있는(is reading a document) 모습이므로 정답이다.
(C) 동작 묘사 오답: 남자가 복사를 하고 있는(is making photocopies) 것이 아니다.
(D) 동작 묘사 오답: 남자가 책을 들고 있는(is holding a pile of books) 것이 아니다.

| 어휘 | package 상자, 포장　make a photocopy 복사하다
a pile of 한 무더기의

3

M-Au

(A) They're drinking from water bottles.

(B) They're resting by a tree.

(C) They're wearing helmets.

(D) They're fixing some bicycles.

(A) 사람들이 물병에 든 물을 마시고 있다.
(B) 사람들이 나무 옆에서 쉬고 있다.
(C) **사람들이 헬멧을 쓰고 있다.**
(D) 사람들이 자전거를 수리하고 있다.

| 해설 | **2인 이상 사진 - 실외**
(A) 동작 묘사 오답: 사람들이 물을 마시고 있는(are drinking) 것이 아니다.
(B) 동작 묘사 오답: 사람들이 쉬고 있는(are resting) 것이 아니다.
(C) 정답: 사람들이 헬멧을 착용한(are wearing helmets) 상태이므로 정답이다.
(D) 동작 묘사 오답: 사진에 자전거(some bicycles)가 보이지만 사람들이 자전거를 수리하고 있는(are fixing) 것이 아니다.

| 어휘 | rest 쉬다, 휴식을 취하다　fix 수리하다

4
W-Am

(A) A man is closing the top of a copy machine.
(B) A man is installing some tiles.
(C) A woman is handing some paper to a man.
(D) A woman is putting on a sweater.

(A) 남자가 복사기 커버를 닫고 있다.
(B) 남자가 타일을 깔고 있다.
(C) 여자가 남자에게 종이를 건네고 있다.
(D) 여자가 스웨터를 입는 중이다.

| 해설 | 2인 이상 사진 - 사무실
(A) 동작 묘사 오답: 사진에 복사기 커버(the top of a copy machine)가 보이지만 남자가 닫고 있는(is closing) 것이 아니다.
(B) 동작 묘사 오답: 사진에 타일(some tiles)이 보이지만 남자가 타일을 깔고 있는(is installing) 것이 아니다.
(C) 정답: 여자가 남자에게 종이를 건네고 있는(is handing some paper) 모습이므로 정답이다.
(D) 동작 묘사 오답: 여자가 스웨터를 입고 있는 상태이며, 입고 있는(is putting on a sweater) 동작이 아니다.

| 어휘 | copy machine 복사기 install 설치하다, 설비하다 hand 건네주다

5
W-Br

(A) The woman is using a ladder.
(B) The woman is lifting a container.
(C) The woman is pushing a cart.
(D) The woman is placing some tools in a box.

(A) 여자가 사다리를 사용하고 있다.
(B) 여자가 그릇을 들어올리고 있다.
(C) 여자가 카트를 밀고 있다.
(D) 여자가 상자에 공구를 넣고 있다.

| 해설 | 1인 사진 - 실내
(A) 정답: 여자가 사다리를 사용하고 있는(is using a ladder) 모습이므로 정답이다.
(B) 동작 묘사 오답: 사진에 그릇(a container)이 보이지만 들어올리고 있는(is lifting) 것이 아니다.
(C) 사진에 없는 명사 사용 오답: 사진에 카트(a cart)가 보이지 않는다.
(D) 사진에 없는 명사 사용 오답: 사진에 상자(a box)가 보이지 않는다.

| 어휘 | ladder 사다리 container 용기, 그릇 place 놓다, 두다

6
M-Cn

(A) The women are shaking hands.
(B) The women are facing each other.
(C) One of the women is sipping from a cup.
(D) One of the women is stapling a document.

(A) 여자들이 악수를 하고 있다.
(B) 여자들이 서로 마주보고 있다.
(C) 여자 중 한 명이 컵 속 음료를 조금씩 마시고 있다.
(D) 여자 중 한 명이 서류를 스테이플러로 찍고 있다.

| 해설 | 2인 이상 사진 - 사무실
(A) 동작 묘사 오답: 여자들이 악수를 하고 있는(are shaking hands) 것이 아니다.
(B) 정답: 여자들이 서로 마주보고 있는(are facing each other) 모습이므로 정답이다.
(C) 동작 묘사 오답: 사진에 컵(a cup)은 보이지만 여자가 마시고 있는(is sipping) 것이 아니다.
(D) 동작 묘사 오답: 사진에 스테이플러가 보이지만 여자가 서류를 찍고 있는(is stapling a document) 것이 아니다.

| 어휘 | sip 조금씩 마시다 staple 스테이플러로 고정하다

Day 02 사물·풍경 및 혼합 사진

🔘 사물 · 풍경 사진

Check Up | 본책 p.026

M-Am

(A) There are railings in front of the doors. [O / X]
출입구 앞에 난간이 있다.
(B) There's a window between the two doors. [O / X] 두 출입구 사이에 창문이 있다.

| 해설 | 사물 사진 - 건물
(A) 정답: 난간(railings)이 출입구 앞에(in front of the doors) 있는 모습이므로 정답이다.
(B) 위치 묘사 오답: 창문이 두 출입구 사이(between the two doors)에 있는 것이 아니다.

| 어휘 | railing 난간

Check Up | 본책 p.027

1 along 2 next to 3 against 4 in front of

🔵 사물·풍경/사람 혼합 사진

Check Up | 본책 p.028

M-Au

(A) A waiter is writing on a notepad. [O / X]
웨이터가 메모지에 적고 있다.

(B) Some food is being carried on a tray. [O / X]
음식이 쟁반에 담겨 운반되고 있다.

| 해설 | **인물·사물 혼합 사진 - 식당**
(A) 정답: 사진에 웨이터로 보이는 남자가 메모지에 필기를
하는(writing on a notepad) 모습이므로 정답이다.
(B) 사진에 없는 명사 사용 오답: 사진에 음식(Some food)과 쟁반(a
tray)이 보이지 않는다.

| 어휘 | notepad 메모지   tray 쟁반

Check Up | 본책 p.029

1 planted   2 stacked   3 parked   4 hanging

ⓣ 토익 감각 익히기

본책 p.030

1 (B)   **2** (A)   **3** (B)

1

W-Am

(A) There's a lamp between the plants.
(B) There are two sofas in the corner of the room.

(A) 식물 사이에 램프가 있다.
(B) 방 구석에 소파 두 개가 있다.

| 해설 | **사물 사진 - 거실**
(A) 위치 묘사 오답: 램프(a lamp)가 탁자 위에 놓인 모습으로
식물 사이(between the plants)에 있는 것이 아니다.
(B) 정답: 소파 두 개(two sofas)가 방 구석에(in the corner of
the room) 놓여 있는 모습으로 정답이다.

| 어휘 | lamp 램프, 전등   corner 구석, 모퉁이

2

W-Am

(A) Some women are drinking from cups.
(B) Some curtains are being opened.

(A) 몇몇 여자들이 컵으로 마시고 있다.
(B) 커튼이 걷히고 있다.

| 해설 | **인물·사물 혼합 사진 - 실내**
(A) 정답: 여자들이 컵으로 마시고 있는(are drinking from
cups) 모습이므로 정답이다.
(B) 진행 상황 묘사 오답: 현재 커튼이 걷히고 있는(are being
opened) 상황이 아니다.

| 어휘 | curtain 커튼

3

M-Au

(A) Some glasses have been placed on a tray.
(B) Some baskets are filled with fruit.

(A) 몇 개의 유리잔이 쟁반 위에 놓여 있다.
(B) 몇 개의 바구니가 과일로 채워져 있다.

| 해설 | **사물 사진 - 실내**
(A) 사진에 없는 명사 사용 오답: 사진에 유리잔(Some
glasses)이 보이지 않는다.
(B) 정답: 바구니에 과일이 채워져 있는(are filled with fruit)
모습이므로 정답이다.

| 어휘 | glass 유리컵   tray 쟁반   basket 바구니

ⒺⓉⓈ ETS 실전 도전하기

본책 p.031

1 (C)   **2** (C)   **3** (B)   **4** (D)   **5** (B)   **6** (B)

1

W-Am

(A) The building is under construction.
(B) A flower pot has been placed on the table.
(C) There's a place to sit outside the building.
(D) The doors and windows are all wide open.

(A) 건물이 공사 중이다.
(B) 화분이 탁자 위에 놓여 있다.
(C) 건물 밖에 앉을 곳이 있다.
(D) 문과 창문이 모두 활짝 열려 있다.

| 해설 | 사물 사진 - 건물

(A) 진행 상황 묘사 오답: 사진은 다 지어진 건물(The building)이며 공사 중(under construction)인 상황이 아니다.
(B) 위치 묘사 오답: 화분(A flower pot)이 바닥 위에 놓여 있으며, 탁자 위(on the table)에 놓여 있는 것이 아니다.
(C) 정답: 건물 밖에(outside the building) 의자가 놓여 있어 앉을 곳(a place to sit)이 있는 모습이므로 정답이다.
(D) 사물 상태 오답: 문과 창문(The doors and windows)이 모두 활짝 열려 있는(all wide open) 것이 아니라 닫혀져 있는 상태이다.

| 어휘 | construction 건설, 공사   flower pot 화분   wide 활짝

2

M-Cn

(A) A lawn is being mowed.
(B) A tree is being cut down.
(C) The men are shoveling some soil.
(D) The men are driving a vehicle.

(A) 잔디가 깎이고 있다.
(B) 나무가 베이고 있다.
(C) 남자들이 삽으로 흙을 파고 있다.
(D) 남자들이 차를 운전하고 있다.

| 해설 | 인물·사물 혼합 사진 - 공사 현장

(A) 진행 상황 묘사 오답: 현재 잔디(A lawn)가 깎이고 있는(is being mowed) 상황이 아니다.
(B) 진행 상황 묘사 오답: 사진에 나무(A tree)가 보이지만, 베이고 있는(is being cut down) 상황이 아니다.
(C) 정답: 남자들이 삽으로 흙을 파고 있는(are shoveling some soil) 모습이므로 정답이다.
(D) 동작 묘사 오답: 사진에 차(a vehicle)가 보이지만 운전하고 있는(are driving) 것이 아니다.

| 어휘 | mow 깎다   shovel 삽질하다, 삽으로 파다   soil 토양, 흙 vehicle 차량

3

W-Br

(A) Some shutters are being painted.
(B) Pillows are arranged on chairs.

(C) A stone wall is being repaired.
(D) A table is set for dinner.

(A) 덧문이 칠해지고 있다.
(B) 쿠션들이 의자에 정리되어 있다.
(C) 돌로 된 벽이 수리되고 있다.
(D) 식탁에 저녁이 차려져 있다.

| 해설 | 사물 사진 - 테라스

(A) 진행 상황 묘사 오답: 현재 덧문(Some shutters)이 칠해지고 있는(are being painted) 상황이 아니다.
(B) 정답: 쿠션들(Pillows)이 의자에 정리되어 있는(are arranged on chairs) 모습이므로 정답이다.
(C) 진행 상황 묘사 오답: 돌로 된 벽(A stone wall)이 이미 설치되어 있으며 현재 수리되고 있는(is being repaired) 상황이 아니다.
(D) 사물 상태 오답: 식탁(A table)에 저녁이 차려져 있는(is set for dinner) 상태가 아니다.

| 어휘 | shutter 덧문   pillow 쿠션, 베개   arrange 정리하다, 배열하다   repair 수리하다

4

M-Cn

(A) Some workers are trimming bushes.
(B) Stairs are being swept.
(C) A railing is being installed.
(D) Some people are resting on the steps.

(A) 인부들이 덤불을 다듬고 있다.
(B) 계단이 쓸리고 있다.
(C) 난간이 설치되고 있다.
(D) 사람들 몇 명이 계단에서 쉬고 있다.

| 해설 | 풍경 사진 - 실외

(A) 동작 묘사 오답: 사진에 덤불(bushes)이 보이지만 인부들이 다듬고 있는(are trimming) 것이 아니다.
(B) 진행 상황 묘사 오답: 계단(Stairs)이 현재 쓸리고 있는(are being swept) 상황이 아니다.
(C) 진행 상황 묘사 오답: 난간(A railing)이 이미 설치되어 있으며 현재 설치되고 있는(is being installed) 상황이 아니다.
(D) 정답: 사람들 몇 명(Some people)이 계단에서 쉬고 있는(are resting on the steps) 모습이므로 정답이다.

| 어휘 | trim 다듬다   sweep 쓸다, 청소하다   railing 난간 install 설치하다

5

W-Am

(A) They are standing in an empty field.

(B) They are examining some boxes.

(C) A car is parked in a garage.

(D) Some tree branches are blocking a walkway.

(A) 사람들이 텅 빈 들판에 서 있다.

(B) 사람들이 상자들을 확인하고 있다.

(C) 차가 차고에 주차되어 있다.

(D) 나뭇가지 몇 개가 보도를 막고 있다.

| 해설 | 인물 · 사물 혼합 사진 - 실외

(A) 위치 묘사 오답: 두 사람이 텅 빈 들판에(in an empty field) 서 있는 모습이 아니다.

(B) 정답: 두 사람이 상자들을 확인하고 있는(are examining some boxes) 모습이므로 정답이다.

(C) 사진에 없는 명사 사용 오답: 사진에 차고(a garage)가 보이지 않는다.

(D) 진행 상황 묘사 오답: 사진에 보도(walkway)가 보이지만 나뭇가지가 보도를 막고 있는(are blocking a walkway) 상황이 아니다.

| 어휘 | examine 조사하다, 검토하다   garage 차고   block 막다   walkway 통로, 보도

6

M-Au

(A) The women are opening some windows.

(B) The women are looking at a document.

(C) Some bags have been placed under a bench.

(D) A walkway is covered with leaves.

(A) 여자들이 창문을 열고 있다.

(B) 여자들이 서류를 보고 있다.

(C) 가방들이 벤치 아래 놓여 있다.

(D) 보도가 나뭇잎으로 덮여 있다.

| 해설 | 인물 · 사물 혼합 사진 - 실외

(A) 동작 묘사 오답: 여자들이 창문을 열고 있는(are opening some windows) 모습이 아니다.

(B) 정답: 여자들이 서류를 보고 있는(are looking at a document) 모습이므로 정답이다.

(C) 위치 묘사 오답: 가방들(Some bags)이 벤치 위에 놓여 있는 모습으로 벤치 아래에(under a bench) 놓여 있는 것이 아니다.

(D) 사물 상태 오답: 보도(A walkway)가 나뭇잎으로 덮여 있는(is covered with leaves) 상태가 아니다.

| 어휘 | place 놓다, 두다   be covered with ~로 뒤덮이다

LC | Part 2

PART 2

Day 03 Who / When / Where 의문문

🔘 Who 의문문

Check Up | 본책 p.035

(A) O (B) X (C) O (D) X

Q Who's the head of the security office?
경비실 책임자가 누구죠?

(A) I don't work here. (O)
저는 여기서 일하지 않는데요.

(B) We have a secure Web site. (X)
저희는 안전한 웹사이트를 가지고 있어요.

(C) I think it's Mr. Han. (O)
한 씨인 것 같은데요.

(D) Yes, it is Ms. Samantha. (X)
네, 사만다 씨입니다.

해설 | 책임자를 묻는 Who 의문문

(A) 정답: 경비실 책임자가 누군지를 묻는 질문에 '여기서 일하지 않는다(I don't work here)'고 우회적으로 답변한 정답이다.

(B) 파생어 오답: 질문의 security와 파생어 관계인 secure를 이용한 오답이다.

(C) 정답: 경비실 책임자가 누군지를 묻는 질문에 한 씨(Mr. Han)라는 특정인을 언급하고 있으므로 정답이다.

(D) Yes / No 대답 불가 오답: 의문사 의문문에 Yes / No로 답변한 오답이다.

| 어휘 | head 책임자   security 보안

🔘 When 의문문

Check Up | 본책 p.036

(A) O (B) X (C) X (D) O

Q When does this seminar begin?
이 세미나는 언제 시작하죠?

(A) In five minutes. (O)
5분 후에요.

(B) The new training program. (X)
새 교육 프로그램이에요.

(C) Just down the hall. (X)
복도 아래쪽에요.

(D) I'm not sure. (O)
잘 모르겠어요.

| 해설 | 시작 시간을 묻는 When 의문문

(A) 정답: 세미나 시작 시간을 묻는 질문에 '5분 후(In five minutes)'라고 특정 시간으로 답하고 있으므로 정답이다.

(B) 연상 작용 오답: 질문의 seminar에서 연상 가능한 training program을 이용한 오답이다.

(C) 관련 없는 오답: 위치를 묻는 Where 의문문에 가능한 답변이다.

(D) 정답: 세미나 시작 시간을 묻는 질문에 '잘 모르겠다(I'm not sure)'고 우회적으로 답변한 정답이다.

| 어휘 | down the hall 복도 아래쪽에

ⓔ Where 의문문

Check Up | 본책 p.037

(A) O (B) O (C) X (D) X

Q Where did you put the tool kit?
공구함을 어디에 두었어요?

(A) In the cabinet. (O)
캐비닛에요.

(B) Amanda took it this morning. (O)
오늘 아침에 아만다가 가져갔어요.

(C) It doesn't fit. (X)
그것은 맞지 않아요.

(D) On Monday. (X)
월요일이에요.

| 해설 | 장소를 묻는 Where 의문문

(A) 정답: 공구함을 둔 장소를 묻는 질문에 '캐비닛에(In the cabinet)'라는 구체적인 위치로 답하고 있으므로 정답이다.

(B) 정답: 공구함을 둔 장소를 묻는 질문에 '오늘 아침에 아만다가 가져갔다(Amanda took it this morning)'고 우회적으로 답변한 정답이다.

(C) 유사 발음 오답: 질문의 kit와 발음이 유사한 fit를 이용한 오답이다.

(D) 관련 없는 오답: 시간을 묻는 When 의문문에 가능한 답변이다.

| 어휘 | tool kit 연장통, 공구함 fit (모양, 크기가) 맞다

ⓣ 토익 감각 익히기
본책 p.038

1 (B) **2** (B) **3** (A) **4** (A) **5** (B) **6** (A)

1 (M-Cn) (W-Am)
Who updated these security procedures?
(A) Yes, on March seventh.
(B) I think it was Megumi.

이 보안 절차는 누가 업데이트했나요?
(A) 네, 3월 7일에요.
(B) 메구미였던 것 같아요.

| 해설 | 특정인을 묻는 Who 의문문

(A) Yes/No 대답 불가 오답: 의문사 의문문에 Yes/No로 답변한 오답이다.

(B) 정답: Who 의문문에 구체적인 이름(Megumi)으로 답하고 있으므로 정답이다.

| 어휘 | procedure 절차

2 (M-Cn) (W-Br)
Where can I find a list of job openings?
(A) The supervisor position.
(B) They're posted on our Web site.

구인 목록을 어디서 볼 수 있죠?
(A) 관리자 직책이요.
(B) 저희 웹사이트에 게시되어 있어요.

| 해설 | 목록 위치를 묻는 Where 의문문

(A) 연상 작용 오답: 질문의 job openings에서 연상 가능한 supervisor position을 이용한 오답이다.

(B) 정답: 구인 목록의 위치를 묻는 질문에 '웹사이트에 게시되어 있다(posted on our Web site)'고 특정 위치로 답하고 있으므로 정답이다.

| 어휘 | job opening 공석, 구인 supervisor 관리자, 감독관 post 게시하다, 공고하다

3 (M-Cn) (W-Br)
When will the press conference take place?
(A) It's on your calendar.
(B) At least two conference centers.

기자 회견은 언제 열리나요?
(A) 당신의 일정표에 있어요.
(B) 최소한 회의장 두 곳이요.

| 해설 | 회견 개최 시점을 묻는 When 의문문

(A) 정답: 기자 회견 개최 시점을 묻는 질문에 '일정표에 있다(It's on your calendar)'고 우회적으로 답변한 정답이다.

(B) 단어 반복 오답: 질문의 conference를 반복 사용한 오답이다.

| 어휘 | press conference 기자 회견 take place 열리다, 개최되다 at least 적어도, 최소한

4 (W-Am) (M-Au)
Where should I save these computer files?
(A) In the project folder.
(B) After the update.

이 컴퓨터 파일들을 어디에 저장해야 하나요?
(A) 프로젝트 폴더에요.
(B) 업데이트 후에요.

| 해설 | **파일 저장 위치를 묻는 Where 의문문**

(A) 정답: 컴퓨터 파일들의 저장 위치를 묻는 질문에 '프로젝트 폴더 안에(In the project folder)'라는 구체적인 위치로 답하고 있으므로 정답이다.

(B) 연상 작용 오답: 질문의 computer files에서 연상 가능한 update를 이용한 오답이다.

| 어휘 | save 저장하다

---

5 (M-Cn) (W-Br)

Who <u>drove</u> you to the airport?
(A) An overnight flight.
(B) Maria did.

누가 공항까지 데려다 줬나요?
(A) 야간 비행이요.
(B) 마리아가요.

| 해설 | **특정인을 묻는 Who 의문문**

(A) 연상 작용 오답: 질문의 airport에서 연상 가능한 overnight flight를 이용한 오답이다.

(B) 정답: Who 의문문에 구체적인 이름(Maria)으로 답하고 있으므로 정답이다.

| 어휘 | drive 태워다 주다   overnight 야간의

---

6 (W-Br) (W-Am)

When is the grand-opening <u>ceremony</u>?
(A) It's tomorrow evening.
(B) A new shopping mall.

개장식은 언제인가요?
(A) 내일 저녁입니다.
(B) 새로 생긴 쇼핑몰이요.

| 해설 | **시간을 묻는 When 의문문**

(A) 정답: 개장식의 시간을 묻는 질문에 '내일 저녁(tomorrow evening)'이라는 구체적인 시점으로 답하고 있으므로 정답이다.

(B) 연상 작용 오답: 질문의 grand-opening ceremony에서 연상 가능한 shopping mall을 이용한 오답이다.

| 어휘 | grand-opening ceremony 개장식

ETS ETS 실전 도전하기   본책 p.039

| **1** (B) | **2** (A) | **3** (A) | **4** (A) | **5** (B) | **6** (B) |
| **7** (B) | **8** (B) | **9** (C) | **10** (A) | | |

---

1 (W-Am) (M-Cn)

Where's your new office located?
(A) A couple of hours from now.
(B) It's right around the corner.
(C) I don't think he's here today.

새 사무실은 어디에 있어요?
(A) 지금부터 두어 시간 뒤에요.
(B) 모퉁이를 돌면 바로 있어요.
(C) 그는 오늘 여기 없을 것 같아요.

| 해설 | **사무실 위치를 묻는 Where 의문문**

(A) 관련 없는 오답: 시점이나 기간을 묻는 When, How long, How soon 의문문에 가능한 답변이다.

(B) 정답: 새 사무실 위치를 묻는 질문에 '모퉁이를 돌면 있다(It's right around the corner)'고 구체적인 위치로 답하고 있으므로 정답이다.

(C) 인칭 오류 오답: 질문과 관련 없는 제3자 he로 답변하고 있다.

| 어휘 | be located 위치해 있다 a couple of 둘의, 두서너 개의 around the corner 모퉁이를 돈 곳에

---

2 (W-Am) (M-Au)

When is the new restaurant opening?
(A) In late August.
(B) A lunch menu.
(C) That's what I heard.

새 음식점은 언제 문을 여나요?
(A) 8월 말요.
(B) 점심 식사 메뉴요.
(C) 저는 그렇게 들었어요.

| 해설 | **개점 시점을 묻는 When 의문문**

(A) 정답: 새 음식점의 개점 시점을 묻는 질문에 '8월 말(late August)'이라는 구체적인 시점으로 답하고 있으므로 정답이다.

(B) 연상 작용 오답: 질문의 restaurant에서 연상 가능한 lunch menu를 이용한 오답이다.

(C) 관련 없는 오답: 가게 개점 시점을 묻는 질문과 관련 없는 대답이다.

---

3 (M-Cn) (W-Br)

Who ordered food for our lunch meeting?
(A) Our assistant did.
(B) On the first floor, near the lobby.
(C) It was nice to meet them.

점심 회의에 먹을 음식은 누가 주문했죠?
(A) 저희 보조 사원이 했어요.
(B) 1층 로비 근처요.
(C) 만나서 반가웠습니다.

| 해설 | **주문자를 묻는 Who 의문문**

(A) 정답: 주문한 사람을 묻는 질문에 '저희 보조 사원(Our assistant)'이라는 특정인으로 답하고 있으므로 정답이다.

(B) 관련 없는 오답: 위치를 묻는 Where 의문문에 가능한 답변이다.

(C) 파생어 오답: 질문의 meeting과 파생어 관계인 meet를 이용한 오답이다.

| 어휘 | order 주문하다   assistant 조수, 보조원

4 (W-Br) (M-Cn)

When's your doctor's appointment?
(A) On Tuesday at 4:30.
(B) My knee has been bothering me.
(C) At the clinic near my work.

진료 예약 언제예요?
(A) 화요일 4시 30분이요.
(B) 무릎 때문에 신경 쓰이네요.
(C) 직장 근처 병원에서요.

| 해설 | **예약 시간을 묻는 When 의문문**
(A) 정답: 진료 예약 시간을 묻는 질문에 '화요일 4시 30분(Tuesday at 4:30)'이라는 구체적인 시간을 제시하고 있으므로 정답이다.
(B) 연상 작용 오답: 질문의 doctor에서 연상 가능한 knee를 이용한 오답이다.
(C) 연상 작용 오답: 질문의 doctor에서 연상 가능한 clinic을 이용한 오답이며, 위치를 묻는 Where 의문문에 가능한 답변이다.

| 어휘 | appointment 약속   bother 신경 쓰이게 하다, 괴롭히다

5 (W-Br) (M-Cn)

Who made this documentary film?
(A) Two hours long.
(B) A local filmmaker.
(C) At the movie theater.

이 다큐멘터리 영화는 누가 만들었나요?
(A) 두 시간짜리예요.
(B) 지역 영화 제작자가요.
(C) 극장에서요.

| 해설 | **영화 제작자를 묻는 Who 의문문**
(A) 관련 없는 오답: 기간을 묻는 How long 의문문에 가능한 답변이다.
(B) 정답: 영화 제작자가 누군지를 묻는 질문에 '지역 영화 제작자(A local filmmaker)'라고 특정인으로 답하고 있으므로 정답이다.
(C) 연상 작용 오답: 질문의 film에서 연상 가능한 movie theater를 이용한 오답이다.

| 어휘 | local 지역의, 현지의   filmmaker 영화 제작자

6 (W-Br) (M-Cn)

Where should I sign this form?
(A) After you've read it carefully.
(B) At the bottom of page seven.
(C) Please use black ink.

이 양식 어디에 서명해야 하죠?
(A) 꼼꼼히 읽으신 후에요.
(B) 7페이지 하단에요.
(C) 검은색 잉크를 사용해 주세요.

| 해설 | **서명 위치를 묻는 Where 의문문**
(A) 관련 없는 오답: 시간을 묻는 When 의문문에 가능한 답변이다.
(B) 정답: 양식의 서명 위치를 묻는 질문에 '7페이지 하단(At the bottom of page seven)'이라는 구체적인 위치로 답하고 있으므로 정답이다.
(C) 연상 작용 오답: 질문의 form에서 연상 가능한 black ink를 이용한 오답이다.

| 어휘 | sign a form 양식에 서명하다   bottom 맨 아래

7 (M-Cn) (W-Br)

When will the farmers' market open?
(A) Open the can carefully.
(B) The hours are posted on the Web site.
(C) For five hours.

농산물 직거래 시장은 언제 문을 여나요?
(A) 캔을 조심해서 여세요.
(B) 영업시간은 웹사이트에 게시되어 있어요.
(C) 5시간 동안이요.

| 해설 | **오픈 시간을 묻는 When 의문문**
(A) 단어 반복 오답: 질문의 open을 반복 사용한 오답이다.
(B) 정답: 시장이 문을 여는 시간을 묻는 질문에 '웹사이트에 게시되어 있다(posted on the Web site)'고 우회적으로 답변한 정답이다.
(C) 관련 없는 오답: 기간을 묻는 How long 의문문에 가능한 답변이다.

| 어휘 | carefully 조심스럽게   post 게시하다

8 (W-Br) (M-Cn)

Where did you put the new machine parts?
(A) It's nice and clean.
(B) In the storage closet.
(C) Yes, I finished that step.

새 기계 부품을 어디에 두셨어요?
(A) 깨끗하고 좋네요.
(B) 수납장에요.
(C) 네, 저는 그 단계를 마쳤어요.

| 해설 | **물품 위치를 묻는 Where 의문문**
(A) 연상 작용 오답: 질문의 new에서 연상 가능한 nice와 clean을 이용한 오답이다.
(B) 정답: 부품을 둔 위치를 묻는 질문에 '수납장에(In the storage closet)'라는 구체적인 위치로 답하고 있으므로 정답이다.
(C) Yes/No 대답 불가 오답: 의문사 의문문에 Yes/No로 답변한 오답이다.

| 어휘 | parts 부품   storage 보관, 저장   step 단계

9 (M-Au) (W-Br)

Who's leading the orientation today?

(A) A book recommendation.

(B) Three or four, I think.

(C) It takes place tomorrow.

오늘 누가 오리엔테이션을 진행하나요?
(A) 책 추천이요.
(B) 3~4개 정도인 것 같아요.
(C) 내일 열립니다.

| 해설 | **진행자를 묻는 Who 의문문**
(A) 유사 발음·연상 작용 오답: 질문의 lead와 유사한 발음 read를 이용하고, read에서 연상 가능한 book을 이용한 오답이다.
(B) 관련 없는 오답: 수량을 묻는 How many 의문문에 가능한 답변이다.
(C) 정답: 오늘 오리엔테이션 진행자를 묻는 질문에 '내일 열린다(takes place tomorrow)'며 잘못 알고 있는 정보를 바로 잡아주는 동시에 진행자가 누구인지 잘 모른다는 말을 우회적으로 답변한 정답이다.

| 어휘 | **lead** 이끌다　**recommendation** 추천　**take place** 일어나다, 열리다

10 (M-Cn) (W-Br)

Where's my briefcase?

(A) Have you checked under the desk?

(B) It shouldn't be much longer.

(C) No, it's brand new.

제 서류 가방이 어디 있죠?
(A) 책상 아래를 확인해봤나요?
(B) 많이 오래 걸리지는 않을 거예요.
(C) 아뇨, 그것은 신상품이에요.

| 해설 | **가방을 둔 위치를 묻는 Where 의문문**
(A) 정답: 서류 가방의 위치를 묻는 질문에 '책상 아래를 확인해봤는지(checked under the desk)'를 되묻고 있으므로 정답이다.
(B) 관련 없는 오답: 기간을 묻는 How long 의문문에 가능한 답변이다.
(C) Yes/No 대답 불가 오답: 의문사 의문문에 Yes/No로 답변한 오답이다.

| 어휘 | **briefcase** 서류 가방　**brand new** 신품인

Day 04　What·Which / Why / How 의문문

● What·Which 의문문

Check Up | 본책 p.041

(A) X　(B) X　(C) O　(D) O

Q What time does the ticket office open?

매표소는 몇 시에 열죠?

(A) The ticket on the table? (X)
탁자 위에 있는 티켓이요?

(B) Fifteen dollars. (X)
15달러요.

(C) Check the Web site. (O)
웹사이트를 확인해 보세요.

(D) At nine o'clock. (O)
9시에요.

| 해설 | **오픈 시간을 묻는 What 의문문**
(A) 단어 반복 오답: 질문의 ticket을 반복 사용한 오답이다.
(B) 관련 없는 오답: 금액을 묻는 How much 의문문에 가능한 답변이다.
(C) 정답: 매표소 오픈 시간을 묻는 질문에 '웹사이트를 확인해 보라(Check the Web site)'고 우회적으로 답변한 정답이다.
(D) 정답: 시간을 묻는 What time 의문문에 '9시(At nine o'clock)'라는 구체적인 시간으로 답하고 있으므로 정답이다.

| 어휘 | **ticket office** 매표소

● Why 의문문

Check Up | 본책 p.042

(A) O　(B) X　(C) X　(D) O

Q Why did you move to Melbourne?

왜 멜버른으로 이사했나요?

(A) Because I got a new job. (O)
새 일자리를 구해서요.

(B) A while ago. (X)
얼마 전에요.

(C) I take a bus every day. (X)
저는 매일 버스를 타요.

(D) A lot of my friends live there. (O)
제 친구들이 거기 많이 살아요.

| 해설 | **이사 이유를 묻는 Why 의문문**
(A) 정답: 이사 이유를 묻는 질문에 '새 일자리를 구해서(Because I got a new job)'라는 이유를 제시하고 있으므로 정답이다.
(B) 관련 없는 오답: 시간을 묻는 When 의문문에 가능한 답변이다.
(C) 연상 작용 오답: 질문의 move에서 연상 가능한 take a bus를 이용한 오답이다.
(D) 정답: 이사 이유를 묻는 질문에 '친구들이 거기 많이 살아서(A lot of my friends live there)'라는 이유를 제시하고 있으므로 정답이다.

| 어휘 | **move** 이사하다　**a while ago** 조금 전에

⊙ How 의문문

Check Up | 본책 p.043

> (A) X (B) O (C) O (D) X

Q How many job applicants do we have?
지원자가 얼마나 되죠?

(A) A longer interview. (X)
더 오래 걸리는 인터뷰예요.

(B) There are three candidates so far. (O)
지금까지 지원자가 세 명이에요.

(C) You'd better ask Mr. Sidom. (O)
사이덤 씨에게 물어보시는 게 좋겠어요.

(D) It's for the sales director position. (X)
영업부장 직책이에요.

| 해설 | **지원자 수를 묻는 How many 의문문**
(A) 연상 작용 오답: 질문의 job applicants에서 연상 가능한 interview를 이용한 오답이다.
(B) 정답: 지원자 수를 묻는 질문에 '세 명(three candidates)'이라는 구체적인 숫자로 답하고 있으므로 정답이다.
(C) 정답: 지원자 수를 묻는 질문에 '사이덤 씨에게 물어보라(ask Mr. Sidom)'고 우회적으로 답변한 정답이다.
(D) 연상 작용 오답: 질문의 job applicants에서 연상 가능한 sales director position을 이용한 오답이다.

| 어휘 | **job applicant** 구직자, 취업 지원자 **candidate** 후보자, 지원자 **had better** ~하는 편이 낫다

Ⓣ 토익 감각 익히기

본책 p.044

1 (B) **2** (A) **3** (B) **4** (B) **5** (B) **6** (A)

1 (W-Am) (W-Br)

Why do you want to return the radio?
(A) Where should I turn?
(B) Because it doesn't work.

라디오를 왜 반품하고 싶으세요?
(A) 제가 어디에서 돌아야 할까요?
(B) 작동이 안 돼서요.

| 해설 | **반품 이유를 묻는 Why 의문문**
(A) 유사 발음 오답: 질문의 return과 부분적으로 발음이 비슷한 turn을 사용한 오답이다.
(B) 정답: 라디오 반품 이유를 묻는 질문에 '작동이 안 돼서 (Because it doesn't work)'라고 구체적인 이유로 답하고 있으므로 정답이다.

| 어휘 | **return** 돌려주다, 반납하다

2 (M-Cn) (W-Am)

What kind of juice would you like?
(A) Orange, please.
(B) Yes, I'd love one.

어떤 종류의 주스를 원하세요?
(A) 오렌지로 주세요.
(B) 네, 하나 할게요.

| 해설 | **주스 종류를 묻는 What 의문문**
(A) 정답: 원하는 주스 종류를 묻는 질문에 '오렌지(Orange)'라고 구체적으로 답하고 있으므로 정답이다.
(B) Yes/No 대답 불가 오답: 의문사 의문문에 Yes/No로 답변한 오답이다.

| 어휘 | **kind** 종류

3 (W-Am) (M-Cn)

How long will the outdoor festival last?
(A) It's about twelve meters.
(B) Let's check the flyer.

야외 축제는 얼마 동안 계속될까요?
(A) 약 12미터요.
(B) 전단을 확인해 봅시다.

| 해설 | **축제 기간을 묻는 How long 의문문**
(A) 연상 작용 오답: 질문의 How long을 길이를 묻는 것으로 혼동하여 '12미터(twelve meters)'라고 답한 오답이다.
(B) 정답: 축제 기간을 묻는 질문에 '전단을 확인해보자(check the flyer)'고 우회적으로 답변한 정답이다.

| 어휘 | **outdoor** 야외의 **festival** 축제 **last** 지속되다

4 (M-Au) (W-Am)

What's your dinner special today?
(A) No, I haven't been there.
(B) Coconut chicken and rice.

오늘 저녁 특선은 뭐죠?
(A) 아니요, 가 본 적 없어요.
(B) 코코넛 치킨과 밥입니다.

| 해설 | **특선 메뉴를 묻는 What 의문문**
(A) Yes/No 대답 불가 오답: 의문사 의문문에 Yes/No로 답변한 오답이다.
(B) 정답: 저녁 특선을 묻는 질문에 '코코넛 치킨과 밥(Coconut chicken and rice)'이라고 구체적인 메뉴를 제시하고 있으므로 정답이다.

| 어휘 | **have been (to)** ~에 가 본 적이 있다

5 (W-Br) (M-Au)

Which bus stop is closest to your job?
(A) Yes, that's the address.
(B) The one on William Street.

직장에서 가장 가까운 버스 정류장은 어디인가요?

(A) 네, 그것이 주소입니다.

(B) 윌리엄 가에 있는 것이요.

| 해설 | **가까운 버스 정류장을 묻는 Which 의문문**

(A) Yes / No 대답 불가 오답: 의문사 의문문에 Yes / No로 답변한 오답이다.

(B) 정답: 가까운 버스 정류장을 묻는 질문에 '윌리엄 가에 있는 것(The one on William Street)'이라고 구체적으로 답하고 있으므로 정답이다.

| 어휘 | address 주소

6 (W-Am) (M-Cn)

How did you hear about our company?

(A) I read about it online.

(B) Lots of good things.

어떻게 저희 회사를 알게 되셨나요?

(A) 온라인에서 읽었어요.

(B) 수많은 장점이요.

| 해설 | **알게 된 경로를 묻는 How 의문문**

(A) 정답: 회사를 알게 된 경로를 묻는 질문에 '온라인에서 읽었다(I read about it online)'고 구체적으로 답하고 있으므로 정답이다.

(B) 연상 작용 오답: 질문의 How ~ about our company에서 의견을 묻는 것으로 혼동하여 연상 가능한 good things를 이용한 오답이다.

ETS ETS 실전 **도전하기**   본책 p. 045

| 1 (C) | 2 (A) | 3 (A) | 4 (C) | 5 (B) | 6 (A) |
| 7 (A) | 8 (C) | 9 (C) | 10 (B) | | |

1 (M-Au) (W-Am)

How was the trade show?

(A) What channel is it on?

(B) Yes, we can trade seats.

(C) It was really good.

무역 박람회는 어땠나요?

(A) 어떤 채널에서 방영되나요?

(B) 네, 우리는 자리를 서로 바꿀 수 있어요.

(C) 정말 좋았어요.

| 해설 | **의견을 묻는 How 의문문**

(A) 연상 작용 오답: 질문의 show에서 연상 가능한 channel을 이용한 오답이다.

(B) Yes / No 대답 불가 오답: 의문사 의문문에 Yes / No로 답변한 오답이다.

(C) 정답: 무역 박람회에 대한 의견을 묻는 질문에 '정말 좋았다(really good)'고 구체적으로 의견을 제시하고 있으므로 정답이다.

| 어휘 | trade show 무역 박람회   seat 자리, 좌석

2 (M-Cn) (W-Am)

Which restaurant do you usually go to?

(A) I always bring my own lunch.

(B) No, I don't need it repaired.

(C) Closing in ten minutes.

보통 어느 식당으로 가나요?

(A) 전 항상 점심을 싸 와요.

(B) 아뇨, 그건 수리할 필요가 없어요.

(C) 10분 후 마감이요.

| 해설 | **식당 선택을 묻는 Which 의문문**

(A) 정답: 보통 어느 식당으로 가는지 묻는 질문에 '점심을 싸 온다(bring my own lunch)'고 우회적으로 답변한 정답이다.

(B) Yes / No 대답 불가 오답: 의문사 의문문에 Yes / No로 답변한 오답이다.

(C) 관련 없는 오답: 시간을 묻는 When 의문문에 가능한 답변이다.

| 어휘 | usually 보통, 대개   repair 수리하다

3 (W-Am) (M-Au)

Why did you take a taxi to work today?

(A) My car is being repaired.

(B) In front of company headquarters.

(C) Yes, we work together.

오늘은 왜 택시 타고 출근했어요?

(A) 제 차가 수리 중이거든요.

(B) 본사 앞이요.

(C) 네, 저희는 함께 일해요.

| 해설 | **택시를 탄 이유를 묻는 Why 의문문**

(A) 정답: 오늘 택시를 타고 출근한 이유를 묻는 질문에 '차가 수리 중이라서(My car is being repaired)'라고 구체적인 이유를 제시하고 있으므로 정답이다.

(B) 관련 없는 오답: 장소를 묻는 Where 의문문에 가능한 답변이다.

(C) Yes / No 대답 불가 오답: 의문사 의문문에 Yes / No로 답변한 오답이다.

| 어휘 | repair 수리하다   headquarters 본부, 본사

4 (M-Cn) (W-Am)

Which color do you like better for our logo?

(A) That's not like him.

(B) At the design studio.

(C) I prefer the blue.

어떤 색이 우리 로고에 더 좋을 것 같아요?
(A) 그 사람답지 않아요.
(B) 디자인 스튜디오에서요.
(C) 파란색이 더 좋아요.

| 해설 | **색 선택을 묻는 Which 의문문**
(A) 단어 반복 오답: 질문의 like를 반복 사용한 오답이다.
(B) 연상 작용 오답: 질문의 logo에서 연상 가능한 design을 이용한 오답이다.
(C) 정답: 어떤 색이 좋은지를 묻는 질문에 구체적으로 '파란색(the blue)'이라고 응답하고 있으므로 정답이다.

| 어휘 | prefer 더 좋아하다, 선호하다

5 (M-Cn) (W-Am)
What do you usually do during the afternoon break?
(A) Not for another week.
(B) I go to the coffee shop downstairs.
(C) No, it can be fixed.

오후 쉬는 시간 동안 보통 뭘 하세요?
(A) 1주일 정도 남았어요.
(B) 아래층에 있는 커피숍에 가요.
(C) 아니요, 수리 가능해요.

| 해설 | **하는 일을 묻는 What 의문문**
(A) 관련 없는 오답: 기간을 묻는 How long 의문문에 가능한 답변이다.
(B) 정답: 오후 쉬는 시간 동안 무엇을 하는지를 묻는 질문에 '아래층에 있는 커피숍에 간다(I go to the coffee shop downstairs)'고 구체적으로 답하고 있으므로 정답이다.
(C) Yes / No 대답 불가 오답: 의문사 의문문에 Yes / No로 답변한 오답이다.

| 어휘 | break 휴식, 쉬는 시간 downstairs 아래층에서 fix 수리하다

6 (W-Br) (W-Am)
Why was Elizabeth late this morning?
(A) Because she overslept.
(B) Have a good morning.
(C) In office number eleven.

엘리자베스는 오늘 아침에 왜 늦었습니까?
(A) 그녀가 늦잠을 잤기 때문이지요.
(B) 좋은 아침 되세요.
(C) 11호 사무실에서요.

| 해설 | **늦은 이유를 묻는 Why 의문문**
(A) 정답: 엘리자베스가 오늘 아침에 늦은 이유를 묻는 질문에 '그녀가 늦잠을 잤기 때문(Because she overslept)'이라고 구체적으로 이유를 제시하고 있으므로 정답이다.
(B) 단어 반복 오답: 질문의 morning을 반복 사용한 오답이다.
(C) 관련 없는 오답: 장소를 묻는 Where 의문문에 가능한 답변이다.

| 어휘 | oversleep 늦잠 자다

7 (W-Br) (M-Cn)
What security software do you recommend?
(A) I forget what it's called.
(B) Somewhere with a good view.
(C) The front door is locked.

어떤 보안 소프트웨어를 추천하시나요?
(A) 이름을 잊어버렸어요.
(B) 전망이 좋은 곳이요.
(C) 정문이 잠겨 있어요.

| 해설 | **추천 사항을 묻는 What 의문문**
(A) 정답: 어떤 보안 소프트웨어를 추천하는지를 묻는 질문에 '이름을 잊어버렸다(forgot what it's called)'고 우회적으로 답변한 정답이다.
(B) 연상 작용 오답: 질문의 recommend에서 연상 가능한 a good view를 이용한 오답이다.
(C) 연상 작용 오답: 질문의 security에서 연상 가능한 locked를 이용한 오답이다.

| 어휘 | security 보안 recommend 추천하다 with a good view 전망이 좋은

8 (M-Au) (W-Br)
How much did sales increase this quarter?
(A) Thanks, it was on sale.
(B) At our headquarters.
(C) By twenty percent.

이번 분기 판매량이 얼마나 증가했죠?
(A) 감사합니다. 할인 중이었어요.
(B) 본사에서요.
(C) 20퍼센트요.

| 해설 | **증가된 판매량을 묻는 How much 의문문**
(A) 파생어 오답: 질문의 sales와 파생어 관계인 sale을 이용한 오답이다.
(B) 유사 발음 오답: 질문의 quarter와 부분적으로 발음이 비슷한 headquarters를 사용한 오답이다.
(C) 정답: 이번 분기 판매량이 얼마나 증가했는지 묻는 질문에 '20퍼센트(By twenty percent)'라고 답하고 있으므로 정답이다.

| 어휘 | increase 증가하다 quarter 분기 headquarters 본사

9 (W-Br) (M-Cn)
Why is Irina packing her belongings?
(A) The finance department.
(B) It's all in those boxes.
(C) She's moving to a different office.

이리나는 왜 소지품을 챙기고 있는 거죠?
(A) 재무부서요.
(B) 저 상자들에 다 있어요.
(C) 다른 사무실로 옮기고 있거든요.

| 해설 | 소지품을 챙기는 이유를 묻는 Why 의문문
(A) 관련 없는 오답: 명사구로 답변이 가능한 What 의문문에
가능한 답변이다.
(B) 연상 작용 오답: 질문의 packing에서 연상 가능한 boxes를
이용한 오답이다.
(C) 정답: 이리나가 소지품을 챙기고 있는 이유를 묻는 질문에
'다른 사무실로 옮기고 있다(moving to a different
office)'고 구체적인 이유를 제시하고 있으므로 정답이다.

| 어휘 | pack 싸다, 챙기다   belongings 소지품, 휴대품

10 (W-Am) (W-Br)
How many more people are you hiring?
(A) They rented a car.
(B) About five, I think.
(C) An online job posting.

몇 명이나 더 채용하시나요?
(A) 그들은 차를 빌렸어요.
(B) 다섯 명 정도일 것 같아요.
(C) 온라인 채용 공고요.

| 해설 | 인원 수를 묻는 How many 의문문
(A) 연상 작용 오답: 질문의 people에서 연상 가능한 they를
이용한 오답이다.
(B) 정답: 몇 명을 더 채용하는지를 묻는 질문에 '다섯 명
정도(About five)'라고 구체적인 숫자를 제시하고 있으므로
정답이다.
(C) 연상 작용 오답: 질문의 hiring에서 연상 가능한 job
posting을 이용한 오답이다.

| 어휘 | hire 채용하다   rent 빌리다   job posting 채용 공고

Day 05   일반 / 부정 / 부가 의문문

🔵 일반 의문문

Check Up | 본책 p.047

(A) X (B) X (C) O (D) O

Q Have you tried the pizza here before?
전에 여기서 피자 먹어봤어요?

(A) Extra cheese, please. (X)
치즈를 추가해 주세요.

(B) He was there this morning. (X)
그는 오늘 아침 거기에 있었어요.

(C) Yes, and it's delicious. (O)
네, 맛있어요.

(D) It's my first time. (O)
처음이에요.

| 해설 | 경험 여부를 묻는 조동사(Have) 의문문
(A) 연상 작용 오답: 질문의 pizza에서 연상 가능한 cheese를 이용한
오답이다.
(B) 인칭 오류 오답: 질문과 관련 없는 제3자 He로 답변하고 있다.
(C) 정답: 전에 여기서 피자 먹어봤는지를 묻는 질문에 긍정(Yes)으로
답한 뒤 '맛있다(it's delicious)'고 부연 설명하고 있으므로
정답이다.
(D) 정답: 전에 여기서 피자 먹어봤는지를 묻는 질문에 No를 생략한 채
'처음(my first time)'이라고 우회적으로 답변한 정답이다.

| 어휘 | extra 추가의

🔵 부정 의문문

Check Up | 본책 p.048

(A) O (B) X (C) X (D) O

Q Didn't you buy a car recently?
최근에 차를 사지 않았나요?

(A) No, I don't own a car. (O)
아니요, 저는 차가 없어요.

(B) The parking area out back. (X)
바깥 뒤쪽 주차장이요.

(C) I really like that version. (X)
저는 그 버전이 무척 마음에 들어요.

(D) How did you know that? (O)
어떻게 알았어요?

| 해설 | 사실을 확인하는 부정 의문문
(A) 정답: 최근에 차를 사지 않았냐고 묻는 질문에 부정(No)으로
답한 뒤 '차가 없다(I don't own a car)'고 부연 설명을 덧붙이고
있으므로 정답이다.
(B) 연상 작용 오답: 질문의 car에서 연상 가능한 parking area를
이용한 오답이다.
(C) 관련 없는 오답: 의견을 묻는 What 또는 How 의문문에 가능한
답변이다.
(D) 정답: 최근에 차를 사지 않았냐고 묻는 질문에 Yes를 생략한 채
알게 된 경로를 되묻고 있으므로 정답이다.

| 어휘 | recently 최근에   own 소유하다

🔵 부가 의문문

Check Up | 본책 p.049

(A) O (B) O (C) X (D) X

Q We don't need to bring the ladder outside, do we?
밖으로 사다리를 가져올 필요가 없죠, 그렇죠?

(A) Yes, we probably should. (O)
네, 아마 그래야 할 거예요.

(B) I don't think so. (O)
그럴 것 같지 않은데요.

(C) About two hours ago. (X)
약 두 시간 전요.

(D) The plants in the garden. (X)
정원의 식물이요.

| 해설 | **필요 여부를 묻는 부가 의문문**
(A) 정답: 밖으로 사다리를 가져올 필요가 있는지를 묻는 질문에 긍정(Yes)으로 답한 뒤 '아마 그래야 할 것(we probably should)'이라고 의견을 내고 있으므로 정답이다.
(B) 정답: 밖으로 사다리를 가져올 필요가 있는지를 묻는 질문에 '그럴 것 같지 않다(I don't think so)'고 부정 응답을 했으므로 정답이다.
(C) 관련 없는 오답: 시간을 묻는 When 의문문에 가능한 답변이다.
(D) 연상 작용 오답: 질문의 outside에서 연상 가능한 plants, garden을 이용한 오답이다.

| 어휘 | ladder 사다리 probably 아마

T 토익 감각 익히기   본책 p.050

1 (A) 2 (B) 3 (A) 4 (A) 5 (B) 6 (A)

1 (W-Am) (M-Cn)

Have you seen my car keys?
(A) Yes, they're on the meeting room table.
(B) I own that car model, too.

제 자동차 열쇠 보셨어요?
(A) 네, 회의실 탁자 위에 있어요.
(B) 나도 그 자동차 모델을 가지고 있어요.

| 해설 | **열쇠를 봤는지 묻는 조동사(Have) 의문문**
(A) 정답: 자동차 열쇠를 봤는지를 묻는 질문에 긍정(Yes)으로 답한 뒤, '회의실 탁자 위(on the meeting room table)'라고 구체적인 위치 정보를 제시하고 있으므로 정답이다.
(B) 단어 반복 오답: 질문의 car를 반복 사용한 오답이다.

| 어휘 | own 소유하다

2 (M-Cn) (W-Am)

The train hasn't left yet, has it?
(A) Yes, we have some leftovers.
(B) No, you've got five minutes!

기차는 아직 출발하지 않았죠, 그렇죠?
(A) 네, 남은 음식이 좀 있어요.
(B) 아니에요, 시간이 5분 있어요!

| 해설 | **출발 여부를 확인하는 부가 의문문**
(A) 유사 발음 오답: 질문의 left와 부분적으로 발음이 비슷한 leftovers를 사용한 오답이다.
(B) 정답: 기차가 출발했는지를 확인하는 질문에 부정(No)으로 답한 뒤 '시간이 5분 있다(got five minutes)'고 추가 정보를 제시하고 있으므로 정답이다.

| 어휘 | leave 출발하다, 떠나다 leftover 남은 음식

3 (M-Cn) (W-Am)

Is the air conditioner working in your office?
(A) We just called maintenance.
(B) He works down the hall.

당신 사무실에 에어컨 작동하나요?
(A) 방금 관리실에 전화했어요.
(B) 그는 복도 저쪽에서 일해요.

| 해설 | **에어컨 작동 여부를 묻는 Be동사 의문문**
(A) 정답: 사무실의 에어컨이 작동하는지를 묻는 질문에 '방금 관리실에 전화했다(just called maintenance)'며 에어컨이 작동하고 있지 않다는 말을 우회적으로 답변한 정답이다.
(B) 인칭 오류·단어 반복 오답: 질문과 관련 없는 제3자 He로 답변하고 있으며, 질문의 work를 반복 사용한 오답이다.

| 어휘 | maintenance 유지보수, 관리

4 (M-Au) (W-Am)

Didn't you get my text message?
(A) Yes, and I answered you.
(B) A revised document.

제 문자 메시지를 받지 않았나요?
(A) 네, 답을 보냈어요.
(B) 변경된 문서요.

| 해설 | **사실을 확인하는 부정 의문문**
(A) 정답: 문자 메시지 수령 여부를 확인하는 질문에 긍정(Yes)으로 답한 뒤, '답을 보냈다(I answered you)'고 추가 정보를 제시하고 있으므로 정답이다.
(B) 연상 작용 오답: 질문의 text에서 연상 가능한 document를 이용한 오답이다.

| 어휘 | revised 수정된 document 서류

5 (M-Cn) (W-Am)

You bought the bus tickets, didn't you?
(A) He has a new boss.
(B) Maybe we should take the train.

버스 승차권을 샀죠, 그렇지 않나요?
(A) 그에게 새로운 상사가 생겼어요.
(B) 우린 아마 기차를 타야 할 거예요.

| 해설 | 티켓 구매 여부를 확인하는 부가 의문문
(A) 인칭 오류 · 유사 발음 오답: 질문과 관련 없는 제3자 He로
    답변하고 있으며, 질문의 bus와 발음이 비슷한 boss를
    사용한 오답이다.
(B) 정답: 버스 승차권을 샀는지를 확인하는 질문에 No를 생략한
    채 '기차를 타야 할 것(should take the train)'이라고
    우회적으로 답변한 정답이다.

| 어휘 | boss 상관, 상사

6 (W-Br) (M-Au)
Aren't we taking the same train?
(A) No, mine leaves later.
(B) The dining car is at the back.

우리는 같은 기차를 타지 않나요?
(A) 아니요. 제가 탈 기차가 나중에 출발해요.
(B) 식당칸은 뒤에 있어요.

| 해설 | 사실을 확인하는 부정 의문문
(A) 정답: 같은 기차를 타는지를 묻는 질문에 부정(No)으로
    답한 뒤, '자신이 탈 기차는 나중에 출발한다(mine leaves
    later)'고 추가 정보를 제시하고 있으므로 정답이다.
(B) 연상 작용 오답: 질문의 train에서 연상 가능한 dining car를
    이용한 오답이다.

| 어휘 | later 나중에   dining car 식당차

ETS ETS 실전 도전하기   본책 p. 51

| 1 (C) | 2 (A) | 3 (B) | 4 (C) | 5 (B) | 6 (B) |
| 7 (C) | 8 (C) | 9 (A) | 10 (C) | | |

1 (W-Am) (M-Au)
Do you use the company's instant messaging
system?
(A) A brief response.
(B) Check the system requirements.
(C) Yes, every day.

회사의 인스턴트 메신저 시스템을 사용하세요?
(A) 간단한 회신이요.
(B) 시스템 요구 사양을 확인하세요.
(C) 네, 매일이요.

| 해설 | 메신저 시스템 사용 여부를 묻는 조동사(Do) 의문문
(A) 연상 작용 오답: 질문의 messaging에서 연상 가능한
    response를 이용한 오답이다.
(B) 단어 반복 오답: 질문의 system을 반복 사용한 오답이다.

(C) 정답: 회사의 인스턴트 메신저 시스템을 사용하는지를 묻는
    질문에 긍정(Yes)으로 답한 뒤, '매일(every day)'이라고
    사용 빈도 정보를 제시하고 있으므로 정답이다.

| 어휘 | instant messaging 인스턴트 메신저(인터넷상으로 서로
즉시 메시지 교환이 가능한 시스템) brief 간단한, 짧은 response
응답, 회신 requirement 필요, 요건

2 (M-Cn) (W-Am)
Didn't you check the city bus schedule?
(A) No, I haven't had a chance.
(B) A long commute.
(C) Where are your shopping carts?

시내버스 시간표를 확인하지 않았나요?
(A) 아니요, 기회가 없었어요.
(B) 장거리 통근이요.
(C) 쇼핑 카트는 어디에 있나요?

| 해설 | 사실을 확인하는 부정 의문문
(A) 정답: 시내버스 시간표를 확인했는지를 묻는 질문에
    부정(No)으로 답한 뒤, '기회가 없었다(haven't had a
    chance)'고 확인하지 못한 이유를 제시하고 있으므로
    정답이다.
(B) 연상 작용 오답: 질문의 bus에서 연상 가능한 long
    commute를 이용한 오답이다.
(C) 관련 없는 오답: 시내버스 시간표를 확인했는지를 묻는 질문과
    관련 없는 대답이다.

| 어휘 | commute 통근(거리)

3 (W-Br) (M-Cn)
You needed help with your computer, didn't
you?
(A) No, she's the new technician.
(B) Yes, but I fixed the problem.
(C) A two-year warranty.

컴퓨터 문제로 도움이 필요하셨죠, 그렇지 않나요?
(A) 아니요. 그녀는 새로운 기술자예요.
(B) 네, 그런데 제가 문제점을 해결했어요.
(C) 2년짜리 품질 보증서예요.

| 해설 | 도움 필요 여부를 확인하는 부가 의문문
(A) 인칭 오류 · 연상 작용 오답: 질문과 관련 없는 제3자 she로
    답변하고 있으며, 질문의 computer에서 연상 가능한
    technician을 이용한 오답이다.
(B) 정답: 컴퓨터 문제로 도움이 필요했는지를 묻는 질문에
    긍정(Yes)으로 답한 뒤, '그런데 문제점을 해결했다(but
    I fixed the problem)'고 도움이 필요하지 않은 이유를
    제시하고 있으므로 정답이다.
(C) 연상 작용 오답: 질문의 computer에서 연상 가능한
    warranty를 이용한 오답이다.

| 어휘 | technician 기사, 기술자 fix 수리하다, 바로잡다
warranty 품질 보증서

4 (W-Am) (M-Cn)

Are you driving to the Edgewood trade show?

(A) Two hundred people.

(B) She likes to write.

(C) No, I'm taking a train.

엣지우드 무역 박람회에 운전해서 갈 건가요?

(A) 200명이요.

(B) 그녀는 글쓰기를 좋아해요.

(C) 아뇨, 기차를 탈 겁니다.

| 해설 | **운전 여부를 묻는 Be동사 의문문**

(A) 관련 없는 오답: 수량을 묻는 How many 의문문에 가능한 답변이다.

(B) 인칭 오류 오답: 질문과 관련 없는 제3자 She로 답변하고 있다.

(C) 정답: 무역 박람회에 운전해서 갈 건지를 묻는 질문에 부정(No)으로 답한 뒤, '기차를 탈 것(taking a train)'이라고 대답하고 있으므로 정답이다.

| 어휘 | trade show 무역 박람회

5 (M-Au) (W-Br)

Haven't we visited this museum before?

(A) What a beautiful view!

(B) Yes, several years ago.

(C) Two admission tickets.

우리는 전에 이 박물관을 방문하지 않았나요?

(A) 경관이 정말 아름답군요!

(B) 네, 몇 년 전에요.

(C) 입장권 두 장이요.

| 해설 | **사실을 확인하는 부정 의문문**

(A) 연상 작용 오답: 질문의 visit에서 연상 가능한 beautiful view를 이용한 오답이다.

(B) 정답: 박물관을 방문했었는지를 묻는 질문에 긍정(Yes)으로 답한 뒤, '몇 년 전(several years ago)'이라고 시간 정보를 추가로 제시하고 있으므로 정답이다.

(C) 연상 작용 오답: 질문의 museum에서 연상 가능한 admission tickets를 이용한 오답이다.

| 어휘 | museum 박물관 view 경관, 전망 several 몇몇의 admission ticket 입장권

6 (W-Am) (W-Br)

You've never traveled overseas before, have you?

(A) It's boarding now.

(B) No, it's my first time.

(C) Yes, she has them.

전에 해외 여행을 하신 적이 없죠, 그렇죠?

(A) 지금 탑승하고 있어요.

(B) 없어요, 처음이에요.

(C) 네, 그녀가 그것들을 갖고 있어요.

| 해설 | **과거 여행 여부를 확인하는 부가 의문문**

(A) 연상 작용 오답: 질문의 traveled overseas에서 연상 가능한 boarding을 이용한 오답이다.

(B) 정답: 해외 여행을 한 적 있는지 묻는 질문에 부정(No)으로 답한 뒤, '처음(my first time)'이라고 추가 정보를 제시하고 있으므로 정답이다.

(C) 인칭 오류 오답: 질문과 관련 없는 제3자 she로 답변하고 있다.

| 어휘 | overseas 해외로 board 탑승하다, 승차하다

7 (M-Cn) (W-Am)

Isn't the new fitness center opening today?

(A) Three times a week.

(B) A grand-opening offer.

(C) Yes, I'm going there after work.

새 피트니스 센터가 오늘 개점하지 않나요?

(A) 주 3회요.

(B) 개점 할인이요.

(C) 네, 퇴근 후에 갈 거예요.

| 해설 | **개점 여부를 확인하는 부정 의문문**

(A) 관련 없는 오답: 빈도를 묻는 How often 의문문에 가능한 답변이다.

(B) 단어 반복 오답: 질문의 opening을 반복 사용한 오답이다.

(C) 정답: 새 피트니스 센터가 오늘 개점하는지를 묻는 질문에 긍정(Yes)으로 답한 뒤, '퇴근 후에 갈 것(going there after work)'이라고 추가 정보를 제시하고 있으므로 정답이다.

| 어휘 | grand-opening 개점, 개장 offer (짧게 하는) 할인

8 (M-Cn) (M-Au)

The videoconference training was useful, wasn't it?

(A) Why—is it broken?

(B) No, I don't have a ticket.

(C) I thought so, too.

화상 회의 교육은 유용했어요, 그렇지 않나요?

(A) 왜요? 고장 났어요?

(B) 아니요, 저는 표가 없어요.

(C) 저도 그렇게 생각했어요.

| 해설 | **의견을 묻는 부가 의문문**

(A) 관련 없는 오답: 화상 회의 교육이 유용했었는지를 묻는 질문과 관련 없는 대답이다.

(B) 연상 작용 오답: 질문의 training을 train으로 듣고 연상 가능한 ticket을 이용한 오답이다.

(C) 정답: 화상 회의 교육이 유용했었는지 의견을 묻는 질문에 '저도 그렇게 생각했다(I thought so, too)'고 같은 의견을 제시하고 있으므로 정답이다.

| 어휘 | videoconference 화상 회의 useful 유용한 broken 고장 난

9 (W-Br) (M-Au)

Is the medical library open to researchers?

(A) Yes, but only on weekdays.

(B) It's slightly cold.

(C) They're looking for a book.

의학 도서관은 연구원들에게 개방되어 있나요?

(A) 네, 단 평일만요.

(B) 약간 추워요.

(C) 그들은 책을 찾고 있어요.

| 해설 | **정보를 묻는 Be동사 의문문**

(A) 정답: 의학 도서관이 연구원들에게 개방되어 있는지를 묻는 질문에 긍정(Yes)으로 답한 뒤, '평일만(only on weekdays)'이라고 추가 정보를 제시하고 있으므로 정답이다.

(B) 관련 없는 오답: 의학 도서관이 연구원들에게 개방되어 있는지를 묻는 질문과 관련 없는 대답이다.

(C) 연상 작용 오답: 질문의 library에서 연상 가능한 book을 이용한 오답이다.

| 어휘 | medical 의학의   library 도서관   researcher 연구원 weekday 평일   slightly 약간   look for ~를 찾다

10 (M-Au) (W-Br)

Do you ever forget your password?

(A) Thanks, that's a good idea.

(B) She paid for a parking pass.

(C) I use the same one for everything.

비밀번호를 잊어버리신 적 있어요?

(A) 고마워요, 좋은 생각이네요.

(B) 그녀가 주차권 비용을 지불했어요.

(C) 모든 곳에 같은 것을 써요.

| 해설 | **기억 여부를 묻는 조동사(Do) 의문문**

(A) 관련 없는 오답: 제안문에 가능한 답변이다.

(B) 인칭 오류·유사 발음 오답: 질문과 관련 없는 제3자 She로 답변하고 있으며, 질문의 password와 부분적으로 발음이 비슷한 pass를 이용한 오답이다.

(C) 정답: 비밀번호를 잊어버린 적 있는지를 묻는 질문에 '모든 곳에 같은 비밀번호를 쓴다(use the same one for everything)'고 잊어버리지 않는다는 것을 우회적으로 답변한 정답이다.

| 어휘 | forget 잊다, 잊어버리다   pay 지불하다   parking pass 주차권

Day 06   선택 의문문 / 요청·제안문 / 평서문

◉ 선택 의문문

Check Up | 본책 p.053

(A) X (B) O (C) X (D) O

Q Should I go on the art tour or the food tour?
저는 미술 투어를 가야 할까요, 아니면 음식 투어를 가야 할까요?

(A) It was painted last year. (X)
작년에 칠해졌어요.

(B) How about city tour? (O)
도시 투어는 어때요?

(C) Some missing parts. (X)
빠진 부분들이요.

(D) The food tour is much better. (O)
음식 투어가 훨씬 나아요.

| 해설 | **둘 중 하나를 고르는 선택 의문문**

(A) 연상 작용 오답: 질문의 art에서 연상 가능한 painted를 이용한 오답이다.

(B) 정답: '미술 투어(art tour)'와 '음식 투어(food tour)' 중 어디에 갈지를 묻는 질문에 제3의 선택지인 '도시 투어(city tour)'가 어떤지를 묻고 있으므로 정답이다.

(C) 관련 없는 오답: 투어를 묻는 질문과 관련 없는 대답이다.

(D) 정답: 두 가지 선택 사항 '미술 투어(art tour)'와 '음식 투어(food tour)' 중에서 후자를 골라 대답하고 있으므로 정답이다.

| 어휘 | paint 페인트를 칠하다   missing 없어진, 빠진

◉ 요청·제안문

Check Up | 본책 p.054

(A) O (B) X (C) X (D) O

Q Could you help me with this logo design?
이 로고 디자인을 도와줄 수 있어요?

(A) Sure, what can I do to help? (O)
물론이죠, 어떻게 도와드릴까요?

(B) That's what the sign said. (X)
표지판에 그렇게 쓰여 있어요.

(C) Some new curtains. (X)
새 커튼이요.

(D) Sorry, I'm busy. (O)
죄송하지만, 바쁩니다.

| 해설 | **도움을 묻는 요청 의문문**

(A) 정답: 로고 디자인 도움 요청에 대해 Sure라고 수락한 뒤 '어떻게 도와드릴지(what can I do to help)'를 되묻고 있으므로 정답이다.

(B) 유사 발음 오답: 질문의 design과 부분적으로 발음이 비슷한 sign을 사용한 오답이다.

(C) 관련 없는 오답: 로고 디자인 도움 요청과 관련 없는 대답이다.

(D) 정답: 로고 디자인 도움 요청에 대해 바쁘다는 이유로 거절하고 있으므로 정답이다.

| 어휘 | sign 표지판   curtain 커튼

🔵 평서문

Check Up | 본책 p.055

(A) X (B) X (C) O (D) O

Q Your ticket says you're going to Dublin.
당신의 표에 더블린으로 간다고 되어 있어요.

(A) About two hours long. (X)
약 두 시간 거리예요.

(B) Thirty-five euros please. (X)
35유로입니다.

(C) Is this the wrong train? (O)
이 기차가 아닌 건가요?

(D) I can't wait to be there. (O)
빨리 그곳에 가고 싶어요.

| 해설 | **정보를 전달하는 평서문**

(A) 관련 없는 오답: 기간을 묻는 How long 의문문에 가능한 답변이다.

(B) 관련 없는 오답: 가격을 묻는 How much 의문문에 가능한 답변이다.

(C) 정답: 당신의 표에 더블린으로 간다고 되어 있다는 말에 '이 기차가 아닌지(Is this the wrong train?)'를 되묻고 있으므로 정답이다.

(D) 정답: 당신의 표에 더블린으로 간다고 되어 있다는 말에 '빨리 그곳에 가고 싶다(can't wait to be there)'고 긍정적으로 답하고 있으므로 정답이다.

| 어휘 | can't wait to 빨리 ~하고 싶다

ⓣ 토익 감각 익히기   본책 p.056

| 1 (A) | 2 (B) | 3 (B) | 4 (B) | 5 (A) | 6 (B) |

1 (M-Au) (W-Am)

Would you like some dessert?
(A) No, I'm already full.
(B) They liked it, too.

후식 좀 드시겠어요?
(A) 아니요, 이미 배가 불러요.
(B) 그들도 그것을 좋아했어요.

| 해설 | **제안 의문문**

(A) 정답: 후식을 제안하는 말에 부정(No)으로 답한 뒤 '배가 부르다(I'm already full)'고 이유를 제시하고 있으므로 정답이다.

(B) 인칭 오류·단어 반복 오답: 질문과 관련 없는 제3자 They로 답변하고 있으며, 질문의 like를 반복 사용한 오답이다.

| 어휘 | dessert 후식   already 이미

2 (W-Am) (M-Cn)

Does the company own or rent its office building?
(A) I'm looking for a two-bedroom place.
(B) I believe they're renting.

회사가 사무실 건물을 소유하고 있나요, 아니면 임대를 하고 있나요?
(A) 방이 두 개인 집을 찾고 있어요.
(B) 임대를 하는 것으로 알고 있어요.

| 해설 | **둘 중 하나를 고르는 선택 의문문**

(A) 연상 작용 오답: 질문의 rent에서 연상 가능한 two-bedroom place를 이용한 오답이다.

(B) 정답: 두 가지 선택 사항 own과 rent 중에서 후자를 골라 대답하고 있으므로 정답이다.

| 어휘 | own 소유하다   rent 빌리다   look for ~을 찾다

3 (M-Cn) (W-Am)

You can pick up your order after three o'clock.
(A) Yes, they're in order.
(B) OK, I'll stop by then.

3시 이후에 주문품을 가져가실 수 있습니다.
(A) 네, 그것들은 순서대로 되어 있어요.
(B) 좋아요, 그때쯤 들를게요.

| 해설 | **정보를 전달하는 평서문**

(A) 다의어 오답: 질문의 order는 '주문품'이라는 뜻이고, 보기의 order는 '순서'라는 뜻이다.

(B) 정답: 3시 이후에 주문품을 가져갈 수 있다는 말에 긍정(OK)으로 답한 뒤 '그때쯤 들르겠다(I'll stop by then)'고 하므로 정답이다.

| 어휘 | order 주문, 주문품   be in order 순서대로 되어 있다   by then 그때쯤

4 (M-Cn) (W-Br)

The plants in the lobby are beautiful.
(A) A new reception desk.
(B) They do look nice.

로비에 있는 식물들이 아름다워요.
(A) 새로운 프론트 데스크요.
(B) 정말 멋져 보여요.

| 해설 | **의견을 전달하는 평서문**
(A) 연상 작용 오답: 질문의 lobby에서 연상 가능한 reception desk를 이용한 오답이다.
(B) 정답: 로비의 식물들이 아름답다는 의견에 '멋져 보인다(look nice)'며 동조하는 의견을 제시하므로 정답이다.

| 어휘 | plant 식물   reception 접수처

5 (M-Cn) (W-Br)
Why don't we make a sausage pizza?
(A) I already bought the ingredients.
(B) Let's ring the doorbell.

소시지 피자를 만들면 어때요?
(A) 이미 재료를 샀어요.
(B) 초인종을 울립시다.

| 해설 | **제안 의문문**
(A) 정답: 소시지 피자를 만들자는 제안에 '이미 재료를 샀다(already bought the ingredients)'며 거절하고 있으므로 정답이다.
(B) 연상 작용 오답: 질문의 Why don't we에서 연상 가능한 Let's를 이용한 오답이다.

| 어휘 | why don't we ~하면 어때요?   ingredient 재료, 성분
doorbell 초인종

6 (M-Cn) (W-Am)
Did you buy these picture frames, or did you make them yourself?
(A) Sure, I'll take it for you.
(B) They're from an art supply store.

이 액자들은 사신 건가요, 아니면 직접 만드신 건가요?
(A) 물론이죠, 당신을 위해서 그것을 가지고 갈게요.
(B) 그것들은 미술용품점에서 샀어요.

| 해설 | **둘 중 하나를 고르는 선택 의문문**
(A) 인칭 오류 오답: 질문과 관련 없는 단수 인칭대명사 it으로 답변하고 있다.
(B) 정답: 두 가지 선택 사항 buy와 make 중에서 전자를 골라 대답하고 있으므로 정답이다.

| 어휘 | picture frame 액자   take 가지고 가다   art supply 미술용품

ETS **ETS 실전 도전하기**   본책 p.057

| 1 (C) | 2 (B) | 3 (C) | 4 (B) | 5 (A) | 6 (C) |
| 7 (B) | 8 (B) | 9 (B) | 10 (B) | | |

1 (M-Cn) (W-Am)
I ordered too many desk chairs.
(A) Actually, they don't.
(B) Why don't we hire him?
(C) We'll just return some of them.

제가 책상 의자를 너무 많이 주문했어요.
(A) 사실 그들은 아니에요.
(B) 그를 고용하면 어때요?
(C) 일부를 반품할 거예요.

| 해설 | **문제점을 전달하는 평서문**
(A) 연상 작용 오답: 질문의 desk chairs에서 연상 가능한 they를 이용한 오답이다.
(B) 인칭 오류 오답: 질문과 관련 없는 제3자 him으로 답변하고 있다.
(C) 정답: 책상 의자를 너무 많이 주문했다는 말에 '일부를 반품할 것(return some of them)'이라고 해결 방안을 제시하고 있으므로 정답이다.

| 어휘 | order 주문하다   actually 실은   hire 고용하다   return 돌려보내다

2 (M-Am) (W-Am)
Why don't we meet in the cafeteria?
(A) Not since lunch.
(B) That's a good idea.
(C) It was a long meeting.

구내식당에서 만나는 게 어때요?
(A) 점심 이후부터는 아니에요.
(B) 좋은 생각이에요.
(C) 긴 회의였어요.

| 해설 | **제안 의문문**
(A) 연상 작용 오답: 질문의 cafeteria에서 연상 가능한 lunch를 이용한 오답이다.
(B) 정답: 구내식당에서 만날 것을 제안하는 질문에 '좋은 생각(a good idea)'이라고 수락하고 있으므로 정답이다.
(C) 파생어 오답: 질문의 meet와 파생어 관계인 meeting을 이용한 오답이다.

| 어휘 | cafeteria 구내식당

3 (W-Am) (M-Au)
Should we take the highway or drive through town?
(A) Right away.
(B) She won the race.
(C) Let's take the highway.

고속도로로 가는 게 좋을까요, 시내를 통과하는 게 좋을까요?
(A) 지금 당장이요.
(B) 그녀는 경주에서 이겼어요.
(C) 고속도로를 탑시다.

| 해설 | **둘 중 하나를 고르는 선택 의문문**

(A) 유사 발음 오답: 질문의 highway와 발음이 유사한 away를 이용한 오답이다.

(B) 인칭 오류 오답: 질문과 관련 없는 제3자 She로 답변하고 있다.

(C) 정답: 두 가지 선택 사항 고속도로와 시내 중에서 전자를 골라 대답하고 있으므로 정답이다.

| 어휘 | highway 고속도로 win 이기다

4 (M-Au) (W-Am)

The bus should arrive at noon.
(A) No, he didn't.
(B) That's only a few minutes from now.
(C) The concert was very fun.

버스가 정오에 도착할 겁니다.
(A) 아니요, 그는 안 했어요.
(B) 이제 몇 분 안 남았어요.
(C) 음악회는 매우 재미있었어요.

| 해설 | **정보를 전달하는 평서문**

(A) 인칭 오류 오답: 질문과 관련 없는 제3자 he로 답변하고 있다.

(B) 정답: 버스가 정오에 도착할 거라는 말에 '몇 분 안 남았다 (only a few minutes from now)'고 추가 정보를 제공하고 있으므로 정답이다.

(C) 관련 없는 오답: 버스가 정오에 도착할 거라는 말과 관련 없는 대답이다.

| 어휘 | arrive 도착하다 noon 정오

5 (W-Am) (M-Au)

Can you please submit the receipts from your trip?
(A) Absolutely, I'll send them to you now.
(B) A nonstop flight, if it's available.
(C) I really like this new luggage.

출장 중에 받은 영수증을 제출해 주시겠어요?
(A) 그럼요, 지금 바로 보내 드릴게요.
(B) 구할 수 있으면 직항편이요.
(C) 이 새 여행가방이 정말 마음에 들어요.

| 해설 | **요청 의문문**

(A) 정답: 영수증 제출을 요청하는 말에 긍정(Absolutely)으로 답한 후 '지금 바로 보내 드리겠다(send them to you now)'고 하므로 정답이다.

(B) 연상 작용 오답: 질문의 trip에서 연상 가능한 flight를 이용한 오답이다.

(C) 연상 작용 오답: 질문의 trip에서 연상 가능한 luggage를 이용한 오답이다.

| 어휘 | submit 제출하다 receipt 영수증 absolutely 그럼, 물론이지 nonstop 직항의 available 구할 수 있는 luggage 수하물

6 (W-Am) (M-Au)

I'd like to move to the city, but it's really noisy.
(A) The bus'll be here soon.
(B) OK, I'll turn them off.
(C) My neighborhood is pretty quiet.

그 도시로 이사하고 싶지만, 정말 시끄러워요.
(A) 버스가 여기로 곧 도착할 겁니다.
(B) 좋아요, 제가 끌게요.
(C) 저희 동네는 꽤 조용해요.

| 해설 | **정보를 전달하는 평서문**

(A) 연상 작용 오답: 질문의 move to the city에서 연상 가능한 bus를 이용한 오답이다.

(B) 연상 작용 오답: 질문의 noisy에서 연상 가능한 turn them off를 이용한 오답이다.

(C) 정답: 그 도시로 이사하고 싶지만 시끄럽다는 말에 '우리 동네는 꽤 조용하다(My neighborhood is pretty quiet)'고 대조되는 정보를 제시하고 있으므로 정답이다.

| 어휘 | noisy 시끄러운 turn off 끄다 neighborhood 인근, 근처, 이웃 pretty 꽤

7 (M-Au) (W-Am)

Can I offer you some more water?
(A) The menu's on the table.
(B) Thanks, I'm very thirsty.
(C) By the faucet.

물을 더 드릴까요?
(A) 메뉴가 탁자 위에 있어요.
(B) 감사합니다, 목이 너무 말라요.
(C) 수도꼭지 옆에요.

| 해설 | **제안을 나타내는 의문문**

(A) 연상 작용 오답: 질문의 offer와 water에서 연상 가능한 menu를 이용한 오답이다.

(B) 정답: 물을 더 드릴지를 묻는 질문에 '감사함(Thanks)'을 표한 뒤 '목이 너무 마르다(I'm very thirsty)'고 물이 필요한 이유를 제시하고 있으므로 정답이다.

(C) 연상 작용 오답: 질문의 water에서 연상 가능한 faucet을 이용한 오답이다.

| 어휘 | offer 제공하다 thirsty 목마른 faucet 수전, 수도꼭지

8 (M-Au) (W-Am)

Would you like to pay with cash or credit?
(A) Here's your receipt.
(B) Do you take gift vouchers?
(C) Only 25 dollars.

현금으로 결제하시겠어요, 아니면 신용카드로 하시겠어요?
(A) 여기 영수증이 있습니다.
(B) 상품권을 받나요?
(C) 25달러밖에 안 돼요.

| 해설 | 둘 중 하나를 고르는 선택 의문문
(A) 연상 작용 오답: 질문의 pay에서 연상 가능한 receipt를
　　이용한 오답이다.
(B) 정답: 두 가지 선택 사항 cash와 credit 중에서 선택하는
　　대신 제3의 선택지인 '상품권(gift vouchers)'을 받는지
　　되묻고 있으므로 정답이다.
(C) 관련 없는 오답: 가격을 묻는 How much 의문문에 가능한
　　답변이다.

| 어휘 | pay 지불하다   cash 현금   receipt 영수증   gift
voucher 상품권

9 (W-Br) (M-Au)
The parking area seems to be closed.
(A) Yes, the park is close by.
(B) OK, let's try the one across the street.
(C) I don't think they seem alike.

주차장이 닫힌 것 같은데요.
(A) 네, 그 공원은 가까이에 있어요.
(B) 알았어요, 길 건너 주차장에 가 봅시다.
(C) 그들은 비슷한 것 같지 않은데요.

| 해설 | 문제점을 전달하는 평서문
(A) 파생어·다의어 오답: 질문의 parking(주차)과 파생어 관계인
　　다의어 park(주차하다; 공원)를 이용한 오답이다.
(B) 정답: 주차장이 닫힌 것 같다는 말에 수긍한 뒤 '길 건너
　　주차장에 가 보자(try the one across the street)'고
　　대안을 제시하고 있으므로 정답이다.
(C) 단어 반복 오답: 질문의 seem을 반복 사용한 오답이다.

| 어휘 | seem 보이다, ~인 것 같다   close by 가까이에, 인근의
alike 비슷한

10 (W-Br) (M-Cn)
Would you please take notes at the meeting?
(A) I have plenty of pockets in my bag.
(B) I'm leaving early today.
(C) In the main cafeteria hall.

회의에서 기록을 해 주시겠습니까?
(A) 내 가방에는 주머니가 많아요.
(B) 저는 오늘 일찍 퇴근해요.
(C) 본관 구내식당에 있어요.

| 해설 | 요청 의문문
(A) 관련 없는 오답: 회의 기록 요청 의문문과 관련 없는 대답이다.
(B) 정답: 회의에서 기록을 해줄 것을 요청하는 말에 '오늘 일찍
　　퇴근할 것(leaving early today)'이라고 우회적으로 거절한
　　정답이다.
(C) 관련 없는 오답: 장소를 묻는 Where 의문문에 가능한
　　답변이다.

| 어휘 | take notes 메모하다, 기록하다   plenty of 많은

Part 3

╭─────────────────────────────────╮
│ **DAY 07   회사 생활**   │
╰─────────────────────────────────╯

🔵 **사내 업무**

본책 p.060

여: 데이비드, 웩슬러 자동차 영업소의 **¹광고 캠페인을 훌륭히
　　해냈군요.**
남: 그들이 좋아해서 기쁩니다.
여: 좋아했죠. 그래서 **²당신이 프로젝트 전체를 감독했으면 해요.**

| 어휘 | excellent 훌륭한   advertising 광고   car dealership
자동차 영업소   oversee 감독하다   whole 전체의

1 화자들은 어떤 업계에서 일하겠는가?
　　(A) 엔터테인먼트　　　　(B) 광고

| 해설 | 근무 업종
여자의 말에서 '남자가 광고 캠페인을 훌륭히 완수했다(you've
done excellent work on the advertising campaign)'고
하므로 (B)가 정답이다.

| 어휘 | entertainment 오락, 여흥

2 여자는 남자가 무엇을 하기를 바라는가?
　　(A) 프로젝트 관리　　　　(B) 발표

| 해설 | 여자의 요청 사항
여자의 마지막 말에서 '남자가 프로젝트 전체를 감독했으면 한다(I'd
like you to oversee the whole project)'고 하므로 (A)가
정답이다.

| 어휘 | manage 관리하다   give a presentation 발표하다

Paraphrasing
대화: oversee the whole project → 정답: manage a
project (전체 프로젝트를 감독하다 → 프로젝트를 관리하다)

Check Up | 본책 p.061

╭─────────────────────────────────╮
│ **1** attend **2** maintenance **3** deadline │
│ **4** assistance **5** come up with **6** install │
╰─────────────────────────────────╯

🔵 **인사**

본책 p.062

남: 그런데 재키, **¹지원한 회계직에 대해 답변을 들었나요?**
여: 네, 어제 전화를 받았어요. **²오늘부터 1주 후에 회계 관리자와
　　면접이 있을 예정이에요.**
남: 잘됐네요!

23

1 대화의 주제는 무엇인가?

　　(A) 회계 세미나　　　(B) 면접

| 해설 | **대화 주제**
남자의 말에서 '지원한 회계직에 대해 답변을 들었는지(have you heard back yet about the accounting job you applied for?)'를 묻고 있으므로 (B)가 정답이다.

| 어휘 | job interview 면접

2 재키는 관리자와 언제 만날 것인가?

　　(A) 1주 후　　　(B) 2주 후

| 해설 | **재키와 관리자의 만남 예정 시기**
여자의 말에서 '오늘부터 1주 후에 회계 관리자와 면접이 있을 예정(I'm scheduled to have an interview with the accounting supervisor a week from today)'이라고 하므로 (A)가 정답이다.

Paraphrasing

대화: a week from today → 정답: In a week
(오늘로부터 일주일 후 → 일주일 후)

Check Up | 본책 p.063

1 interview **2** employ **3** take over
4 promotion **5** application **6** job opening

⊤ 토익 감각 익히기 STEP **①**　　　본책 p.064

1 (B)　**2** (A)　**3** (A)　**4** (B)

받아쓰기
(1) advertisement　(2) maintenance　(3) projector
(4) exercise bicycles　(5) freezing

1 화자들은 어디서 일하겠는가?

　　(A) 음료 제조업체

　　(B) 광고 대행사

| 해설 | **근무 장소**

남자의 말에서 '고객사가 광고에서 로고를 변경해 달라고 한다(They want us to change the logo on the advertisement for their new energy drinks)'고 하므로 (B)가 정답이다.

| 어휘 | manufacturer 제조업자   advertising agency 광고 대행사

2 남자는 왜 사무실에 있는가?

　　(A) 유지보수 작업을 하려고

　　(B) 제품을 판매하려고

| 해설 | **남자가 사무실에 있는 이유**
남자가 '유지보수 요청을 받았다(I received a maintenance request)'고 한 후, 이어서 '사무실이 맞는지(Am I in the right office?)'를 묻는 말에 여자가 긍정(Yes)의 답변을 하고 있으므로 (A)가 정답이다.

3 화자들의 회사는 무엇을 판매하겠는가?

　　(A) 운동 기구　　　(B) 사무용품

| 해설 | **회사의 판매 물품 종류**
여자가 '이번 분기 운동용 자전거와 러닝머신 상황을 알려 달라(Tell me what's going on this quarter with our exercise bicycles and treadmills)'고 하므로 (A)가 정답이다.

| 어휘 | equipment 장비, 설비   office supplies 사무용품

Paraphrasing

대화: exercise bicycles and treadmills → 정답: Exercise equipment (운동용 자전거와 러닝머신 → 운동 기구)

4 화자들은 어떤 문제에 대해 이야기하는가?
(A) 고객 계정이 막혔다.
(B) 웹사이트가 작동하지 않는다.

| 해설 | **문제점**
남자의 말에서 '웹사이트가 계속 멈춘다(your Web site keeps freezing)'고 하므로 (B)가 정답이다.

Paraphrasing
대화: your Web site keeps freezing → 정답: A Web site is not working
(웹사이트가 계속 멈춘다 → 웹사이트가 작동하지 않는다)

 토익 감각 익히기 STEP ❷   본책 p.065

1 (B) **2** (A) **3** (B) **4** (A)
받아쓰기
(1) assistance (2) How much
(3) accountant (4) workshop

[1-2]

여: 안녕하세요. **1제 노트북 관련해 도움을 받으려고 전화했어요.** 한 시간 이상 사용하면 노트북 바닥이 너무 뜨거워져요.
남: 음… **1배터리에 문제가 있는 것 같네요. 2충전기를 얼마나 사용하세요?**
여: 충전기를 항상 연결해 두는데요.

| 어휘 | assistance 도움 laptop 노트북 컴퓨터 bottom 바닥 machine 기계 battery charger 충전기 connected 연결된 all the time 내내, 줄곧

1 남자는 누구이겠는가?
(A) 자동차 정비공
(B) 컴퓨터 기술자

| 해설 | **남자의 신분**
대화 초반부에 여자가 '노트북 관련해 도움을 받으려고 전화했다(I'm calling to get some assistance with my laptop)'고 하자 남자가 '배터리에 문제가 있는 것 같다(Sounds like you have a problem with your battery)'고 답하므로 (B)가 정답이다.

| 어휘 | auto 자동차 mechanic 정비공 technician 기술자

Paraphrasing
대화: my laptop → 정답: A computer
(노트북 컴퓨터 → 컴퓨터)

2 남자는 여자에게 무엇을 물어보는가?
(A) 여자가 충전기를 얼마나 자주 사용하는지
(B) 기계 몇 대가 고장 났는지

| 해설 | **남자의 문의 사항**
남자의 말에서 '충전기를 얼마나 사용하는지(How much do you use your battery charger?)'를 묻고 있으므로 (A)가 정답이다.

| 어휘 | broken 고장 난

[3-4]

남: 에미코, **3저희 회사에서 선임 회계사로 일하시는 첫 주가 어때요?**
여: 아주 좋아요. 세계 최고의 회계사들과 함께 일하다니 행운이죠. **4다음 주 워크숍도 기대되고요.**
남: 아, 네. 사실 워크숍에 관해 도움을 요청하고 싶었어요.
여: 기꺼이 도와드리죠. 지금은 시간이 있어요.

| 어휘 | senior 고위의, 상급자 accountant 회계사 firm 회사 look forward to ~을 고대하다 actually 실은

3 화자들은 어디서 일하는가?
(A) 여행사   (B) 회계 사무소

| 해설 | **근무 장소**
남자가 여자에게 '선임 회계사로서 일하는 첫 주가 어떤지(how are you enjoying your first week as a senior accountant at our firm?)'를 물어보고 있으므로 (B)가 정답이다.

4 화자들은 어떤 행사를 준비하고 있는가?
(A) 워크숍   (B) 직원 야유회

| 해설 | **준비 중인 행사 종류**
여자의 말에서 '다음 주 워크숍도 기대된다(I'm looking forward to the workshop next week)'고 하므로 (A)가 정답이다.

| 어휘 | prepare for ~를 준비하다 employee 직원

ETS **ETS 실전 도전하기**   본책 p.066

1 (D) **2** (C) **3** (A) **4** (A) **5** (B) **6** (D)
7 (C) **8** (A) **9** (B) **10** (C) **11** (D) **12** (B)

[1-3] (M-Cn) (W-Am)

M Thank you for coming in. So, you're interested in working at our new facility, right?
W Definitely. **1I've been wanting to work here** since the company moved into town.
M **2And now that the construction of our plant is finished, we're hiring equipment operators. I see that you have experience working in computer-chip manufacturing.**

W Yes—several years, actually.

M Great. Now, what shifts are you available for?

W Any shifts. ³I'm even willing to work at night.

M That's good to know.

남: 와 주셔서 감사해요. 새 시설에서 일할 의향이 있다고요?

여: 물론입니다. ¹**회사가 시내로 옮긴 이래로 계속 이곳에서 일하고 싶었어요.**

남: ²**공장이 완공되어 장비 기사를 채용 중입니다.** 컴퓨터 칩 제조 분야에서 일한 경험이 있는 것으로 알고 있어요.

여: 네, 사실 수년 됐어요.

남: 좋습니다. 교대 근무 시간은 언제가 가능한가요?

여: 언제든지요. ³**밤에도 일할 용의가 있어요.**

남: 그것 참 잘됐군요.

| 어휘 | facility 시설 definitely 분명히, 확실히 operator 기사 manufacturing 제조업 shift 교대 근무 (시간)

1 여자가 남자를 만나는 이유는?
(A) 연구 조사를 검토하려고
(B) 사업 계획을 승인받으려고
(C) 광고 촬영을 위해
(D) 취업 면접을 위해

| 해설 | **여자가 남자를 만나는 이유**
여자의 말에 '회사가 옮긴 이래로 계속 이곳에서 일하고 싶었다(I've been wanting to work here since the company moved into town)'고 하므로 (D)가 정답이다.

| 어휘 | review 검토하다 approval 승인 film 촬영하다 commercial 광고

2 최근에 건축된 것은?
(A) 백화점   (B) 다리
(C) 공장   (D) 기차역

| 해설 | **최근에 건축된 것**
남자의 말에 '공장이 완공되어 장비 기사를 채용 중(now that the construction of our plant is finished, we're hiring equipment operators)'이라고 하므로 (C)가 정답이다.

| 어휘 | railway 철로

Paraphrasing
대화: our plant → 정답: A factory (우리의 공장 → 공장)

3 여자는 무엇을 하겠다고 제안하는가?
(A) 야간에 근무하기
(B) 교육에 참석하기
(C) 프레젠테이션 수정하기
(D) 제품 시연하기

| 해설 | **여자의 제안 사항**
여자의 마지막 말에서 '밤에도 일할 용의가 있다(I'm even willing to work at night)'고 하므로 (A)가 정답이다.

| 어휘 | revise 변경하다, 수정하다 demonstrate 시연하다

Paraphrasing
대화: work at night → 정답: Work the night shift
(밤에 일하다 → 야간 근무를 하다)

[4-6] 3인 대화 (M-Cn) (W-Br) (W-Am)

M Hi Lisa. Hi Anna. Thanks for stocking the new inventory last night. So, for today, ⁴I'd like you both to work on updating the shop's front window.

W1 That display of clothing has been up for a while.

M Exactly. Since the holidays are coming up, ⁵let's display some holiday-themed shirts and accessories.

W2 No problem—we can do that this afternoon.

M Thanks! Oh, and ⁶I'm going to step out to deposit yesterday's cash. I'll be back in twenty minutes.

남: 안녕하세요, 리사. 안녕하세요, 애나. 어젯밤 새 재고품을 준비해 주셔서 감사합니다. 오늘은 ⁴**두 분 모두 매장 전면창을 새롭게 꾸며 주시면 좋겠어요.**

여1: 저 옷이 한참 동안 걸려 있었죠.

남: 맞아요. 휴가가 다가오니 ⁵**휴가를 주제로 한 셔츠와 액세서리를 진열합시다.**

여2: 알겠습니다. 오늘 오후에 할 수 있어요.

남: 고맙습니다! 아, ⁶**저는 어제 들어온 현금을 예금하러 나갑니다.** 20분 후에 돌아올게요.

| 어휘 | stock (판매할 물품을) 채우다, 갖추다 inventory 재고품, 물품 목록 update 갱신하다 display 전시, 진열 for a while 한동안 exactly 정확히, 틀림없이 -themed ~을 주제로 한 step out 나가다 deposit 예금하다, 예치하다 cash 현금

4 여자들은 누구이겠는가?
(A) 매장 점원   (B) 시 공무원
(C) 박물관 직원   (D) 사서

| 해설 | **여자들의 신분**
남자의 말에서 '두 분 모두 매장 전면창을 새롭게 꾸며 주시면 좋겠다(I'd like you both to work on updating the shop's front window)'고 하므로 (A)가 정답이다.

| 어휘 | official 공무원, 관리

5 진열의 주제는 무엇이 되겠는가?
(A) 스포츠   (B) 휴가
(C) 과학   (D) 역사

| 해설 | **진열의 주제**
남자의 말에서 '휴가를 주제로 한 셔츠와 액세서리를 진열하자(let's display some holiday-themed shirts and accessories)'고

하므로 (B)가 정답이다.

6 남자는 다음으로 어디에 가겠는가?
(A) 우체국   (B) 병원
(C) 식당   (D) 은행

| 해설 | **남자의 다음 방문 장소**
남자의 마지막 말에서 '어제 들어온 현금을 예금하러 나간다(I'm going to step out to deposit yesterday's cash)'고 하므로 (D)가 정답이다.

[7-9] (M-Cn) (W-Am)

M Hi, Emiko. I'm calling about a computer problem.
W Of course. What's going on?
M So, ⁷whenever I go to a Web site I can see all the text on the page, but none of the pictures are showing.
W ⁸Did the problem just start today?
M ⁸It did. There was a software update installed last night, right?
W Yes, there was. Other staff are reporting this same problem. ⁹I can come take a look now. Remind me—what's your office number?

남: 안녕하세요, 에미코. 컴퓨터 문제로 전화드렸습니다.
여: 물론이에요. 무슨 문제가 있으신가요?
남: ⁷웹사이트에 접속할 때마다 페이지의 모든 텍스트는 볼 수 있지만 그림은 전혀 나타나지 않습니다.
여: ⁸문제는 오늘부터 시작되었나요?
남: ⁸그렇습니다. 어젯밤 소프트웨어 업데이트가 있었죠, 그렇죠?
여: 네, 맞습니다. 다른 직원들도 같은 문제를 보고하고 있어요. ⁹지금 가서 확인해 드릴게요. 사무실 번호가 어떻게 되시죠?

| 어휘 | install 설치하다   report 보고하다   take a look 보다   remind 상기시키다

---

7 남자는 여자에게 무엇을 도와 달라고 부탁하는가?
(A) 데이터베이스에 접근
(B) 모니터 교체
(C) 웹사이트 보기
(D) 새로운 프로그램 설계

| 해설 | **남자의 도움 요청 사항**
남자의 말에 '웹사이트의 텍스트는 볼 수 있지만 그림은 나타나지 않는다(whenever I go to a Web site I can see all the text on the page, but none of the pictures are showing)'고 하므로 (C)가 정답이다.

| 어휘 | access 접근하다   replace 교체하다

8 왜 남자는 "어젯밤 소프트웨어 업데이트가 있었죠, 그렇죠?" 라고 말하는가?
(A) 문제의 원인을 암시하려고
(B) 업적을 칭찬하려고
(C) 새로운 비밀번호를 확인하려고
(D) 영향을 받은 직원의 목록을 작성하려고

| 해설 | **남자가 어젯밤 소프트웨어 업데이트를 확인하는 의도**
여자가 '문제는 오늘부터 시작되었는지(Did the problem just start today?)'를 묻고, 남자가 그렇다고 응답한 후에 이 말을 했으므로 이는 남자가 문제의 원인을 어젯밤 소프트웨어 업데이트에 둔 것임을 알 수 있다. 따라서 (A)가 정답이다.

| 어휘 | suggest 암시하다   praise 칭찬하다   accomplishment 업적, 성취   verify 확인하다, 입증하다   compile 편집하다, 편찬하다   affect 영향을 미치다

9 여자가 다음에 할 일은?
(A) 남자의 관리자에게 연락한다.
(B) 남자의 사무실로 간다.
(C) 전사적인 이메일을 보낸다.
(D) 기술 지원팀에 전화한다.

| 해설 | **여자가 다음에 할 일**
여자의 마지막 말에서 '지금 가서 확인해 주겠다(I can come take a look now)'고 하며 '사무실 번호가 무엇이냐(Remind me—what's your office number?)'고 묻고 있으므로 (B)가 정답이다.

| 어휘 | supervisor 관리자, 감독관   company-wide 회사 전반의, 전사적인

[10-12] (M-Cn) (W-Br)

M So I'm sure you heard that Zeyneb's moving next month to work at our New York branch.
W I know! ¹⁰I'll miss her on our communications team here, but they'll be lucky to have her in the department in New York.
M I thought we could take her out for lunch on her last day.
W Great idea! ¹¹I'll make the reservation at that Greek restaurant she likes. And how about a gift?
M The communications manager is buying her something from the whole team. Oh, and ¹²don't forget to stop by his office to sign the farewell card!

남: 제이넵이 우리 뉴욕 지사에서 일하기 위해 다음 달 이동하는 것을 들으셨겠죠.

여: 알아요! ¹⁰이곳 저희 커뮤니케이션팀에서는 그녀를 그리워할 거예요. 하지만 뉴욕의 해당 부서는 제이넵이 가니 행운이네요.

남: 마지막 날 제이넵을 데리고 나가 점심 식사를 할 수 있을 거라고 생각했어요.

여: 좋은 생각이네요! ¹¹그녀가 좋아하는 그리스 식당을 예약할게요. 선물은 어떻게 할까요?

남: 커뮤니케이션팀 관리자가 팀 전체에서 주는 무언가를 살 예정이에요. 아, ¹²그의 사무실에 들러 작별인사 카드에 서명하는 걸 잊지 마세요!

| 어휘 | branch 지사 miss 그리워하다 department 부서 take out for lunch 데리고 나가서 점심을 먹다 make a reservation 예약하다 manager 관리자 whole 전체의 stop by 잠시 들르다 farewell 작별

10 제이넵은 어떤 부서에서 일하는가?
(A) 법무   (B) 재무
(C) 커뮤니케이션   (D) 연구 개발

| 해설 | **제이넵의 근무 부서**
여자의 말에서 '이곳 저희 커뮤니케이션팀에서는 그녀를 그리워할 것(I'll miss her on our communications team here)'이라 하므로 (C)가 정답이다.

11 여자는 무엇을 하겠다고 말하는가?
(A) 계약서 검토
(B) 일정 계획
(C) 판매업체 연락
(D) 예약

| 해설 | **여자가 할 일**
여자의 마지막 말에 '그리스 식당을 예약하겠다(I'll make the reservation at that Greek restaurant she likes)'고 하므로 (D)가 정답이다.

| 어휘 | review 검토하다 contract 계약, 계약서 contact 연락하다 vendor 판매업자

12 남자에 따르면, 여자는 왜 사무실에 가야 하는가?
(A) 명찰을 가져오려고
(B) 카드에 서명하려고
(C) 보고서를 제출하려고
(D) 주소를 확인하려고

| 해설 | **여자가 사무실에 가야 하는 이유**
남자의 마지막 말에서 '그의 사무실에 들러 작별인사 카드에 서명하는 걸 잊지 말라(don't forget to stop by his office to sign the farewell card!)'고 하므로 (B)가 정답이다.

| 어휘 | badge 명찰, 패찰 submit 제출하다 report 보고서 confirm 확인해 주다, 확정하다 address 주소

Paraphrasing
대화: sign the farewell card → 정답: sign a card
(작별인사 카드에 서명하다 → 카드에 서명하다)

DAY 08 일상 생활

🔵 쇼핑 / 여행 / 여가

본책 p.068

여: ¹프리몬트 테크 스토어에 오신 것을 환영합니다. 찾으시는 데 제가 도와드릴 일이 있나요?

남: 네, ²태블릿 컴퓨터가 아주 작아서 하나 살까 생각 중입니다. 출장을 갈 때 가져가기 편할 것 같아요.

여: 음, 여기 이 제나 300 태블릿이 출시된 이후 가장 잘 팔리는 상품이에요.

| 어휘 | find 찾다 business trip 출장 top seller 가장 잘 팔리는 상품 come out 나오다, 출시되다

1 여자는 누구이겠는가?
(A) 여행사 직원
(B) 매장 판매원

| 해설 | **여자의 신분**
여자의 말에서 '프리몬트 테크 스토어에 오신 것을 환영한다(Welcome to Freemont Tech Store)'고 하면서 '도와드릴 일이 있는지(Is there anything I can help you find?)'를 묻고 있으므로 (B)가 정답이다.

| 어휘 | salesperson 판매원

2 남자가 태블릿 컴퓨터에 대해 좋아하는 점은?
(A) 크기
(B) 가격

| 해설 | **태블릿 컴퓨터에 대한 선호 사항**
남자의 말에서 '태블릿 컴퓨터가 아주 작아서 하나 살까 생각 중(I'm thinking about buying a tablet computer since they're so small)'이라고 하므로 (A)가 정답이다.

Paraphrasing
대화: they're so small → 정답: Its size
(그것들은 아주 작다 → 사이즈)

Check Up | 본책 p.069

---

1 purchase 2 reviews 3 reservation
4 refund 5 available 6 attractions

🔵 주거 / 교통 / 편의시설

본책 p.070

여: 안녕하세요. ¹광고 내신 침실 2개짜리 아파트 관련해서 전화 드립니다.

남: 네, ²토요일 10시에서 4시 사이에 아파트를 보여 드릴게요. 의향이 있으시면 그 자리에서 작성해서 제출할 수 있는 신청서를 준비해 놓겠습니다.

여: 좋습니다.

| 어휘 | advertise 광고하다 application 신청(서) fill out 작성하다 submit 제출하다

1 여자가 전화한 이유는?
(A) 호텔 예약을 확인하려고
(B) 아파트에 대해 문의하려고

| 해설 | **전화 이유**
여자의 말에 '침실 2개짜리 아파트 관련해서 전화 드린다(I'm calling about the two-bedroom apartment you advertised)'고 하므로 (B)가 정답이다.

| 어휘 | confirm 확인하다 inquire 문의하다

2 남자가 토요일에 제출하면 된다고 한 것은?
(A) 신분증 사본   (B) 신청서

| 해설 | **토요일에 제출할 것**
남자의 말에서 '토요일에 아파트를 보여 드릴 수 있으며 그 자리에서 작성해서 제출할 수 있는 신청서를 준비해 놓겠다(We'll be showing the unit ~ submit right there if you're interested)'고 하므로 (B)가 정답이다.

Paraphrasing
대화: applications → 정답: An application form
(신청서 → 신청서)

Check Up | 본책 p.071

1 checkup 2 appointment 3 fill out
4 commute 5 location 6 departing

T 토익 감각 익히기 STEP ❶   본책 p.072

1 (B) **2** (B) **3** (A) **4** (A)
받아쓰기
(1) bed frame (2) two tickets
(3) out of print (4) art museum

남: 히스맨에 오신 것을 환영합니다. **찾으시는 것 도와드릴까요? 탁자요? 아니면 소파요?**
여: 침대 프레임을 찾고 있어요. 이상적으로는 아래 물건을 보관할 공간이 있는 것으로요.

| 어휘 | ideally 이상적으로

1 남자는 어디서 일하겠는가?
(A) 사무용품점   (B) 가구점

| 해설 | **남자의 근무 장소**
남자의 말에서 '탁자나 소파, 찾으시는 것 있으면 도와준다(Can I help you find something—a table? Or a sofa?)'고 하므로

(B)가 정답이다.

| 어휘 | office-supply 사무용품 furniture 가구

Paraphrasing
대화: a table, a sofa → 정답: furniture
(책상, 소파 → 가구)

남: 안녕하세요. **다음 주 박물관 모금 행사 입장권 2장을 사려고 전화했습니다.** 도와주실 수 있나요?
여: 물론입니다. 표 가격에는 3코스 저녁 식사가 포함되어 있어요.

| 어휘 | museum 박물관 include 포함하다

2 전화를 건 목적은?
(A) 약속을 취소하려고
(B) 표를 구매하려고

| 해설 | **전화 목적**
남자의 말에서 '박물관 모금 행사 입장권을 사려고 전화했다(I'm calling to buy two tickets to the museum fund-raiser next week)'고 하므로 (B)가 정답이다.

| 어휘 | cancel 취소하다

여: 안녕하세요, <물 속의 흔적>이라는 책을 찾고 있는데요. 여기 한 권 있나요?
남: 음… 기록을 확인해 볼게요. **정말 죄송합니다만 그 책은 절판됐어요.**

| 어휘 | called ~라고 부르는, ~라는 이름의 trace 자취, 흔적 record 기록 out of print 절판된

3 남자가 사과하는 이유는?
(A) 책이 절판되어서
(B) 웹사이트가 동작하지 않아서

| 해설 | **남자의 사과 이유**
남자의 말에서 '죄송하지만 그 책은 절판됐다(I'm really sorry, but that book is out of print)'고 하므로 (A)가 정답이다.

| 어휘 | apologize 사과하다

남: 실례합니다. **현대 미술관에 가려면 어느 정류장에서 내려야 하죠?**
여: 가장 좋은 정류장은 그랜드 가예요. 두 블록만 걸으면 돼요.

| 어휘 | stop 정류장 modern 현대의, 근대의 art museum 미술관 have to ~해야 하다

4 남자는 어디에 가고 싶어 하는가?
(A) 미술관   (B) 관광 안내소

| 해설 | **남자가 가고 싶은 곳**
남자가 '미술관에 가려면 어느 정류장에서 내려야 하는지(what stop should I get off at for the modern art museum?)'를 묻고 있으므로 (A)가 정답이다.

| 어휘 | information 정보

29

T 토익 감각 익히기 STEP ❷
본책 p.073

1 (B) **2** (B) **3** (A) **4** (B)

받아쓰기

(1) booking (2) purchase

(3) business partner (4) seating

[1-2]

여:	안녕하세요, 스미스 씨. **¹당신의 다가오는 휴가를 위해 호텔과 항공편 예약을 방금 마쳤어요.**
남:	좋아요, 감사합니다! 다음 단계는 뭐죠?
여:	기차표를 구입해야 할 거예요. **²떠나기 전에 구입해야 여행자 할인을 받아요.**

| 어휘 | finish 마치다 flight 항공편 upcoming 다가오는 vacation 휴가 step 단계 pass 통행권, 승차권 discount 할인

1 여자의 직업은 무엇이겠는가?

　(A) 호텔 접수 담당자

　(B) 여행사 직원

| 해설 | 여자의 신분

여자의 말에서 '당신의 휴가를 위해 호텔과 항공편 예약을 방금 마쳤다(I just finished booking the hotels and flights for your upcoming vacation)'고 하므로 (B)가 정답이다.

| 어휘 | receptionist 접수 담당자

2 여자는 기차표에 대해 뭐라고 말하는가?

　(A) 더 이상 구할 수 없다.

　(B) 여행 전에 구매하는 것이 더 저렴하다.

| 해설 | 여자가 기차표에 대해 언급한 것

여자의 말에서 '떠나기 전에 구입해야 여행자 할인을 받는다(You only get the tourist discount if you buy it before you go)'고 하므로 (B)가 정답이다.

| 어휘 | no longer 더 이상 ~이 아닌

Paraphrasing

대화: get the tourist discount → 정답: cheaper to purchase (여행자 할인을 받다 → 구매하기에 더 저렴한)

대화: before you go → 정답: before a trip

(떠나기 전에 → 여행 전에)

[3-4]

남:	안녕하세요. 마이클스라는 이름으로 2인 예약했습니다. **³사업 파트너를 만날 예정인데 아직 도착을 안 했네요.**
여:	네, 여기 예약 확인했습니다. **⁴선호하는 좌석 있으세요?** 식당 안에 빈 테이블이 몇 개 있고 바깥 테라스에도 좀 있습니다.
남:	음, 사업 얘기할 게 많아서요. 조용한 구역이 좋습니다.

| 어휘 | preference 선호 discuss 논의하다

3 남자는 누구와 만나 점심 식사를 할 것인가?

　(A) 사업 파트너

　(B) 입사 지원자

| 해설 | 남자가 만날 사람

남자가 '사업 파트너를 만날 예정(I'm meeting my business partner)'이라고 하므로 (A)가 정답이다.

| 어휘 | candidate 지원자

4 여자는 남자에게 무엇을 물어보는가?

　(A) 주문하고 싶은 시간

　(B) 앉고 싶은 자리

| 해설 | 여자의 문의 사항

여자가 '선호하는 좌석 있는지(Do you have a seating preference?)'를 묻고 있으므로 (B)가 정답이다.

Paraphrasing

대화: a seating preference → 정답: Where he would like to sit (선호 좌석 → 앉고 싶은 곳)

ETS ETS 실전 도전하기
본책 p.074

1 (C) **2** (B) **3** (A) **4** (C) **5** (B) **6** (D)

7 (B) **8** (B) **9** (D) **10** (B) **11** (D) **12** (A)

[1-3] (W-Am) (M-Cn)

W	**¹**I bought these sunglasses from your shop last month, and yesterday one of the lenses came out of the frames. Can you fix them here?
M	**²**I'm sorry, but the person who does the repairs is at lunch right now. If you leave the glasses here, I'll make sure he fixes them as soon as he returns.
W	OK. **³**I have some shopping to do, so I'll stop back in an hour.

여:	**¹**지난달에 이 매장에서 이 선글라스를 샀는데요. 어제 렌즈 하나가 테에서 빠졌어요. 여기서 고칠 수 있나요?
남:	**²**죄송하지만, 수리하는 분이 지금 점심 식사 중입니다. 여기 선글라스를 두고 가시면 돌아오는 대로 수리하시도록 할게요.
여:	좋아요. **³**쇼핑 좀 해야 해서 한 시간 뒤에 다시 올게요.

| 어휘 | frame 테, 테두리, 틀 fix 수리하다 repair 수리 leave ~를 두고 가다 make sure 확실하게 하다, 반드시 하다 as soon as ~하자마자 return 돌아오다

30

1 여자는 무엇에 대해 물어보는가?
(A) 환불　　　　(B) 일자리
(C) 수리　　　　(D) 할인

| 해설 | **여자의 문의 사항**
여자가 '선글라스의 렌즈 하나가 빠졌는데 고칠 수 있는지(I bought these sunglasses ~. Can you fix them here?)'를 묻고 있으므로 (C)가 정답이다.

| 어휘 | refund 환불　sale 판매, 할인

2 남자가 사과하는 이유는?
(A) 상품이 품절됐다.
(B) 직원이 지금 시간이 안 된다.
(C) 매장 정책이 변경됐다.
(D) 서비스 요금이 청구된다.

| 해설 | **남자의 사과 이유**
남자의 말에서 '죄송하지만 수리하는 분이 지금 점심 식사 중(I'm sorry, but the person who does the repairs is at lunch right now)'이라고 하므로 (B)가 정답이다.

| 어휘 | apologize 사과하다　out of stock 품절된, 재고가 없는　employee 직원　available 시간이 되는　policy 정책　fee 요금　charge 청구하다

Paraphrasing
대화: the person who does the repairs
→ 정답: An employee (수리를 하는 사람 → 직원)

3 여자는 한 시간 뒤에 무엇을 하겠다고 말하는가?
(A) 매장으로 돌아오기
(B) 지원서 제출하기
(C) 결제 확정하기
(D) 판매업체에 전화하기

| 해설 | **여자가 한 시간 뒤 할 일**
여자의 마지막 말에서 '쇼핑을 좀 해야 해서 한 시간 뒤에 다시 오겠다(I have some shopping to do, so I'll stop back in an hour)'고 하므로 (A)가 정답이다.

| 어휘 | submit 제출하다　application 지원, 지원서　confirm 확정하다, 확인해 주다　payment 지불, 결제　vendor 판매업체

Paraphrasing
대화: stop back → 정답: Return (다시 들르다 → 돌아오다)

[4-6] (W-Am) (M-Cn)

> W　Hello, ⁴, ⁵I'll be checking in to your hotel this evening, but my flight's been delayed, so I'll be arriving close to midnight—is that all right?
> M　Our check-in desk is open 24 hours. However, if you were planning to use our airport shuttle, it stops running at nine o'clock.

W　Oh, yes, I was. Do you know how much a taxi might cost?
M　It should be about twenty dollars. ⁶If you'd like, I can call the taxi company and arrange for them to pick you up.

여: 안녕하세요. ⁴, ⁵**오늘 저녁 그 호텔에 체크인할 예정인데 항공편이 연착됐어요.** 그래서 자정 가까이 도착할 것 같아요. 괜찮을까요?
남: 저희 체크인 데스크는 24시간 운영합니다. 그런데 저희 공항 셔틀버스를 이용할 계획이시라면 9시에 운행을 중단합니다.
여: 아, 네, 그러려고 했어요. 택시비가 얼마나 드는지 아세요?
남: 대략 20달러일 겁니다. ⁶**원하신다면 제가 택시업체에 전화해서 태우러 갈 수 있도록 조치할게요.**

| 어휘 | flight 항공편　delay 지연시키다　arrive 도착하다　midnight 자정　however 그러나　cost 비용이 들다　arrange 처리하다, 주선하다　pick up 태우러 가다

4 여자는 어떤 종류의 업체에 전화하는가?
(A) 항공사　　　　(B) 택시 서비스
(C) 호텔　　　　(D) 여행사

| 해설 | **여자가 전화한 업체**
여자의 말에서 '오늘 저녁 그 호텔에 체크인할 예정(I'll be checking in to your hotel this evening)'이라고 하므로 (C)가 정답이다.

5 여자는 어떤 문제를 언급하는가?
(A) 예약 실수　　　　(B) 항공편 지연
(C) 차량 고장　　　　(D) 수하물 분실

| 해설 | **여자가 언급한 문제점**
여자의 말에서 '오늘 저녁 호텔에 체크인할 예정인데 항공편이 연착됐다(I'll be checking in to your hotel this evening, but my flight's been delayed)'고 하므로 (B)가 정답이다.

| 어휘 | reservation 예약　broken-down 고장 난, 완전히 망가진　lost 잃어버린　luggage 수하물

Paraphrasing
대화: my flight's been delayed → 정답: A delayed flight
(항공편이 연착되었다 → 연착된 항공편)

6 남자는 무엇을 하겠다고 제안하는가?
(A) 늦게까지 운영하기
(B) 요금 환불해 주기
(C) 배달 받아 주기
(D) 택시 예약하기

| 해설 | **남자의 제안 사항**
남자의 마지막 말에서 '원하신다면 택시업체에 전화해서 태우러 갈 수 있도록 조치하겠다(If you'd like, I can call the taxi company and arrange for them to pick you up)'고 하므로 (D)가 정답이다.

| 어휘 | refund 환불하다　fee 요금　accept 받아 주다　delivery 배달　reserve 예약하다

Paraphrasing

대화: call the taxi company and arrange for them to pick you up → 정답: Reserve a taxi

(택시 회사에 연락해서 태우러 갈 수 있도록 하다 → 택시를 예약하다)

[7-9] (W-Am) (M-Cn)

> W Hi. I had an 11:00 appointment with Dr. Yun for my annual physical exam. [7]I called to say that I'd be late. I was in a meeting that lasted longer than expected.
>
> M Yes, I got your message. I'm so sorry, but I'm afraid the doctor's very busy this morning. [8]You'll probably have to wait quite a while before Dr. Yun can see you.
>
> W Oh, I can't do that. [9]I think it would probably be best if I reschedule the appointment for another day.
>
> 여: 안녕하세요. 연례 건강 검진으로 윤 박사님과 11시에 약속이 되어 있는데요. [7]늦을 거라고 얘기하려고 전화 드렸어요. 회의가 예상보다 길어졌어요.
>
> 남: 네, 알겠습니다. 정말 죄송하지만 오늘 오전 박사님이 매우 바쁩니다. [8]윤 박사님을 뵙기 전, 아마 꽤 오래 기다리셔야 할 거예요.
>
> 여: 아, 안 되는데요. [9]다른 날로 예약을 변경하는 것이 가장 좋겠네요.

| 어휘 | annual 연례의, 매년의 physical exam 신체 검사, 건강 검진 last 지속되다 than expected 예상보다 probably 아마 quite a while 꽤 오랫동안 reschedule 일정을 변경하다

7 여자는 왜 늦었다고 말하는가?
(A) 교통 체증에 갇혀 있었다.
(B) 회의에서 늦어졌다.
(C) 다른 건물로 갔다.
(D) 약속 시간을 잊었다.

| 해설 | 여자가 늦었다고 말하는 이유
여자가 '늦을 것 같다(I called to say that I'd be late)'고 하면서 '회의가 예상보다 길어졌다(I was in a meeting that lasted longer than expected)'고 하므로 (B)가 정답이다.

| 어휘 | stuck in traffic 교통 체증에 갇힌 delay 지연시키다 forget 잊다

Paraphrasing

대화: I was in a meeting that lasted longer than expected → 정답: She was delayed at a meeting

(예상보다 회의가 길어졌다 → 회의에서 늦어졌다)

8 남자는 여자에게 뭐라고 말하는가?
(A) 간호사를 만날 수 있다.
(B) 오래 기다려야 할 수도 있다.

(C) 처방이 내려졌다.
(D) 장소가 변경됐다.

| 해설 | 남자가 여자에게 한 말
남자의 말에서 '아마 꽤 오래 기다리셔야 할 것(You'll probably have to wait quite a while before Dr. Yun can see you)'이라고 하므로 (B)가 정답이다.

| 어휘 | a long time 오래 prescription 처방, 처방전 order 지시하다, 주문하다 location 장소

Paraphrasing

대화: wait quite a while → 정답: wait a long time

(꽤 오래 기다리다 → 오래 기다리다)

9 여자는 무엇을 하기로 결정하는가?
(A) 집으로 돌아가기
(B) 다른 병원에 전화하기
(C) 그녀의 관리자에게 연락하기
(D) 다른 날 다시 오기

| 해설 | 여자의 결정 사항
여자의 마지막 말에서 '다른 날로 예약을 변경하는 것이 가장 좋겠다(it would probably be best if I reschedule the appointment for another day)'고 하므로 (D)가 정답이다.

| 어휘 | decide 결심하다, 결정을 내리다 contact 연락하다 supervisor 감독관, 관리자

Paraphrasing

대화: reschedule the appointment for another day → 정답: Come back another day

(다른 날로 예약을 변경하다 → 다른 날에 다시 오다)

[10-12] 대화 + 버스 정류장 표지판 (M-Cn) (W-Br)

> M Excuse me, do you know which of these buses goes to the city center?
>
> W Well, [10]you can take several routes, but I'd recommend taking the second one—the Summit Street bus. It'll only take fifteen minutes to get there.
>
> M [10]Great, thanks for your help. [11]I'm in town to speak at a marketing convention, and I wanted to do some sightseeing before my presentation this afternoon.
>
> W You know, there's a great application that you can get on your smartphone through the city tourism office. [12]The app lists the city's top attractions—there's a lot to do here.
>
> 남: 실례합니다. 이 중 어떤 버스가 도심으로 가는지 아세요?
>
> 여: 음, [10]여러 노선으로 가실 수 있는데 저는 두 번째 노선인 서밋 가 버스를 추천해요. 거기까지 가는 데 15분밖에 안 걸려요.

남: ¹⁰**좋네요, 도와주셔서 감사합니다.** ¹¹**마케팅 협의회에서 발표하려고 여기 왔는데,** 오늘 오후 발표에 앞서 관광을 좀 하고 싶었거든요.

여: 시 관광 사무소를 통해 스마트폰에 받을 수 있는 훌륭한 앱이 있어요. ¹²**앱에 시 최고의 명소가 나와 있어요.** 여기서 할 것이 많답니다.

| 어휘 | several 몇몇의   route 노선, 경로   recommend 추천하다, 권장하다   convention 대회, 협의회   sightseeing 관광   presentation 발표   application 앱, 어플리케이션   tourism 관광   attraction 명소

6	Orchard Avenue
¹⁰13	Summit Street
23	Brook Lane
30	Sycamore Drive

6	오차드 가
¹⁰13	서밋 가
23	브루크 길
30	시카모어 길

10 시각 정보에 의하면, 남자는 어떤 버스를 타겠는가?
(A) 6번 버스　　　　(B) 13번 버스
(C) 23번 버스　　　(D) 30번 버스

| 해설 | **남자가 탈 버스 [시각 정보 연계]**
여자가 '두 번째 노선인 서밋 가 버스를 추천한다(I'd recommend taking the second one—the Summit Street bus)'고 하고 남자가 '고맙다(Great, thanks for your help)'고 하므로 남자는 여자가 추천한 두 번째 노선인 서밋 가 버스를 탈 것이라는 것을 알 수 있다. 따라서 (B)가 정답이다.

11 남자는 왜 이 도시를 방문했는가?
(A) 취업 면접을 실시하려고
(B) 해외 사무실을 견학하려고
(C) 계약을 협상하려고
(D) 발표하려고

| 해설 | **남자의 도시 방문 이유**
남자의 말에 '마케팅 협의회에서 발표하려고 여기 왔다(I'm in town to speak at a marketing convention)'고 했으므로 (D)가 정답이다.

| 어휘 | conduct 실시하다   job interview 취업 면접   international 국제적인   negotiate 협상하다   contract 계약   presentation 발표

Paraphrasing
대화: speak at a marketing convention → 정답: give a presentation (마케팅 협의회에서 발표하다 → 발표하다)

12 여자에 따르면, 스마트폰 앱은 무엇을 제공하는가?
(A) 관광 정보　　　　(B) 일기 예보
(C) 식당 할인　　　　(D) 일정 업데이트

| 해설 | **스마트 앱이 제공하는 것**
여자의 마지막 말에서 '앱에 시 최고의 명소가 나와 있다(The app lists the city's top attractions)'고 하므로 (A)가 정답이다.

| 어휘 | provide 제공하다   weather forecast 일기 예보   discount 할인

Paraphrasing
대화: the city's top attractions → 정답: Tourist information (시 최고의 명소 → 관광 정보)

LC Part 4

DAY 09 전화 메시지 / 공지

전화 메시지

본책 p.078

안녕하세요, 케니치 이토입니다. ¹**이틀 전에 귀사의 온라인 매장에서 책상을 주문했어요.** 그런데 상자를 열었더니 제품 취급 설명서가 스페인어로 인쇄되어 있어요! ²**아마도 가장 쉬운 해결책은 영문 설명서 링크를 저에게 이메일로 보내주시는 것 같아요.** 감사합니다.

| 어휘 | order 주문하다   however 그러나   instruction booklet 취급 설명서   probably 아마   solution 해결책

1 화자는 어디에서 물품을 구입했는가?
(A) 인터넷　　　　(B) 백화점

| 해설 | **물품 구매 장소**
담화 초반부에서 '온라인 매장에서 책상을 주문했다(I ordered a desk through your online shop)'고 하므로 (A)가 정답이다.

Paraphrasing
담화: through your online shop → 정답: On the Internet (귀사의 온라인 쇼핑몰을 통해 → 인터넷에서)

2 화자는 청자가 무엇을 하기를 원하는가?

(A) 자신에게 이메일 보내기

(B) 창고의 재고 확인하기

| 해설 | **화자의 요청 사항**

담화 후반부에서 '가장 쉬운 해결책은 영문 설명서 링크를 저에게 이메일로 보내주는 것(Probably the easiest solution would be to e-mail me a link to the English version of the instructions)'이라고 하므로 (A)가 정답이다.

| 어휘 | inventory 재고품, 물품 목록   warehouse 창고

Check Up | 본책 p.079

1 make it to **2** inquiry **3** order

4 apologize **5** shipment **6** organize

ⓞ 공지

본책 p.080

¹뉴욕행 206 항공편 승객 여러분께 안내 말씀드립니다. B 터미널의 고객 서비스 데스크로 가시면 저희 담당자 중 한 명이 신규 예약을 도와드릴 것입니다. ²승객 여러분의 편의를 위해, 오늘 밤 공항 호텔에 머물 수 있도록 준비했습니다.

| 어휘 | cancel 취소하다   technical issue 기술적 문제 representative 직원, 대표자   assist 돕다   arrangement 준비

1 청자들은 어디에 있는가?

(A) 공항   (B) 버스 터미널

| 해설 | **담화 장소**

담화 초반부에서 '뉴욕행 206 항공편 승객 여러분께 안내 말씀드립니다(Attention, passengers on Flight 206 to New York)'라고 하므로 (A)가 정답이다.

2 청자들은 호의로 무엇을 받는가?

(A) 호텔 숙박

(B) 무료 인터넷 서비스

| 해설 | **청자들이 호의로 받는 것**

담화 후반부에서 '승객의 편의를 위해, 오늘 밤 공항 호텔에 머물 수 있도록 준비했다(As a courtesy, we've made arrangements for you to stay at the airport hotel tonight)'고 하므로 (A)가 정답이다.

| 어휘 | accommodation 숙박 시설

Paraphrasing

담화: to stay at the airport hotel → 정답: Hotel accommodations

(공항 호텔에 묵는 것 → 호텔 숙박)

Check Up | 본책 p.081

1 Fasten **2** on time **3** opportunity

4 issue **5** extend **6** competition

ⓣ 토익 감각 익히기 STEP ❶

본책 p.082

1 (A) **2** (B) **3** (A) **4** (B)

받아쓰기

(1) Volleyball Tournament (2) looking (3) ideas
(4) battery (5) charged (6) Furniture (7) chairs

라디오 KBNM 지역 뉴스 시간입니다. **서니타운 배구 토너먼트의 주최 측은 연례 자선 행사 일정이 변경됐다고 발표했습니다.**

| 어휘 | organizer 주최 측, 조직자   announce 발표하다, 알리다 charity 자선   reschedule 일정을 변경하다

1 발표는 무엇에 관한 것인가?

(A) 스포츠 토너먼트

(B) 라디오 프로그램

| 해설 | **발표의 주제**

'서니타운 배구 토너먼트의 주최 측이 행사 일정 변경을 발표했다(Organizers of the Sunnytown Volleyball Tournament ~ event has been rescheduled)'고 하므로 (A)가 정답이다.

| 어휘 | announcement 발표, 소식

Paraphrasing

담화: Volleyball Tournament → 정답: A sports tournament (배구 토너먼트 → 스포츠 토너먼트)

안녕하세요, 마틴. 섀넌입니다. 지난주 즐거운 휴가 보내셨길 바라요! 이곳 방송국에서는 당신이 없어서 아쉬웠어요. 자, 이제 막 돌아오셨지만… 부탁이 있습니다. **제 프로그램 편성 아이디어의 초안을 좀 봐 주실 수 있나요?** 그럼 정말 감사하겠습니다.

| 어휘 | rough draft 초안   programming 방송 프로그램 편성 appreciate 감사하다

2 화자는 청자에게 무엇을 요청하는가?

(A) 관리자에게 전화

(B) 자신의 아이디어 검토

| 해설 | **화자의 요청 사항**

담화 후반부에서 화자는 '프로그램 편성 아이디어의 초안을 봐 줄 것(Would you mind looking at the rough draft of my programming ideas?)'을 요청하므로 (B)가 정답이다.

| 어휘 | review 검토하다

Paraphrasing

담화: looking at the rough draft of my programming ideas → 정답: Review her ideas

(프로그램 편성 아이디어 초안을 보다 → 아이디어를 검토하다)

제플러 오토모빌즈가 곧 Y100 전기 자동차를 출시할 예정임을 발표하게 되어 기쁘게 생각합니다. **Y100은 배터리가 3시간 만에 완전히 충전될 수 있기 때문에 다른 어떤 전기 자동차와도 다를 것입니다.**

| 어휘 | delighted 기쁜 release 출시하다 electric car 전기 자동차 unlike ~와 다른 fully 완전히

---

3 화자는 왜 제품이 특별하다고 말하는가?
(A) 배터리가 빨리 충전돼서
(B) 시중에서 가장 작은 모델이어서

| 해설 | **제품이 특별하다고 말하는 이유**
담화 후반부에서 'Y100은 배터리가 3시간 만에 완전히 충전될 수 있기 때문에 다른 어떤 전기 자동차와도 다를 것(The Y100 will be unlike any other electric car because the battery can be fully charged in only three hours)'이라고 하므로 (A)가 정답이다.

Paraphrasing

담화: the battery can be fully charged in only three hours → 정답: Its battery charges quickly

(배터리가 3시간 만에 완전히 충전될 수 있다 → 배터리가 빨리 충전된다)

안녕하세요, **나오미 주문 제작 사무용 가구입니다.** 귀하의 주문품에 대해 최신 소식을 알려드리고 싶습니다. 주문하신 사무용 의자를 수령했어요. 송장 메모에서 본 바에 따르면 내일 배송되길 원하셨던 것 같은데요. 앞으로 며칠간 저희 모든 트럭이 바쁩니다.

| 어휘 | custom 주문 제작 invoice 송장, 청구서
for the next few days 앞으로 며칠간

---

4 화자는 어떤 종류의 업체에서 일하는가?
(A) 트럭 대여업체
(B) 가구점

| 해설 | **화자의 근무 업종**
담화 초반부에서 '나오미 주문 제작 사무용 가구(this is Naomi's Custom Office Furniture)'라고 소개하고 있으므로 (B)가 정답이다.

Paraphrasing

담화: Naomi's Custom Office Furniture
→ 정답: A furniture store

(나오미 주문 제작 사무용 가구 → 가구점)

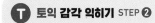

토익 감각 익히기 STEP ❷   본책 p.083

1 (A) **2** (A) **3** (B) **4** (A)

받아쓰기
(1) problems (2) sorry (3) torn
(4) delays (5) ticket (6) identification

[1-2]

안녕하세요, 카타야마 씨. 이틀 전 귀사로 보내 드린 직물로 인해 겪으신 문제점에 대한 메시지를 잘 받았습니다. **[1, 2]찢어진 직물을 배송해 드려서 정말 죄송합니다.** 당연히 저희가 추가 비용 없이 귀하의 공장으로 가서, 사용하실 수 없는 직물을 수거하고 다른 배송품을 가져다드리겠습니다.

| 어휘 | encounter 맞닥뜨리다, 접하다 fabric 직물 torn 찢긴
factory 공장 drop off 가져다주다 at no extra cost 추가 비용 없이

---

1 전화 메시지를 남긴 의도는?
(A) 고객에게 사과하기 위해
(B) 약속 일정을 변경하기 위해

| 해설 | **전화 메시지의 의도**
담화 중반부에서 '찢어진 직물을 배송해 드려서 정말 죄송하다(I'm very sorry that we delivered material that was torn)'고 하므로 (A)가 정답이다.

---

2 화자는 어떤 문제를 언급하는가?
(A) 일부 직물이 손상됐다.
(B) 기계가 고장 났다.

| 해설 | **화자가 언급한 문제점**
담화 중반부에서 '찢어진 직물을 배송해 드렸다(we delivered material that was torn)'고 하므로 (A)가 정답이다.

Paraphrasing

담화: material that was torn → 정답: material is damaged
(찢어진 직물 → 직물이 손상됐다)

[3-4]

항공기 승객 여러분께 알립니다. **[3]오늘 항공편을 이용하는 분들이 많아 보안검색대에서 상당한 지연을 겪고 있습니다. [4]절차를 빠르게 진행하기 위해 보안요원이 확인할 수 있도록 탑승권과 신분증을 준비해 주시기 바랍니다.** 빨간색 명찰을 단 직원들이 대기열을 지나가며 진행할 것입니다.

| 어휘 | significant 중요한, 상당한 security checkpoint 보안검색대 be aware 알다 attendant 종업원, 안내원
waiting line 대기열

---

3 어떤 문제를 처리하고 있는가?
(A) 컴퓨터 오류　　　(B) 승객 지연

| 해설 | **처리 중인 문제**
담화 초반부에서 '항공편 이용객이 많아 보안 검색대에 지연이 있다(Due to the large number of people ~ delays at the security checkpoints)'고 하므로 (B)가 정답이다.

| 어휘 | address a problem 문제를 처리하다

4 청자들은 무엇을 하라고 요청받았는가?
(A) 서류 제시 준비하기
(B) 공항 다른 구역으로 가기

| 해설 | **청자들에 대한 요청 사항**
담화 중반부에서 '보안요원이 확인할 수 있도록 탑승권과 신분증을 준비해 주길 바란다(please have your ticket and identification ready for the security guards to check)'고 하므로 (A)가 정답이다

Paraphrasing
담화: ticket and identification → 정답: documents
(탑승권과 신분증 → 서류)

ETS ETS 실전 도전하기　　　본책 p.084

| 1 (D) | 2 (C) | 3 (A) | 4 (D) | 5 (B) | 6 (C) |
| 7 (B) | 8 (A) | 9 (B) | 10 (A) | 11 (B) | 12 (A) |

[1-3] 공지 (W-Am)

Good evening, [1]Rossi Bookstore customers. [2]We're pleased to announce that the new reading area we've constructed is now open. It's in the back of the store, right behind the fiction section. So be sure to come and enjoy this comfortable space where you can sit while you decide on what books to purchase. [3]Also don't forget that all calendars are now fifty percent off the regular price. Thank you again for shopping at Rossi.

안녕하세요, [1]로시 서점 고객 여러분. [2]저희가 새로 지은 독서 구역이 이제 개장되었음을 알려드립니다. 매장 뒤편, 소설 코너 바로 뒤에 있습니다. 그러니 꼭 오셔서, 어떤 책을 구입할지 결정할 동안 앉아 있을 수 있는 이 편안한 공간을 이용해 보세요. [3]아울러 모든 캘린더를 정가의 50퍼센트로 할인하고 있다는 점을 기억해 주세요. 로시를 이용해 주셔서 다시 한번 감사드립니다.

| 어휘 | bookstore 서점　pleased 기쁜　announce 발표하다, 알리다　construct 짓다, 건설하다　right behind ~의 바로 뒤

---

fiction 소설　comfortable 편안한　decide 결심하다, 결정하다
purchase 구매하다　forget 잊다　regular price 정가

1 공지는 어디에서 이뤄지는가?
(A) 의류 매장　　　(B) 제과점
(C) 컴퓨터 매장　　(D) 서점

| 해설 | **담화 장소**
담화 초반부에서 '로시 서점 고객 여러분(Rossi Bookstore customers)'이라고 하므로 (D)가 정답이다.

| 어휘 | clothing 옷, 의복

2 화자에 따르면, 업체에 무엇이 추가됐는가?
(A) 더 많은 계산대
(B) 개선된 장비
(C) 독서 구역
(D) 카페

| 해설 | **업체에 추가된 것**
담화 초반부에서 '새 독서 구역이 이제 개장되었음을 알린다(We're pleased to announce that the new reading area we've constructed is now open)'고 하므로 (C)가 정답이다.

| 어휘 | add 더하다, 추가하다　checkout counter 계산대 equipment 장비

3 화자는 청자들에게 무엇을 상기시키는가?
(A) 할인가　　　(B) 제품 시연
(C) 책 사인회　　(D) 휴일 행사

| 해설 | **청자들에게 상기시키는 것**
담화 후반부에서 '모든 캘린더를 정가의 50퍼센트로 할인하고 있다는 점을 기억해 달라(Also don't forget that all calendars are now fifty percent off the regular price)'고 하므로 (A)가 정답이다.

| 어휘 | discount 할인　product 제품　demonstration 시연, 설명　book signing 책 사인회

Paraphrasing
담화: fifty percent off the regular price
→ 정답: A discount price (정가의 50퍼센트 할인 → 할인가)

[4-6] 전화 메시지 (M-Cn)

Hello, this is Alex from Calypso Paint Shop. [4]You said you'd like to order five cans of ocean blue paint. I'm sorry, but we don't have any more of that color in stock. It's been discontinued. [5]However, we do still have a similar shade of blue that's a little lighter. And if you decide to buy it, [6]I'll send along an updated catalog so you know which colors are available for your future reference.

안녕하세요, 칼립소 페인트 매장의 알렉스입니다. **⁴오션블루색 페인트 다섯 캔을 주문하고 싶다고 하셨는데요. 죄송하지만, 그 색상은 더 이상 재고가 없습니다.** 단종됐어요. **⁵하지만 조금 더 밝은 비슷한 색조의 파란색은 아직 있습니다.** 구매를 결정하시면 앞으로 참고하실 수 있도록 구매 가능한 색상을 알려주는 **⁶최신 카탈로그를 보내 드리겠습니다.**

| 어휘 | order 주문하다 in stock 비축되어, 재고로 discontinue 생산을 중단하다 similar 비슷한, 유사한 shade 색조 decide 결정하다 send along 보내다 available 이용할 수 있는 future 미래의, 향후의 reference 참고, 참조

4 어떤 문제가 있는가?
(A) 매장이 폐업했다.
(B) 가전제품이 고장 났다.
(C) 제품 가격이 인상됐다.
(D) 일부 상품을 구할 수 없다.

| 해설 | **문제점**
담화 초반부에서 '주문하신 오션블루색 페인트는 더 이상 재고가 없다(You said you'd like to order five cans of ocean blue paint. I'm sorry, but we don't have any more of that color in stock)'고 하므로 (D)가 정답이다.

| 어휘 | go out of business 폐업하다 appliance (가정용) 기기 broken 고장 난 increase 오르다, 인상되다 merchandise 상품 unavailable 이용할 수 없는, 구할 수 없는

Paraphrasing
담화: we don't have any more of that color in stock
→ 정답: Some merchandise is unavailable
(그 색상은 더 이상 재고가 없다 → 상품을 구할 수 없다)

5 화자는 무엇을 제안하는가?
(A) 실내 장식가에게 연락하기
(B) 대체 물품 구입하기
(C) 다른 지점 방문하기
(D) 부품 교체하기

| 해설 | **화자의 제안 사항**
담화 중반부에서 '조금 더 밝은 비슷한 색조의 파란색은 아직 있다(However, we do still have a similar shade of blue that's a little lighter)'고 하므로 (B)가 정답이다.

| 어휘 | contact 연락하다 interior decorator 실내 장식가 branch 지사, 분점 replace 교체하다 part 부품

6 화자는 무엇을 할 것이라고 말하는가?
(A) 배송하기   (B) 도장공 추천하기
(C) 카탈로그 보내기   (D) 제품 견본 제공하기

| 해설 | **화자가 다음에 할 일**
담화 후반부에서 '최신 카탈로그를 보내 드리겠다(I'll send along an updated catalog)'고 하므로 (C)가 정답이다.

| 어휘 | delivery 배달 recommend 추천하다 painter 도장공, 페인트칠 하는 사람 provide 제공하다 sample 견본

[7-9] 전화 메시지 (M-Au)

Hello. **⁷I'm returning your call regarding a whale-watching excursion for next Saturday. Both of Saturday's morning cruises are already booked. However, we do have a few spots left on the afternoon cruises. But ⁸because the whales are on their southern migration, afternoon tours will sell out quickly.** Call our office to confirm your reservation. And ⁹to make the most of your trip, wear comfortable shoes. We hope to see you soon!

안녕하세요. **⁷다음 주 토요일 고래 관찰 여행에 대한 문의 전화에 회신드립니다.** 토요일 오전 크루즈는 이미 둘 다 예약이 찼습니다. 그러나 오후 크루즈에는 몇 자리가 남아 있어요. 하지만 **⁸고래가 남쪽으로 이동하는 중이기 때문에 오후 투어도 빨리 매진될 것입니다.** 예약 확정을 위해 저희 사무실로 전화를 주십시오. 그리고 **⁹여행을 최대한 즐기기 위해 편안한 신발을 신어주세요.** 곧 뵙기를 바라겠습니다!

| 어휘 | regarding ~에 관하여 excursion 여행 cruise 유람선 여행 migration 이주 make the most of ~을 최대한 활용하다[즐기다] comfortable 편한

7 화자는 어디에서 전화를 하겠는가?
(A) 어시장   (B) 여행사
(C) 극장   (D) 운송 회사

| 해설 | **전화 장소**
담화 초반부에서 '다음 주 토요일 고래 관찰 여행에 대한 문의 전화에 회신한다(I'm returning your call regarding a whale-watching excursion for next Saturday)'고 하므로 (B)가 정답이다.

8 화자는 청자에게 무엇에 대해 경고하는가?
(A) 티켓이 매진될 것이다.
(B) 출발이 지연될 수도 있다.
(C) 사무실이 문을 닫을 수도 있다.
(D) 주차가 어려울 수도 있다.

| 해설 | **화자의 경고 사항**
담화 중반부에서 '고래가 남쪽으로 이동하는 중이기 때문에 오후 투어도 빨리 매진될 것(But because the whales are on their southern migration, afternoon tours will sell out quickly)'이라고 하므로 (A)가 정답이다.

| 어휘 | sell out 다 팔리다, 매진되다 departure 출발

Paraphrasing
담화: tours will sell out quickly → 정답: Tickets are going to sell out
(투어가 빠르게 매진될 것이다 → 티켓이 매진될 것이다)

9 청자는 무엇을 착용해야 하는가?

(A) 이름표   (B) 편안한 신발

(C) 유니폼   (D) 모자

| 해설 | **청자가 착용해야 하는 것**

담화 후반부에서 '여행을 최대한 즐기기 위해 편안한 신발을 신으라(to make the most of your trip, wear comfortable shoes)'고 하므로 (B)가 정답이다.

[10-12] 공지+지도 (M-Cn)

Good afternoon, shoppers. This is a reminder that the Franklin Town Mall has extended hours today because of the upcoming holiday. ¹⁰We will close at nine P.M. instead of eight. Additionally, complimentary shuttles are always available to take shoppers from the mall to downtown. ¹¹They depart regularly from the parking area between Gabby's Books and Highway 31. Also, ¹²don't forget, next Saturday at two o'clock, Dillan's Clothing Store will be holding their annual fashion show. Come by to see the latest trends!

안녕하세요, 고객 여러분. 다가오는 휴가로 인해 오늘 프랭클린 타운 몰이 영업시간을 연장했음을 알려드립니다. ¹⁰**오후 8시 대신 9시에 폐장할 예정입니다.** 아울러, 쇼핑 고객 여러분을 몰에서 시내로 모셔다 드리는 무료 셔틀버스를 언제든 이용하실 수 있습니다. ¹¹**개비 북스와 31번 고속도로 사이 주차장에서 정기적으로 출발합니다.** 또한 ¹²**다음 주 토요일 2시에 딜런 의류 매장에서 연례 패션쇼가 개최되는 것을 기억해 주세요.** 잠시 들러서 최신 트렌드를 확인해 보세요!

| 어휘 | reminder (약속이나 해야 할 일을 상기시켜 주는) 편지 extend 연장하다, 늘리다   upcoming 곧 있을, 다가오는 instead of ~ 대신   additionally 게다가   complimentary 무료의   available 이용 가능한   depart 출발하다   regularly 정기적으로   hold 개최하다, 열다   annual 연례의, 매년의 come by 잠깐 들르다   latest 최신의, 최근의

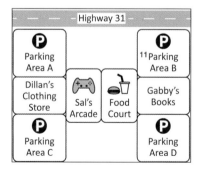

10 어떤 변경 사항을 발표하고 있는가?

(A) 더 늦어진 폐장 시간

(B) 추가 음식 메뉴

(C) 인상된 주차 요금

(D) 다가오는 건물 개조

| 해설 | **발표 중인 변경 사항**

담화 초반부에서 '오후 8시 대신 9시에 폐장할 예정(We will close at nine P.M. instead of eight)'이라고 하므로 (A)가 정답이다.

| 어휘 | later 더 늦은   additional 추가의   option 선택 parking fee 주차 요금   renovation 개조, 보수

Paraphrasing

담화: close at nine P.M. instead of eight → 정답: A later closing time (8시 대신 9시에 폐장 → 더 늦어진 폐장 시간)

11 시각 정보에 의하면, 셔틀버스는 어디에서 출발하는가?

(A) A 주차장   (B) B 주차장

(C) C 주차장   (D) D 주차장

| 해설 | **셔틀버스 출발지 [시각 정보 연계]**

담화 중반부에서 '개비 북스와 31번 고속도로 사이 주차장에서 출발한다(They depart regularly from the parking area between Gabby's Books and Highway 31)'고 하므로 지도에서 보면 (B)가 정답이다.

12 다음 주 토요일에 어떤 행사가 있을 것인가?

(A) 패션쇼   (B) 요리 대회

(C) 책 사인회   (D) 자선 경매

| 해설 | **다음 주 토요일에 있을 행사**

담화 후반부에서 '다음 주 토요일 2시에 딜런 의류 매장에서 연례 패션쇼를 개최한다(don't forget, next Saturday at two o'clock, Dillan's Clothing Store will be holding their annual fashion show)'고 하므로 (A)가 정답이다.

| 어휘 | contest 대회, 시합   book signing 책 사인회   charity 자선   auction 경매

DAY 10 방송 / 연설

🔊 방송

본책 p.086

포틀랜드에서 가장 인기 있는 라디오 방송국인 WQAZ를 청취해 주셔서 감사합니다. **1푸트남 공원에서 열리는 야외 음악 축제는 이번 주말에는 더 이상 개최되지 않을 예정입니다.** 많은 분들께서 큰 실망을 하실 것이지만, **2저희 지역에 상당한 폭풍우가 예상됩니다.** 이제, 후안 마르티네즈가 지역 스포츠 뉴스를 전해드리겠습니다.

| 어휘 | outdoor 실외의 hold 열다, 개최하다 disappointment 실망 expect 예상하다 storm 폭풍

1 어떤 행사가 취소되었는가?
   (A) 스포츠 토너먼트
   (B) 음악 축제

| 해설 | **취소된 행사**
담화 초반부에서 '야외 음악 축제는 이번 주말에는 더 이상 개최되지 않을 예정(The outdoor music festival at Putnam Park will no longer be held this weekend)'이라고 하므로 (B)가 정답이다.

2 왜 행사가 취소되었는가?
   (A) 공사가 예정되어 있다.
   (B) 악천후가 다가오고 있다.

| 해설 | **행사가 취소된 이유**
담화 중반부에서 '상당한 폭풍우가 예상된다(we are expecting quite a large storm to hit our area)'고 하므로 (B)가 정답이다.

| 어휘 | construction 건설, 공사 approach 다가오다

Paraphrasing
담화: a large storm → 정답: Bad weather
(큰 폭풍 → 악천후)

Check Up | 본책 p.087

> **1** introduce **2** announce **3** quality
> **4** traffic jam **5** explain **6** state-of-the-art

🔊 연설

본책 p.088

1뉴욕 선적항에서의 첫 출근을 환영합니다! 2무엇보다도, 부두에서는 언제나 안전을 최우선으로 생각해야 한다는 것을 기억하셨으면 합니다. 무거운 물건을 들 때 조심하고, 미끄러운 표면에 주의해야 합니다. 또한, 우리의 인사 담당자인 알렉시 페트로프를 소개하고자 합니다. 그는 여러분을 일대일로 만나뵙기를 기다리고 있을 것입니다.

| 어휘 | shipping port 선적항 remind 상기시키다 look out 조심하다 slippery 미끄러운 surface 표면 human resources 인사과 representative 대표, 담당자

1 청자들은 어디에서 일하는가?
   (A) 우체국   (B) 선적항

| 해설 | **청자들의 근무 장소**
담화 초반부에서 '뉴욕 선적항에서의 첫 출근을 환영한다(Welcome to your first day on the job here at the shipping port of New York!)'고 하므로 (B)가 정답이다.

2 화자가 청자들에게 상기시킨 일은 무엇인가?
   (A) 안전 지침 따르기
   (B) 서류 작성하기

| 해설 | **청자들에게 상기시키는 것**
담화 초반부에서 '언제나 안전을 최우선으로 생각해야 한다는 것을 기억하라(Above all, I want to remind everyone to always put safety first on the docks)'고 하므로 (A)가 정답이다.

| 어휘 | fill out 작성하다

Paraphrasing
담화: always put safety first → 정답: Follow safety guidelines
(항상 안전을 최우선으로 생각하다 → 안전 지침을 따르다)

Check Up | 본책 p.089

> **1** training **2** production rate **3** charity event
> **4** company policy **5** register **6** emphasize

Ⓣ 토익 감각 익히기 STEP ❶
본책 p.090

1 (A) **2** (B) **3** (A) **4** (B)
받아쓰기
(1) moving (2) new office (3) bike messengers
(4) new book (5) released (6) give an award

오늘 회의에 참석해 주셔서 감사합니다. **아시겠지만 우리는 월요일에 새 사무실로 이사를 갑니다!** 그 전에 여러분에게 전달하고 싶은 게 몇 가지 있는데요.

1 회의의 주제는 무엇인가?
   (A) 사무실 이전
   (B) 다가오는 세일

| 해설 | **회의 주제**

담화 중반부에서 '월요일에 새 사무실로 이사를 간다(we're moving into our new office on Monday!)'고 하므로 (A)가 정답이다.

| 어휘 | relocation 이전   upcoming 다가오는, 곧 있을

Paraphrasing

담화: we're moving into our new office
→ 정답: An office relocation

(새로운 사무실로 이사를 갈 것이다 → 사무실 이전)

여러분에게 전할 소식이 있습니다. 바로 회사 정책에 대한 중요한 업데이트입니다. **이는 고객에게 법률 문서를 전달하기 위해 시내를 달리는 저희 자전거 배달원 모두에게 적용됩니다.** 이제부터는 자전거를 타는 동안 헤드폰을 착용하지 마십시오.

| 어휘 | legal 법률과 관련된

---

2 청자들은 누구겠는가?

(A) 영업 사원

(B) 자전거 배달원

| 해설 | **청자들의 신분**

담화 중반부에서 '시내를 달리는 우리 자전거 배달원 모두에게 적용된다(It applies to all our bike messengers who ride through the city to deliver legal documents to clients)'고 하므로 (B)가 정답이다.

안녕하세요, <머니 익스체인지>에 오신 것을 환영합니다. **오늘 초대 손님은 헨리 오튼으로, 그의 신간 <절약을 위한 소비>가 지난주에 출간되었습니다.** 오튼 씨는 자신의 저서에서 현명한 투자를 통해 소기업들의 수익을 증대시키는 방법을 설명합니다.

| 어휘 | profit 이익, 수익   invest 투자하다   wisely 현명하게

---

3 화자에 따르면, 지난주에 무슨 일이 있었는가?

(A) 신간 서적이 출판되었다.

(B) 모바일 앱이 출시되었다.

| 해설 | **지난주에 발생한 일**

담화 중반부에서 '헨리 오튼의 신간 <절약을 위한 소비>가 지난주에 출간되었다(Our guest today is Henry Orton, whose new book, *Spend to Save*, was just released last week)'고 하므로 (A)가 정답이다.

| 어휘 | publish 출판하다

올해 지구와 경제학 학회에 참석해 주신 여러분께 감사드립니다. **저희는 매년 환경에 특별한 관심이 있는 회사에게 상을 수여하고 있습니다.**

| 어휘 | economics 경제학   award 상   particularly 특히   environmentally conscious 환경에 관심이 있는

---

4 화자는 매년 학회에서 무슨 일이 있다고 말하는가?

(A) 기조 연설자가 나온다.

(B) 상이 수여된다.

| 해설 | **매년 학회에서 있는 일**

담화 후반부에서 '매년 환경에 특별한 관심이 있는 회사에게 상을 수여하고 있다(Every year we give an award to a company that is particularly environmentally conscious)'고 하므로 (B)가 정답이다.

| 어휘 | feature 특별히 포함하다, 특별 출연하다

ⓣ 토익 감각 익히기 STEP ❷   본책 p.091

1 (A) **2** (B) **3** (A) **4** (B)

받아쓰기

(1) delicious meal (2) remodeling

(3) dedication ceremony (4) schoolchildren

[1-2]

[1]맛있는 식사를 하러 갈 장소를 찾고 계십니까? 그렇다면 마리오로 오세요. 저희 메뉴에는 신선한 해산물, 가정식 파스타, 지역 농장에서 온 채소 등이 포함되어 있습니다. 아울러 **[2]식사 구역 리모델링도 막 끝마쳤습니다.**

| 어휘 | include 포함하다   vegetable 채소   dining 식사

---

1 무엇을 광고하고 있겠는가?

(A) 음식점   (B) 농산물 직판장

| 해설 | **광고 중인 사업체**

담화 초반부에서 '맛있는 식사를 하러 갈 장소를 찾고 있는지(Are you looking for a place to go for a delicious meal?)'를 묻고 있으므로 (A)가 정답이다.

| 어휘 | farmers market 농산물 직판장

Paraphrasing

담화: a place to go for a delicious meal
→ 정답: A restaurant (맛있는 식사를 하러 갈 장소 → 음식점)

---

2 화자에 따르면, 이 사업체는 최근 어떤 일을 했는가?

(A) 두 번째 매장을 열었다.

(B) 보수 프로젝트를 완료했다.

| 해설 | **최근에 한 일**

담화 후반부에서 '식사 구역 리모델링도 막 끝마쳤다(we have just finished remodeling the dining area)'고 하므로 (B)가 정답이다.

| 어휘 | recently 최근에

Paraphrasing

담화: finished remodeling the dining area

→ 정답: completed a renovation project
(식사 구역 리모델링을 끝냈다 → 보수 프로젝트를 완료했다)

[3-4]

> 다시 채널 4 뉴스 시간입니다. 자, 오늘은 코브버그에 큰 행사가 있는 날인데요. ³오늘 오전 9시에 새 커뮤니티 센터의 준공식이 시작될 예정입니다. ⁴센터는 시의 초등학생을 위한 방과 후 프로그램에 주로 이용될 것입니다.
>
> **| 어휘 |** big day 중요한 날, 큰 행사가 있는 날 primarily 주로 schoolchildren 초등학생

3 9시에 무슨 일이 있을 것인가?
(A) 준공식이 시작될 것이다.
(B) 스포츠 행사가 개최될 것이다.

| 해설 | 9시에 예정된 일
담화 중반부에서 '오늘 오전 9시에 새 커뮤니티 센터의 준공식이 시작될 예정(This morning at nine o'clock the dedication ceremony for the new community center will begin)'이라고 하므로 (A)가 정답이다.

| 어휘 | dedication ceremony 준공식 take place 개최되다

4 화자에 따르면, 시설은 주로 누구를 위한 것인가?
(A) 시 공무원   (B) 초등학생

| 해설 | 시설의 주 이용 대상
담화 후반부에서 '센터는 시의 초등학생을 위한 방과 후 프로그램에 주로 이용될 것(The center will be used primarily for an after-school program for the city's schoolchildren)'이라고 하므로 (B)가 정답이다.

| 어휘 | facility 시설 official 공무원

ETS ETS 실전 도전하기   본책 p.092

| 1 (A) | 2 (B) | 3 (C) | 4 (D) | 5 (C) | 6 (B) |
| 7 (D) | 8 (A) | 9 (B) | 10 (C) | 11 (D) | 12 (A) |

[1-3] 방송 (M-Cn)

> ¹Are you looking for a new bank? Then you should definitely consider MKR. ²This bank recently received an award from the National Monetary Institute for its exceptional customer service. This is in large part due to its well-trained, friendly employees. And ³if you open a new savings account in the month of September, you'll qualify for a complimentary consultation with a financial advisor. Remember MKR for all your financial needs.
>
> ¹새로운 은행을 찾고 계십니까? 그렇다면 분명 MKR을 고려하셔야 합니다. ²본 은행은 최근 국립 통화 기구로부터 우수 고객 서비스상을 받았습니다. 이는 대부분 교육이 잘 되어 있고 친절한 직원들 덕분입니다. ³9월 한 달간 새 계좌를 개설하시면 재무 상담사에게 무료 상담을 받을 자격이 주어집니다. 금융에 필요한 모든 것은 MKR을 기억해 주세요.
>
> **| 어휘 |** look for ~를 찾다 definitely 확실히, 분명히 consider 고려하다 recently 최근 receive an award 상을 받다 national 국가의 monetary institute 통화 기구 exceptional 이례적일 정도로 우수한, 특출한 in large part 대부분 due to ~ 때문에 employee 직원 savings account 저축 예금 계좌 qualify for ~의 자격을 얻다 complimentary 무료의 consultation 상담 financial 재정적인, 재무의 advisor 고문, 조언자

1 어떤 종류의 업체를 광고하는가?
(A) 은행   (B) 법률 사무소
(C) 회계 사무소   (D) 보험사

| 해설 | 광고 중인 사업체
담화 초반부에서 '새로운 은행을 찾고 있다면 분명 MKR을 고려해야 한다(Are you looking for a new bank? Then you should definitely consider MKR)'고 하므로 (A)가 정답이다.

| 어휘 | advertise 광고하다 insurance 보험

2 업체는 최근 무엇을 받았는가?
(A) 보조금   (B) 상
(C) 정부 계약   (D) 건설 허가

| 해설 | 업체가 최근에 받은 것
담화 초반부에서 '본 은행은 우수 고객 서비스상을 받았다(This bank recently received an award from the National Monetary Institute for its exceptional customer service)'고 하므로 (B)가 정답이다.

| 어휘 | grant 보조금 government 정부 contract 계약 construction 건설, 공사 permit 허가(증)

3 화자에 따르면, 9월에 신규 고객들은 무엇을 받을 수 있는가?
(A) 무료 손가방
(B) 교육용 동영상 접속
(C) 무료 상담
(D) 서비스 계약 연장

| 해설 | 9월에 신규 고객들이 받을 것
담화 후반부에서 '9월 한 달간 새 계좌를 개설하면 무료 상담을 받을 자격이 주어진다(if you open ~ qualify for a complimentary consultation with a financial advisor)'고 하므로 (C)가 정답이다.

| 어휘 | tote bag 손잡이가 있는 손가방　access 이용, 접속
informational 정보를 제공하는　extended 연장된, 길어진
agreement 협정, 합의

Paraphrasing

담화: a complimentary consultation
→ 정답: A free consultation (무료 상담 → 무료 상담)

[4-6] 방송 (W-Am)

Welcome to Radio 14's *Cooking Show*. Our guest this morning is nutritionist Anita Perez. **[4]Ms. Perez recently published a cookbook that includes lots of healthy recipes.** Today **[5]she's going to talk to us about how to grow delicious fresh herbs, like basil and rosemary, right in your very own kitchen.** You can use these herbs in many of the recipes she's created. And, **[6]if you've prepared one of the meals in her cookbook at home, we invite you to share a picture of it with us on our station's social media page!**

라디오 14의 <요리쇼>입니다. 오늘 아침에 모신 분은 영양학자 애니타 페레즈입니다. **[4]페레즈 씨는 최근에 건강한 조리법이 많이 담긴 요리책을 출간하셨는데요.** 오늘은 **[5]바질이나 로즈마리 같은 맛있고 신선한 허브를 바로 여러분의 주방에서 재배하는 방법에 관해 말씀해 주시겠습니다.** 여러분은 이 허브들을 페레즈 씨가 개발한 수많은 조리법에 사용하실 수 있습니다. 그리고, **[6]가정에서 페레즈 씨 요리책에 나오는 식사 중 하나를 조리하셨다면, 그 사진을 저희 방송국 소셜 미디어 페이지에 올리셔서 저희와 함께 공유해 주세요!**

| 어휘 | nutritionist 영양학자　publish 출간하다　healthy 건강에 좋은, 건강한　recipe 조리법　grow 기르다, 재배하다　fresh 신선한　herb 허브, 약초　create 만들다, 창조하다　share 공유하다　station 방송국

4 애니타 페레즈는 최근에 무엇을 했는가?
(A) 농장에서 일했다.
(B) 연구 조사를 했다.
(C) 해외 여행을 했다.
(D) 책을 출간했다.

| 해설 | 애니타 페레즈가 최근에 한 일
담화 초반부에서 '페레즈 씨는 최근에 요리책을 출간했다(Ms. Perez recently published a cookbook that includes lots of healthy recipes)'고 하므로 (D)가 정답이다.

| 어휘 | conduct 수행하다, 실시하다

Paraphrasing

담화: published a cookbook → 정답: published a book
(요리책을 출간했다 → 책을 출간했다)

5 애니타 페레즈는 방송에서 무엇에 대해 얘기할 것인가?
(A) 원예용구 사용법
(B) 특정 꽃을 심는 시기
(C) 신선한 허브 재배 방법
(D) 현지 재료 구매 장소

| 해설 | 애니타 페레즈가 방송에서 얘기할 내용
담화 중반부에서 '허브를 주방에서 재배하는 방법을 말해줄 것(she's going to talk to us about how to grow delicious fresh herbs, like basil and rosemary, right in your very own kitchen)'이라고 하므로 (C)가 정답이다.

| 어휘 | ingredient 재료, 성분

6 화자는 청자들에게 무엇을 하라고 제안하는가?
(A) 온라인 설문조사 작성하기
(B) 온라인에 사진 게시하기
(C) 무료 강의에 참석하기
(D) 저녁 식사 예약하기

| 해설 | 화자의 제안 사항
담화 후반부에서 '방송국 소셜 미디어 페이지에 사진을 올려서 공유해 줄 것(we invite you to share a picture of it with us on our station's social media page!)'을 제안하므로 (B)가 정답이다.

| 어휘 | complete 완료하다　post 게시하다

Paraphrasing

담화: share a picture of it with us on our station's social media page → 정답: Post some photos online
(방송국 소셜 미디어 페이지에 사진을 올려서 공유하다 → 온라인에 사진을 게시하다)

[7-9] 연설 (W-Am)

Thank you all for coming to the opening ceremony of our new courthouse. **[7]I'm especially thrilled that this building has a rooftop garden. I'm looking forward to seeing the plants growing up there!** As your mayor, I'm honored to be the first to walk through these doors after a year of construction work. **[8]Some people have complained that it's taken too long to complete—but, as you can see for yourselves, this is not an ordinary building.** OK. **[9]Now, please follow me as we tour the courthouse together.**

저희 새 법원 청사 개관식에 와 주신 여러분께 감사드립니다. **[7]본 건물에 옥상 정원이 있어 특히 좋습니다. 거기서 식물들이 자라는 것을 무척 보고 싶군요!** 저는 여러분의 시장으로서, 1년간의 공사 후 이 문을 처음 지나게 되어 영광스럽습니다. **[8]어떤 분들은 완공되는 데 시간이 너무 오래 걸린다고 항의하셨습니다만,** 직접 보시는 바와 같이 평범한 건물이 아닙니다. 좋습니다. **[9]이제 저를 따라 법원 청사를 함께 둘러보시죠.**

| 어휘 | opening ceremony 개관식, 개업식 courthouse 법원 청사 especially 특히 thrilled 매우 신이 난 rooftop 옥상 look forward to ~을 고대하다 grow up 자라다 mayor 시장 be honored 영광스럽다 construction 공사, 건설 complain 불평하다, 항의하다 complete 완료하다, 끝마치다 ordinary 평범한 follow 따라가다

7 화자는 무엇에 대해 들떴는가?
(A) 창문 디자인
(B) 실내 폭포
(C) 보안 시스템
(D) 옥상 정원

| 해설 | **화자가 신이 난 것**
담화 초반부에서 '본 건물에 옥상 정원이 있어 특히 좋다(I'm especially thrilled that this building has a rooftop garden)'고 하므로 (D)가 정답이다.

| 어휘 | excited 신이 난, 들뜬, 흥분한 indoor 실내의 waterfall 폭포 security 보안

8 화자가 '평범한 건물이 아닙니다'라고 말한 이유는?
(A) 프로젝트에 걸린 시간을 해명하려고
(B) 인부들에게 감사를 표현하려고
(C) 더 많은 예산을 요청하려고
(D) 잠재 고객을 설득하려고

| 해설 | **화자가 평범한 건물이 아니라고 말하는 의도**
담화 중반부에서 '어떤 분들은 완공되는 데 시간이 너무 오래 걸린다고 항의하셨다(Some people have complained that it's taken too long to complete)'고 특별히 길어진 건물 완공 기간에 대해 언급하였으므로 (A)가 정답이다.

| 어휘 | justify 정당화하다, 해명하다 duration 기간 appreciation 감사 request 요청하다 budget 예산 persuade 설득하다 potential 잠재적인, 가능성 있는

9 화자는 다음으로 무엇을 하겠는가?
(A) 동료에게 전화하기
(B) 견학 이끌기
(C) 사진 찍기
(D) 다과 대접하기

| 해설 | **화자가 다음에 할 일**
담화 후반부에서 '화자를 따라 법원 청사를 함께 둘러 보자(Now, please follow me as we tour the courthouse together)'고 하므로 (B)가 정답이다.

| 어휘 | colleague 동료 lead 이끌다 take a picture 사진 찍다 serve 제공하다 refreshments 다과

[10-12] 연설+지도 (M-Cn)

[10]Welcome to new employee orientation for beach patrol officers. I have a couple of things to hand out before we begin. First, I'm going to circulate this clipboard around the room. [11]Please write your shirt size next to your name so we can order your uniform. I'm also handing out a map of our beach area. In a few minutes, we'll be taking a walk along the beach so that you can familiarize yourself with the zone you'll be monitoring. But please note—[12]Restin Lighthouse is undergoing maintenance, so that zone is temporarily closed. We'll take you to Restin Lighthouse next week, once the construction has ended.

[10]**해변 순찰 경관 신입사원 오리엔테이션에 오신 것을 환영합니다.** 시작하기 전에 나눠 드릴 것 두 가지가 있는데요. 첫째, 회의실에 이 클립보드를 돌리겠습니다. [11]**여러분의 이름 옆에 셔츠 사이즈를 적으셔서 유니폼을 주문할 수 있도록 해 주세요.** 해변 지역 지도도 나눠드리겠습니다. 몇 분 후에는 해변을 따라 걸으며 감시할 구역을 익히실 수 있도록 하겠습니다. 하지만 기억해 주세요. [12]**레스틴 등대는 유지보수 작업 중이므로 해당 구역은 임시 폐쇄되어 있습니다.** 레스틴 등대는 다음 주에 공사가 끝나면 가겠습니다.

| 어휘 | employee 직원 patrol 순찰, 순찰대 a couple of 둘의 hand out 나눠주다 circulate 돌리다, 순환시키다 next to ~ 옆에 order 주문하다 take a walk 산책하다 along ~를 따라 familiarize oneself with ~를 익히다 monitor 감시하다, 관찰하다 lighthouse 등대 undergo 겪다 maintenance 유지보수 temporarily 일시적으로, 임시로 construction 공사

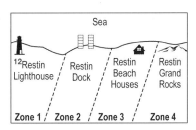

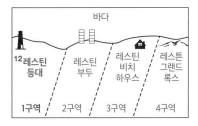

10 어떤 종류의 행사가 열리고 있는가?

(A) 보트 박람회　　(B) 개업식
(C) 오리엔테이션　　(D) 운동 시합

| 해설 | **진행 중인 행사**

담화 초반부에서 '해변 순찰 경관 신입사원 오리엔테이션에 오신 것을 환영한다(Welcome to new employee orientation for beach patrol officers)'고 하므로 (C)가 정답이다.

| 어휘 | take place 열리다　grand opening 개장, 개업식
competition 대회, 시합

Paraphrasing

담화: new employee orientation → 정답: An orientation session (신입사원 오리엔테이션 → 오리엔테이션 시간)

11 청자들은 무엇을 제공하라고 요청받는가?

(A) 가능 시간
(B) 선호하는 메뉴
(C) 주소
(D) 의복 사이즈

| 해설 | **청자들이 제공해야 할 것**

담화 중반부에서 '이름 옆에 셔츠 사이즈를 적어서 유니폼을 주문할 수 있도록 해달라(Please write your shirt size next to your name so we can order your uniform)'고 요청하므로 (D)가 정답이다.

| 어휘 | availability 가용성　preference 선호　address 주소
clothing 옷

Paraphrasing

담화: your shirt size → 정답: A clothing size
(셔츠 사이즈 → 의복 사이즈)

12 시각 정보에 의하면, 현재 어떤 구역이 폐쇄됐는가?

(A) 1구역
(B) 2구역
(C) 3구역
(D) 4구역

| 해설 | **현재 폐쇄된 구역 [시각 정보 연계]**

담화 후반부에서 '레스틴 등대는 임시 폐쇄되어 있다(Restin Lighthouse is undergoing maintenance, so that zone is temporarily closed)'고 하는데, 지도를 보면 레스틴 등대는 1구역에 위치해 있다. 따라서 (A)가 정답이다.

| 어휘 | currently 현재

RC 기초

🔵 품사

Check Up | 본책 p.097

1　그 행사는 오전 11시에 시작한다.
2　호텔 객실이 매우 깨끗했다.
3　존의 사무실은 3층에 있다.
4　음식은 맛있었지만 서비스가 느렸다.
5　제인은 디자이너로 일하고, 그녀는 회사를 운영한다.

🔵 문장의 형식

Check Up | 본책 p.099

1　나는 회의에 참석했다.
2　그 버스는 공항으로 간다.
3　그는 내게 그의 전화번호를 주었다.
4　토마스는 영업사원이다.
5　나는 그 워크숍이 유익하다고 생각했다.

RC　Part 5

DAY 01　문장의 구성 요소

🔵 주어와 동사

Check Up | 본책 p.103

> **1** The company (주어) updated (동사)
> **2** Meeting the deadline (주어) is (동사)
> **3** She (주어) will meet (동사)

1　그 회사는 자사의 소프트웨어를 업데이트했다.
2　마감을 지키는 것은 중요하다.
3　그녀는 내일 고객을 만날 것이다.

목적어와 보어

Check Up | 본책 p.104

1 a presentation (목적어)
2 informative (보어)
3 the process (목적어) easy (보어)

1 신 씨가 발표를 했다.
2 그 워크숍은 유익했다.
3 이 어플리케이션은 그 과정을 쉽게 만들어 준다.

수식어

Check Up | 본책 p.105

1 free   2 For 20 years, top-selling
3 on Park Street, today

1 방문객들은 무료 샘플을 받을 것이다.
2 20년 동안, Y-패드는 가장 잘 팔리는 제품이었다.
3 파크 가에 있는 음식점은 오늘 문을 닫았다.

T 토익 감각 익히기
본책 p.106

1 (B)   2 (A)   3 (A)   4 (B)   5 (A)   6 (A)

1 (B)
| 번역 | 참석자는 입구에서 티켓을 제시해야 한다.

| 해설 | 문장에 주어가 없으므로 빈칸은 주어 자리이다. 따라서 주어 자리에 올 수 있는 명사 (B) Attendees가 정답이다. 사람 명사를 만드는 끝말인 '-ee'를 외워두자. (A)는 동사이므로 주어 자리에 올 수 없다.

| 어휘 | present 제시하다, 보여 주다   entrance 입구   attend 참석하다   attendee 참석자

2 (A)
| 번역 | 왕 씨는 MKO 사의 회장이다.

| 해설 | 빈칸은 주어를 보충 설명하는 주격 보어 자리이고, 앞에 정관사 the가 있으므로 명사 자리이다. 따라서 명사인 (A) president가 정답이다. 'the+명사+of'는 자주 등장하는 구조이다. (B)는 동사이므로 정관사 the와 함께 쓸 수 없다.

| 어휘 | corporation 기업, 법인   president 회장   preside 주재하다

3 (A)
| 번역 | 관리자가 시설의 견학을 진행했다.

| 해설 | 문장에 동사가 없으므로 빈칸은 동사 자리이다. 따라서 동사인 (A) conducted가 정답이다. (B)는 to부정사이므로 동사 자리에 올 수 없다.

| 어휘 | supervisor 관리자   facility 시설   conduct 실시하다

4 (B)
| 번역 | 관리자는 새 프린터를 구입하기로 결정했다.

| 해설 | 빈칸은 동사 has decided의 목적어 자리이므로 명사 역할을 할 수 있는 것이 와야 한다. 따라서 명사 역할을 할 수 있는 to부정사 (B) to purchase가 정답이다. (A)는 과거 동사로 목적어 자리에 올 수 없다.

| 어휘 | decide 결정하다, 결심하다   purchase 구입하다

5 (A)
| 번역 | 위원회는 보통 매주 화요일 오후 3시에 모인다.

| 해설 | 빈칸은 동사 meets를 수식하는 부사 자리이므로 부사 (A) generally가 정답이다. 부사를 만드는 끝말인 '-ly'를 외워두자. (B)는 형용사이므로 동사를 수식할 수 없다.

| 어휘 | committee 위원회   generally 보통, 일반적으로   general 일반적인

6 (A)
| 번역 | 린 페인트는 새로운 밝은 색상 라인을 선보일 예정이다.

| 해설 | 빈칸은 명사 colors를 수식하는 형용사 자리이므로 형용사 (A) bright이 정답이다. (B) brighten은 동사이므로 명사를 수식할 수 없다.

| 어휘 | introduce 소개하다, 선보이다   bright 밝은   brighten 밝게 하다

ETS ETS 실전 도전하기
본책 p.107

1 (D)   2 (D)   3 (C)   4 (A)   5 (C)   6 (A)
7 (C)   8 (B)

1 (D)
| 번역 | 시 관계자들은 운전하는 것 대신에 대중 교통을 이용할 것을 제안한다.

| 해설 | 문장에 동사가 없으므로 빈칸은 동사 자리이다. 따라서 동사인 (D) suggest가 정답이다. (A)는 명사, (B)는 to부정사, (C)는 동명사 혹은 현재분사이므로 동사 자리에 올 수 없다.

| 어휘 | official 공무원   instead of ~ 대신에   suggestion 제안, 의견   suggest 제안하다

RC

PART 5

2 (D)

| 번역 | 체스터필드 포인트 멤버십의 신청 방법에 관한 다음 설명을 읽어주세요.

| 해설 | 빈칸은 동사 read의 목적어 자리이며, 빈칸 앞에 관사 the와 형용사 following이 있으므로 명사 자리이다. 따라서 명사인 (D) instructions가 정답이다. 명사를 만드는 끝말인 '-tion'을 외워두자. (A)는 형용사이고, (B)와 (C)는 동사이므로 오답이다.

| 어휘 | following 다음의 apply for ~을 신청하다 instructive 유익한 instruct 지시하다 instructions 설명(서)

3 (C)

| 번역 | 스톤프룻의 일본산 복숭아 통조림은 매우 맛있다.

| 해설 | be동사와 형용사 사이에 있는 빈칸은 형용사를 수식하는 부사 자리이므로 부사 (C) remarkably가 정답이다.

| 어휘 | canned 통조림으로 된 peach 복숭아 tasty 맛있는 remark 발언하다; 발언 remarkable 놀랄 만한 remarkably 매우

4 (A)

| 번역 | 프리마 철강 공장의 워싱턴 이전은 3월에 있을 것이다.

| 해설 | 문장에 주어가 없으므로 빈칸은 주어 자리이고, 빈칸 앞에 정관사 the가 있으므로 명사가 와야 한다. 따라서 명사인 (A) relocation이 정답이다. 'the+명사+of'는 자주 등장하는 구조이므로 외워두자. (B), (C), (D)는 모두 동사이므로 주어 자리에 올 수 없다.

| 어휘 | occur 발생하다, 일어나다 relocation 이전 relocate 이전하다

5 (C)

| 번역 | 유시프 말루프 시장은 시의 최근 공원 건립에 핵심적인 역할을 했다.

| 해설 | 빈칸은 명사 role을 수식하는 형용사 자리이므로 형용사 (C) central이 정답이다. play a role in은 '~에서 역할을 하다'라는 의미로 쓰이므로 기억하자. (A)는 동사, (B)는 부사, (D)는 명사이므로 오답이다.

| 어휘 | mayor 시장 play a central role 핵심적인 역할을 하다 establishment 설립, 수립 centralize 중앙집권화하다 centrally 중앙에 central 중앙의, 가장 중요한 centralization 중앙 집중

6 (A)

| 번역 | 고객 대부분은 달리 샴푸를 2주 동안 사용한 후 머릿결이 부드러워지는 것을 경험한다.

| 해설 | 문장에 동사가 없으므로 빈칸은 동사 자리이다. 따라서 동사인 (A) see가 정답이다. (B)는 동명사 혹은 현재분사, (C)는 과거분사, (D)는 to부정사이므로 동사 자리에 올 수 없다.

| 어휘 | customer 고객 see 목격하다, 경험하다

7 (C)

| 번역 | 귀하의 요청에 따라 계정 패스워드를 등록된 이메일 주소로 보내 드렸습니다.

| 해설 | 빈칸은 전치사 in의 목적어 자리이므로 명사가 와야 한다. 따라서 명사인 (C) response가 정답이다. in response to는 '~에 응하여, 답하여'라는 의미로 쓰이므로 외워두자. (A)와 (B)는 동사, (D)는 형용사이다.

| 어휘 | request 요청 account 계정 on file 보관되어 있는, 기록되어 있는 respond 반응하다 response 반응 responsive 즉각 반응을 보이는, 호응하는

8 (B)

| 번역 | 칸 씨는 재개발 프로젝트의 범위를 결정하는 일에 영향력이 컸다.

| 해설 | be동사 was 뒤에 있는 빈칸은 주격 보어 자리이고, 의미상 '칸 씨는 영향력이 컸다'가 어울리므로 형용사 (B) influential이 정답이다. (D)는 부사이므로 보어 자리에 올 수 없고, to부정사 (A)와 현재분사 (C)는 be동사 뒤에 쓰일 수 있지만, 뒤에 전치사 in이 아니라 목적어가 와야 한다.

| 어휘 | determine 결정하다 scope 범위 redevelopment 재개발 influence 영향을 주다 influential 영향력이 큰

DAY 02 명사와 대명사

🔵 명사의 역할과 자리

Check Up | 본책 p.109

1 hotel (주어)   **2** assignments (목적어)
3 designer (보어)

1 호텔은 매우 깨끗하고 편안했다.
2 우리는 업무를 즉시 완료해야 합니다.
3 그는 곧 수석 디자이너가 되었다.

🔵 명사의 형태

Check Up | 본책 p.110

1 Safety   **2** reservation   **3** approval

1 안전이 우리의 최우선 사항입니다.
2 다이크 씨가 호텔을 예약했다.
3 존 잭슨은 이사회의 승인을 받았다.

가산 명사와 불가산 명사

Check Up | 본책 p.111

1 Participants 2 advice 3 tourists

1 참가자들은 최소 16살 이상이어야 한다.
2 위너 법률 사무소는 법적인 문제에 대해 전문가의 조언을 제공한다.
3 새로운 기차역이 더 많은 관광객들을 끌어모을 것이다.

인칭 대명사

Check Up | 본책 p.112

1 She 2 you 3 your

1 그녀는 계획 변경을 발표했다.
2 우리는 당신께 그 자리를 제안하게 되어 기쁩니다.
3 애나 홀은 여러분의 블로그 구독자 수를 늘리는 방안들에 관해 논의할 것입니다.

지시 대명사와 부정 대명사

Check Up | 본책 p.113

1 that 2 another 3 those

1 우리 연봉이 다른 회사들의 연봉보다 높다.
2 우리는 사이즈가 잘못된 제품은 다른 것으로 교환해 드릴 것입니다.
3 이 강의는 온라인 쇼핑몰을 운영하는 사람들을 위한 것입니다.

T 토익 감각 익히기

본책 p.114

1 (A) 2 (A) 3 (B) 4 (A) 5 (B) 6 (A)

1 (A)

| 번역 | 선즈 레스토랑은 느린 서비스에 대한 불평을 받았다.

| 해설 | 빈칸은 동사 has received의 목적어 자리이므로 명사인 (A) complaints가 정답이다. (B)는 동사이므로 목적어 자리에 쓸 수 없다.

| 어휘 | receive 받다 complaint 불평, 불만 complain 불평하다

2 (A)

| 번역 | 블라썸 플라자 건설 공사가 10월 말에 시작될 예정이다.

| 해설 | 문장에 주어가 없으므로 빈칸은 주어 자리이다. 따라서 명사 (A) Construction이 정답이다. of Blossom Plaza는 수식어구이다. 명사를 만드는 끝말인 '-tion'을 기억하자. (B)는 동사이므로 주어 자리에 쓸 수 없다.

| 어휘 | construction 건설, 공사 construct 건설하다, 공사하다

3 (B)

| 번역 | 관심 있는 지원자는 자기소개서와 이력서를 제출해야 한다.

| 해설 | Interested는 '관심 있어 하는'이라는 뜻의 형용사이고, 빈칸 뒤에 동사가 있으므로, 빈칸은 주어 자리이다. candidate는 가산 명사이므로 단수형으로 쓰려면 관사나 소유격이 필요한데 빈칸 앞에 관사나 소유격이 없으므로 복수형인 (B) candidates가 정답이다.

| 어휘 | interested 관심 있어 하는 submit 제출하다 cover letter 자기소개서 résumé 이력서 candidate 후보자, 지원자

4 (A)

| 번역 | 당신이 사업을 시작하는 데 도움이 될 수 있는 웹사이트가 많습니다.

| 해설 | 빈칸은 동사 help의 목적어 자리이므로 목적격인 (A) you가 정답이다. (B)는 소유격이므로 뒤에 명사가 와야 한다.

5 (B)

| 번역 | 경영진은 더 경력 있는 지원자를 선택하기로 결정했다.

| 해설 | 빈칸은 주어 자리이므로 명사가 올 수 있다. (A)는 가산 명사이고 (B)는 불가산 명사인데, 빈칸 앞에 관사나 소유격이 없으므로 불가산 명사인 (B) Management가 정답이다. 가산 명사는 관사나 소유격 없이 쓰려면 복수형이 되어야 한다.

| 어휘 | decide 결정하다, 결심하다 choose 선택하다 experienced 경험이 있는, 능숙한 candidate 후보자, 지원자 manager 관리자 management 경영진

6 (A)

| 번역 | 대중교통을 이용하는 비용이 차량을 대여하는 비용을 초과할 수 있다.

| 해설 | 빈칸은 앞에서 언급된 단수 명사 the cost를 지칭하므로 (A) that이 정답이다. (B)는 복수 명사를 지칭하는 지시 대명사이므로 빈칸에 들어갈 수 없다.

| 어휘 | cost 요금 public transportation 대중교통 exceed 초과하다, 넘어서다 rent 임대하다

1 (D)	2 (D)	3 (C)	4 (D)	5 (C)	6 (A)
7 (D)	8 (B)				

1 (D)

| 번역 | 곽 씨는 퇴근할 때 실수로 내 서류 가방을 가져갔다.

| 해설 | 동사 took 앞에 있는 빈칸은 주어 자리이므로 주격 인칭 대명사 (D) he가 정답이다. (B) his도 소유 대명사로 쓰면 주어 자리에 올 수 있으나 '그의 것'이라는 의미이므로 문맥상 어색하다.

| 어휘 | briefcase 서류 가방   by accident 우연히, 실수로

2 (D)

| 번역 | 폰테 커피하우스는 내년에 첫 교외 매장을 열 예정이다.

| 해설 | 빈칸은 동사 open의 목적어 자리이고, 형용사 suburban의 수식을 받는 명사 자리이다. 따라서 명사 (D) location이 정답이다. (A)는 동명사 혹은 현재분사, (B)는 동사, (C)는 동사 혹은 과거분사이므로 오답이다.

| 어휘 | suburban 교외의   locate 장소를 찾아내다, (특정 장소에) 두다   location 위치, 장소, 지점

3 (C)

| 번역 | 친 씨와 포포브 씨 둘 다 이번 주에 휴가를 갈 계획이다.

| 해설 | 빈칸은 명사 vacations를 수식하는 소유격 인칭 대명사 자리이다. Ms. Chin and Ms. Popov는 두 명이므로 3인칭 복수형 인칭 대명사인 (C) their가 정답이다. (B)와 (D)는 소유 대명사로 뒤에 명사가 올 수 없다.

| 어휘 | take a vacation 휴가를 가다

4 (D)

| 번역 | 프림로즈 전 직원은 다음 주 금요일 안전 교육에 참석해야 한다.

| 해설 | 명사 safety는 동사 attend의 목적어로 어색하므로 safety와 함께 복합 명사를 이루는 명사를 찾아야 한다. safety training은 '안전 교육'이라는 의미의 복합 명사이므로 (D) training이 정답이다.

| 어휘 | employee 직원   attend 참석하다   safety 안전 trainable 훈련할 수 있는   train 교육시키다   training 교육

5 (C)

| 번역 | 스카이빌 거주자는 소음을 최소화해 달라는 요청을 받는다.

| 해설 | 주어가 없으므로 빈칸은 주어 자리이자, 전치사구 of Sky Ville의 수식을 받는 명사 자리이다. 따라서 복수 명사 (C) Residents가 정답이다. (A)와 (B)는 동사이므로 주어 자리에

올 수 없다. (D)는 동명사로 쓰이면 주어 자리에 올 수 있지만, '거주하는 것'이라는 의미로 문맥상 어색하고 동사가 are asked로 복수 형태이므로 수도 맞지 않는다.

| 어휘 | to a minimum 최소한도로   reside 거주하다, 살다 resident 거주자, 주민

6 (A)

| 번역 | 등록비를 선납한 사람은 전액을 환불받을 것이다.

| 해설 | those는 사람, 사물을 지칭하는 지시 대명사로, those who는 '~하는 사람들'이라는 의미로 쓰이므로 (A) Those가 정답이다.

| 어휘 | prepay 선불하다, 선납하다   registration fee 등록비 refund 환불

7 (D)

| 번역 | 초기 비판에도 불구하고 웨스트오버 패션쇼는 큰 성공을 거두었다.

| 해설 | 빈칸은 전치사 Despite의 목적어 자리이면서 형용사 initial의 수식을 받는 명사 자리이므로 명사 (C)와 (D) 중에서 정답을 골라야 한다. (C) critic은 '비평가'라는 의미로 가산 명사의 단수형인데 앞에 관사나 소유격 없으므로 오답이다. 따라서 불가산 명사인 (D) criticism이 정답이다. (A)는 형용사, (B)는 부사이므로 목적어 자리에 쓸 수 없다.

| 어휘 | initial 초기의   success 성공   critical 비판적인, 중요한 critically 비평적으로   critic 비평가   criticism 비평

8 (B)

| 번역 | 해외 경험은 슬론 씨를 다른 사람들과 구분하는 주요 자격 요건이다.

| 해설 | 빈칸에는 슬론 씨와 구분되는 대상이 들어가야 하므로 슬론 씨를 제외한 나머지 전부를 뜻하는 (B) the others가 정답이다.

| 어휘 | international 해외의   experience 경험 qualification 자격, 자질   separate 구별하다, 분리하다; 분리된

DAY 03 형용사와 부사

⬤ 형용사의 역할과 형태

Check Up | 본책 p.117

1 productive   2 significant   3 successful

1   그 회의는 매우 생산적이었다.
2   로페스 씨는 회사에 중대한 영향을 끼쳤다.
3   합격자는 이메일로 연락을 받을 것이다.

부사의 역할과 형태

Check Up | 본책 p.118

> **1** steadily **2** Fortunately **3** unusually

1 모노 가구의 수익은 꾸준히 상승했다.

2 다행히, 고객은 제품에 만족했다.

3 이번 분기 매출은 이례적으로 낮다.

토익에 자주 나오는 형용사와 부사

Check Up | 본책 p.119

> **1** able **2** informative **3** nearly

1 정 씨가 교육을 이끌 수 있을 것이다.

2 그 웹사이트는 산업 동향에 관한 유익한 기사를 제공한다.

3 그 프로젝트의 예산은 거의 20% 초과되었다.

T 토익 감각 익히기

본책 p.120

1 (A) **2** (B) **3** (A) **4** (B) **5** (A) **6** (A)

1 (A)

| 번역 | 파텔 씨는 회의에 늦게 도착했다.

| 해설 | '늦게 도착했다'라는 말이 의미상 자연스러우므로 부사 (A) late가 정답이다. (B)는 '최근에'라는 의미의 부사이다.

| 어휘 | conference 회의, 학회

2 (B)

| 번역 | 고객 리뷰가 대단히 긍정적이다.

| 해설 | be동사와 형용사 positive 사이에 빈칸이 있으므로 빈칸은 형용사 positive를 수식하는 부사 자리이다. 따라서 부사 (B) exceptionally가 정답이다. (A)는 형용사이므로 형용사를 수식할 수 없다. 부사의 위치로 'be＋부사＋형용사' 형태를 기억해두자.

| 어휘 | review 평, 후기 positive 긍정적인 exceptional 예외적인, 특출한 exceptionally 특별히, 대단히

3 (A)

| 번역 | 네이토놀 비타민은 내년 초까지 구입할 수 없을 것이다.

| 해설 | '네이토놀 비타민은 구입할 수 없을 것이다'가 의미상 자연스러우므로 (A) available이 정답이다. be responsible for는 '~을 책임지다'라는 의미로 주어가 사람 명사인 경우가 많다.

| 어휘 | purchase 구입 available 구할 수 있는 responsible 책임이 있는

4 (B)

| 번역 | 박 씨는 항상 문의에 즉시 응답한다.

| 해설 | 빈칸은 자동사 respond를 수식하는 부사 자리이다. 따라서 부사 (B) promptly가 정답이다. (A)는 형용사로 동사를 수식할 수 없다.

| 어휘 | respond 응답하다 inquiry 문의 prompt 신속한 promptly 즉시

5 (A)

| 번역 | 블라스트오프 헤드폰은 오래 이용하기에 편안하다.

| 해설 | 빈칸은 be동사 뒤 주격 보어 자리로, 주격 보어 자리에는 명사와 형용사가 올 수 있다. 따라서 형용사 (A) comfortable이 정답이다. (B)는 부사이므로 보어 자리에 올 수 없다.

| 어휘 | comfortable 편안한 comfortably 편안하게

6 (A)

| 번역 | 후앙 씨가 부서장 직책에 선발될 것 같다.

| 해설 | 정관사 the와 명사 choice 사이에 빈칸이 있으므로 빈칸은 명사를 수식하는 형용사 자리이다. 따라서 형용사 (A) probable이 정답이다. (B)는 부사이므로 명사를 수식할 수 없다.

| 어휘 | choice 선택 department head 부서장 position 자리 probable 있을 법한, 그럴싸한 probably 아마

ETS ETS 실전 도전하기

본책 p.121

1 (A) **2** (C) **3** (D) **4** (C) **5** (A) **6** (A)
7 (A) **8** (B)

1 (A)

| 번역 | 모든 새 계약서는 최소한 두 명의 고위 관리자가 꼼꼼히 읽어야 한다.

| 해설 | 수동태 be read 뒤에 빈칸이 있으므로 빈칸은 동사를 수식하는 부사 자리이다. 따라서 부사 (A) carefully가 정답이다. (B)는 형용사, (C)는 동사 혹은 명사, (D)는 동사이므로 동사를 수식할 수 없다.

| 어휘 | contract 계약서 at least 최소한 senior 고위의 carefully 꼼꼼히 careful 조심하는 care 돌봄; 돌보다

2 (C)

| 번역 | 리 씨는 이전 직장으로부터 인상적인 추천서를 받았다.

| 해설 | 빈칸이 관사 an과 명사 recommendation 사이에 있으므로 명사를 수식하는 형용사 자리이다. 따라서 형용사 (C) impressive가 정답이다. (A)와 (D)는 동사, (B)는 명사이므로

RC

PART 5

49

오답이다.

| 어휘 | recommendation 추천(서) previous 이전의
impression 인상, 감명 impressive 인상적인, 인상 깊은

3 (D)

| 번역 | 주지사 가을 연회 티켓이 완전히 매진됐다.

| 해설 | be동사 are와 과거분사 sold out 사이에 빈칸이
있으므로 동사를 수식하는 부사 자리이다. 따라서 부사 (D)
completely가 정답이다. (A)는 동사 혹은 형용사, (B)는 동사
혹은 과거분사, (C)는 동명사나 현재분사이므로 오답이다.

| 어휘 | banquet 연회 sold out 매진된, 다 팔린 complete
완료하다; 완전한 completely 완전히

4 (C)

| 번역 | 공항 급행열차는 도시의 상업 지구로 곧장 간다.

| 해설 | 빈칸이 자동사 goes 뒤에 있으므로 동사를 수식하는
부사 자리이다. 따라서 부사 (C) directly가 정답이다. (A)는 명사,
(B)는 동명사 혹은 현재분사, (D)는 명사이므로 오답이다.

| 어휘 | express train 급행열차 business district 상업 지구
direction 지시 directly 직접, 곧장 director 임원, 감독

5 (A)

| 번역 | 경영진은 사토 씨가 특히 계약 협상에 능숙하다는 점에
주목했다.

| 해설 | '사토 씨가 ~에 능숙하다'가 의미상 자연스러우므로 (A)
skilled가 정답이다. be skilled at은 '~에 능숙하다'라는 의미로
쓰이는 표현이니 기억하자.

| 어휘 | management 경영진, 운영진 especially 특히
contract 계약 negotiation 협상 skilled 능숙한, 노련한
priced 값이 붙은 willing 기꺼이 하는

6 (A)

| 번역 | 안산 과학 박물관은 방문객이 월 평균 거의 2,000명에
이른다.

| 해설 | 숫자 2,000을 수식하는 부사를 골라야 하므로 숫자 앞에
쓸 수 있는 부사 (A) nearly가 정답이다. (B), (C), (D)는 숫자 앞에
쓰지 않으며 의미도 어울리지 않는다.

| 어휘 | average 평균이 되다 per ~당, ~마다 nearly 거의
totally 완전히 relatively 상대적으로 fairly 상당히

7 (A)

| 번역 | 노르타운은 이 지역의 중심부에 위치한 덕분에 미디어
회사들이 밀집해 있다.

| 해설 | 빈칸은 소유격 its와 명사 location 사이에 있으므로
명사를 수식하는 형용사 자리이다. 따라서 형용사 (A) central이
정답이다. central location은 '중심가'라는 의미이다. (B)는
동사 혹은 명사, (C)는 부사, (D)는 현재분사 혹은 동명사이므로

오답이다.

| 어휘 | location 위치, 장소 region 지역 central 중심의
centrally 중앙에 center 중심; 중앙에 두다

8 (B)

| 번역 | 사무실 책상은 아주 무거워서 옮기려면 최소 2명이
필요하다.

| 해설 | 빈칸은 뒤에 있는 형용사 heavy를 수식하는 자리이므로,
heavy를 수식했을 때 뜻이 자연스러운 (B) very가 정답이다.

| 어휘 | require 필요로 하다

DAY 04 동사

시제 ① 단순 시제

Check Up | 본책 p.123

> **1** parks **2** published **3** will post

1 그레이 씨는 보통 차를 길 건너편에 주차한다.
2 존 워커는 최근에 역사에 관한 책을 출간했다.
3 우리는 내일 온라인에 최종 우승자를 게시할 것입니다.

시제 ② 현재 진행과 완료 시제

Check Up | 본책 p.124

> **1** has increased **2** is searching
> **3** had studied

1 작년 이후로 유가가 꾸준히 상승해 왔다.
2 메가 소프트는 지금 새로운 직원들을 찾고 있다.
3 타일러 씨는 우리 팀에 합류하기 전에 외국에서 수년간 공부를
했었다.

수 일치

Check Up | 본책 p.125

> **1** sells **2** show **3** need

1 키키 숍은 다양한 독특한 제품들을 판매한다.
2 설문 조사 결과가 고객의 선호도를 보여준다.
3 그 자리의 지원자들은 관련 경력이 있어야 한다.

🅐 자동사와 타동사

Check Up | 본책 p.126

> **1** complete **2** appeared **3** hold

1 직원들은 경비 보고서를 작성해야 한다.
2 현지 뉴스에 부정적인 후기가 나왔다.
3 과학자 협회는 파리에서 연례 학회를 열 것이다.

🅑 능동태와 수동태

Check Up | 본책 p.127

> **1** rescheduled **2** offers **3** be held

1 오늘 회의는 내일 오전 9시로 일정이 변경될 것이다.
2 그 건물은 여러 개의 소매 공간을 제공한다.
3 마케팅 세미나는 화이트 호텔에서 열릴 것이다.

🅣 토익 감각 익히기

본책 p.128

1 (A) **2** (B) **3** (B) **4** (A) **5** (B) **6** (A)

1 (A)

| 번역 | 타일러 모란 작가의 책은 항상 베스트셀러가 된다.

| 해설 | '항상'이라는 의미의 always가 있으므로 단순 현재 시제를 나타내는 (A) become이 정답이다. (B)는 과거 완료 시제이므로 always와 함께 쓰지 못한다.

| 어휘 | author 작가

2 (B)

| 번역 | 역사적인 애플게이트 홀은 건립 이래 음악회들을 개최해 왔다.

| 해설 | 현재 완료 시제의 단서 표현인 Since its construction이 있으므로 현재 완료 시제 (B) has hosted가 정답이다. (A)는 과거 동사이다.

| 어휘 | construction 건설 historic 역사적으로 중요한, 역사적인 host 주최하다

3 (B)

| 번역 | 공장 실험은 ZB 자동차가 자사의 자동차 설계를 개선하는 데 도움을 주었다.

| 해설 | 빈칸 뒤에 있는 동사(have)가 복수형이므로 주어도 복수형이 되어야 한다. 따라서 복수형인 (B) tests가 정답이다.

| 어휘 | improve 개선하다

4 (A)

| 번역 | 이사회에서 유럽 시장 진출을 검토하고 있다.

| 해설 | 빈칸 뒤에 전치사 into가 있으므로 빈칸에는 자동사가 와야 한다. 따라서 (A) looking이 정답이다. look into는 '~을 조사하다, 검토하다'라는 의미이다. (B)는 타동사이므로 뒤에 전치사 없이 목적어가 바로 와야 한다.

| 어휘 | board of directors 이사회 enter 들어가다, 진출하다 look into ~을 검토하다, 조사하다

5 (B)

| 번역 | 다음 주 월요일 팀 회의에서 후안 수아레즈가 소개될 것이다.

| 해설 | introduce는 타동사인데 빈칸 뒤에 목적어가 없으므로 수동태가 되어야 한다. 따라서 수동태 (B) will be introduced가 정답이다. (A)는 능동태이므로 뒤에 목적어가 필요하다.

| 어휘 | introduce 소개하다

6 (A)

| 번역 | 많은 디자이너가 다음 달 가을 신상품 발표회에서 갈색 천을 이용할 것이다.

| 해설 | 문장 끝에 미래 시점을 나타내는 표현인 next month가 있으므로 가까운 미래를 나타낼 수 있는 현재 진행 시제 (A) are using이 정답이다.

| 어휘 | fabric 직물, 천 autumn 가을 collection (패션) 신작 발표회, 수집품

ETS 실전 도전하기

본책 p.129

1 (C) **2** (A) **3** (D) **4** (D) **5** (B) **6** (A)
7 (B) **8** (B)

1 (C)

| 번역 | 추 씨는 내일 저녁 늦게 도쿄에 도착할 것이다.

| 해설 | 문장에 동사가 없으므로 빈칸은 동사 자리이다. 또한 미래 시점을 나타내는 표현인 tomorrow evening이 있으므로 미래 동사인 (C) will arrive가 정답이다. (D)는 현재 완료 시제로 시제가 맞지 않고, (A)는 동명사 혹은 현재분사, (B)는 to부정사이므로 동사 자리에 들어갈 수 없다.

2 (A)

| 번역 | 2월 매출 보고서는 주말까지 완료될 예정이다.

| 해설 | be동사 뒤에 빈칸이 있고, '매출 보고서가 완료될 것이다'라는 의미가 되는 게 자연스러우므로 be동사와 함께

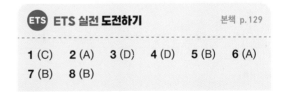

수동태를 이루는 과거분사 (A) completed가 정답이다. (C)는 명사이므로 be동사 뒤에 보어로 쓰일 수 있지만 의미가 어색하므로 오답이다. (B)는 부사로 보어 자리에 쓸 수 없고, (D)는 3인칭 단수 동사이므로 be동사 뒤에 올 수 없다.

| 어휘 | sales report 매출 보고서 complete 완료하다; 완전한 completely 완전히 completion 완료

3 (D)

| 번역 | 어제 지역 공무원들은 마침내 세금 2퍼센트 인상안을 승인했다.

| 해설 | 문장 끝에 과거 시점을 나타내는 부사 yesterday가 있으므로, 이와 어울리는 과거 시제 동사인 (D) approved가 정답이다.

| 어휘 | local 지역의 government official 공무원 proposed 제안된, 상정된 tax increase 세금 인상 approve 승인하다

4 (D)

| 번역 | 델라코테 홈 디자인을 방문하시면 쿠폰을 드립니다.

| 해설 | 빈칸 앞에 주어 you가 있고 뒤에는 명사구 Delacorte Home Design이 있으므로 빈칸은 타동사 자리이다. 따라서 타동사인 (D) visit가 정답이다. (A), (B), (C)는 모두 자동사이므로 목적어가 올 수 없다.

5 (B)

| 번역 | 제이 첸은 연말에 상당한 수익을 보고할 것으로 예상된다.

| 해설 | 문장에 동사가 없으므로 빈칸은 동사 자리이고, 주어 Jay Chen이 단수 명사이므로 빈칸에 단수 동사가 와야 한다. 따라서 단수 동사인 (B) is expected가 정답이다. (A)와 (D)는 복수 동사이므로 오답이고, (C)는 동명사이므로 동사 자리에 들어갈 수 없다.

| 어휘 | significant 상당한 profit 수익 expect 예상하다

6 (A)

| 번역 | 마에다 씨는 공인 간호사가 되기 위한 모든 자격증 시험을 통과했다.

| 해설 | 주어 Ms. Maeda가 단수 명사이므로 단수 동사가 와야 하며, 빈칸 뒤에 목적어 all the certification exams가 있으므로 능동태로 쓰여야 한다. 따라서 단수이며 능동태인 (A) has passed가 정답이다. (C)는 복수 동사이므로 오답이고, (B)와 (D)는 수동태이므로 오답이다.

| 어휘 | certification exam 자격증 시험 registered 공인된, 등록된 pass 통과하다

7 (B)

| 번역 | 저희 식사 서비스에 대한 의견이나 제안을 환영합니다.

| 해설 | 주어가 'A or B' 형태일 때는 동사의 수를 B에 맞춘다.

suggestions가 복수형이므로 복수 동사인 (B) are가 정답이다. 분사형 전치사 concerning(~에 관한, 관련된)이 이끄는 전치사구 concerning our dining service는 주어를 수식하는 역할을 하고 있다.

| 어휘 | comment 논평, 의견 suggestion 제안, 제의 concerning ~에 관한

8 (B)

| 번역 | 배달이 도착하기 전에 헨리스 베이커리 직원들은 가게 문을 열었다.

| 해설 | 빈칸은 주절의 동사 자리이고 알맞은 시제를 찾는 문제이다. before로 시작하는 부사절의 동사는 arrived로 과거 시제인데, 직원들이 문을 연 것은 그보다 먼저 일어난 일이므로 과거 완료 시제가 되어야 한다. 따라서 과거 완료 시제인 (B) had opened가 정답이다.

DAY 05 to부정사와 동명사

● to부정사의 역할 ① 명사

Check Up | 본책 p.131

1 to revise **2** to stay **3** to cancel

1 우리는 프로젝트의 예산을 수정할 필요가 있다.
2 방문객들은 산책로에 머무르도록 요청받는다.
3 대부분의 사용자들은 서비스 구독을 취소하기로 결정했다.

● to부정사의 역할 ② 형용사와 부사

Check Up | 본책 p.132

1 to work **2** To receive **3** to avoid

1 제임스 클락은 유명 건축가들과 함께 일할 기회가 있었다.
2 환불을 받기 위해 고객들은 영수증을 보여줘야 한다.
3 교통 체증을 피하기 위해 일찍 출발해야 한다.

● 동명사의 역할

Check Up | 본책 p.133

1 Attending **2** moving **3** signing

1 안전 교육에 참석하는 것은 의무이다.
2 사토 씨는 런던으로 이사하는 것을 고려하고 있다.
3 서명하기 전에 계약서를 꼼꼼히 읽어 주세요.

T 토익 감각 익히기

본책 p.134

1 (B)   **2** (B)   **3** (A)   **4** (B)   **5** (A)   **6** (A)

1 (B)

| 번역 | 그 회사는 직원을 더 고용하기로 결정할 수도 있다.

| 해설 | 빈칸은 동사 decide의 목적어 자리이고, decide는 to부정사를 목적어로 취하므로 (B) to hire가 정답이다. (A)는 명사로 '신입 사원들'이란 의미로 쓰이기도 하지만 뒤에 목적어 additional staff가 있으므로 빈칸에 들어갈 수 없다.

| 어휘 | decide 결정하다   additional 추가의   hire 고용하다

2 (B)

| 번역 | 인턴들의 업무에는 회사 데이터베이스를 업데이트하는 일이 포함될 것이다.

| 해설 | 빈칸은 동사 include의 목적어 자리이며, include는 동명사를 목적어로 취하므로 (B) updating이 정답이다.

| 어휘 | duty 의무, 업무   include 포함하다   update 업데이트하다, 갱신하다

3 (A)

| 번역 | 예약을 변경하려면 저희 웹사이트를 방문하세요.

| 해설 | 빈칸 뒤에 동사 원형 change가 있으므로 to부정사를 이루는 (A) To가 정답이다. change를 명사로 생각하여 (B)의 전치사 For를 쓸 수도 있다고 생각할 수 있으나, change가 명사라면 뒤에 목적어 your reservation이 올 수 없다.

| 어휘 | reservation 예약

4 (B)

| 번역 | 그는 그 프로젝트의 시작을 고대하고 있었다.

| 해설 | look forward to(~을 고대하다)의 to는 전치사이므로 뒤에 명사나 동명사가 올 수 있다. 따라서 동명사인 (B) beginning이 정답이다.

| 어휘 | look forward to -ing/명사 ~을 고대하다, 기대하다

5 (A)

| 번역 | 주민들은 지역사회 청소 행사에 참가해 달라는 요청을 받는다.

| 해설 | invite는 to부정사를 목적격 보어로 취해 'invite + 목적어 + to부정사' 구조로 쓰이며, 수동태로 바꾸면 'be + invited + to부정사' 구조가 된다. 따라서 'are invited' 뒤에 빈칸이 있으므로 to부정사 (A) to participate가 정답이다.

| 어휘 | resident 주민   cleanup 청소   participate in ~에 참석하다

6 (A)

| 번역 | 우리 제품의 주문 절차를 단순화하는 것이 바람직하다.

| 해설 | It이 가주어, 빈칸부터 문장 끝까지가 진주어이다. 따라서 진주어 자리에 올 수 있는 to부정사인 (A) to simplify가 정답이다.

| 어휘 | desirable 바람직한   process 과정, 절차   simplify 단순화하다

ETS ETS 실전 도전하기

본책 p.135

1 (D)   **2** (D)   **3** (A)   **4** (D)   **5** (A)   **6** (B)
7 (C)   **8** (D)

1 (D)

| 번역 | 카르도스 씨는 학회에 가기 전에, 인쇄소에서 자신의 포스터를 가져올 계획이다.

| 해설 | 빈칸은 동사 plan의 목적어 자리이고, plan은 to부정사를 목적어로 취하므로 (D) to retrieve가 정답이다.

| 어휘 | leave for ~로 떠나다   conference 학회, 회의   retrieve 되찾아오다, 회수하다

2 (D)

| 번역 | 클라리지 공원의 어느 정원에서든 꽃을 꺾는 일은 엄격히 금지된다.

| 해설 | 복수 명사인 flowers는 동사 is와 수가 일치하지 않으므로 빈칸이 주어 자리임을 알 수 있다. flowers from any of Claridge Park's gardens를 목적어로 취하면서 명사 역할을 할 수 있는 동명사 (D) Removing이 정답이다.

| 어휘 | strictly 엄격히, 엄하게   prohibit 금지하다   removal 제거   removable 제거할 수 있는   remove 없애다, 제거하다

3 (A)

| 번역 | 시상식은 오후 5시에 공연으로 시작될 예정이다.

| 해설 | 빈칸은 앞에 있는 to와 함께 to부정사를 이루는 자리이므로 동사 원형인 (A) begin이 정답이다. 'be동사 + to부정사'는 '~할 예정이다' 또는 '~해야 한다'라는 의미이다. to부정사의 to와 전치사 to는 형태가 같으므로 빈칸 앞의 to를 전치사로 오인하여 동명사 (D) beginning을 고르지 않도록 유의하자.

| 어휘 | awards ceremony 시상식   performance 공연

4 (D)

| 번역 | 경영진은 회사 컴퓨터의 사적인 사용을 금지하는 조치를 도입하는 것을 고려해 왔다.

| 해설 | 빈칸은 동사 consider의 목적어 자리이며, consider는 동명사를 목적어로 취하므로 (D) instituting이 정답이다.

| 어휘 | consider 고려하다 ban 금지 조치 work computer 회사 컴퓨터 institute 도입하다, 제정하다 institution 기관

5 (A)

| 번역 | 플라워 바이 유는 고객이 스스로 꽃을 골라서 자르는 것을 허용한다.

| 해설 | allow는 to부정사를 목적격 보어로 취해 'allow+목적어 +to부정사' 구조로 쓰인다. 따라서 to부정사 (A) to choose가 정답이다.

| 어휘 | allow 허용하다, 용납하다 choose 선택하다, 고르다

6 (B)

| 번역 | 그 구조 공학자는 연 1회 지붕이 온전한지 평가할 책임이 있다.

| 해설 | 빈칸은 전치사 for의 목적어 자리이므로 동명사 (B) evaluating이 정답이다. (A)는 3인칭 단수 동사, (C)는 과거 동사 또는 과거분사, (D)는 동사 원형이므로 목적어 자리에 들어갈 수 없다.

| 어휘 | structural 구조의 be responsible for ~에 책임이 있다 integrity 온전함, 완전한 상태 evaluate 평가하다

7 (C)

| 번역 | 해외 고객들의 편의를 위해 마제스키 그룹은 유럽에 지사를 개설할 것이다.

| 해설 | in order to(~하기 위하여)는 '목적'을 나타내는 to부정사 표현이므로 to 뒤에는 동사 원형이 온다. 따라서 (C) accommodate가 정답이다. 'so as to+동사 원형'이나 그냥 'to+동사 원형'을 써도 같은 의미이다.

| 어휘 | overseas 해외의; 해외로 accommodation 숙박 시설 accommodate ~의 편의를 도모하다, ~을 수용하다

8 (D)

| 번역 | 세키보 씨의 논문은 시장 상황의 갑작스러운 변화를 다루는 방법에 초점을 맞추고 있다.

| 해설 | 빈칸은 명사 ways를 수식하는 자리이므로 형용사 역할을 할 수 있는 to부정사 (D) to deal이 정답이다. (A), (B), (C)는 모두 동사이므로 수식어 자리에 들어갈 수 없다.

| 어휘 | paper 문서, 논문 sudden 갑작스러운 condition 상태, 상황 deal with ~를 다루다, 처리하다

DAY 06 분사

⊙ 분사의 역할

Check Up | 본책 p.137

> **1** attached **2** directed **3** participating

1 첨부된 파일을 확인해 주세요.
2 박 씨가 감독한 영화가 세 개의 상을 받았다.
3 설문 조사에 참여하는 손님들은 선물을 받을 것이다.

⊙ 현재분사와 과거분사

Check Up | 본책 p.138

> **1** leading **2** experienced **3** selling

1 메디 사는 선도적인 의료기기 공급 업체이다.
2 경험이 풍부한 저희 직원이 가장 적합한 상품을 찾도록 도와드릴 것입니다.
3 굳 휠즈는 타이어를 판매하는 가족기업이다.

⊙ 감정 분사

Check Up | 본책 p.139

> **1** surprised **2** exciting **3** interesting

1 마틴 씨는 최근 매출 하락에 놀랐다.
2 이번 취업 박람회는 구직자들에게 흥미진진한 기회가 될 것이다.
3 오늘 워크숍에는 흥미로운 활동들이 포함되어 있다.

Ⓣ 토익 감각 익히기
본책 p. 140

1 (B) **2** (A) **3** (B) **4** (B) **5** (A) **6** (B)

1 (B)

| 번역 | 웹사이트는 종종 복잡한 프로그래밍을 필요로 한다.

| 해설 | 빈칸은 명사 programming을 수식하는 자리이므로 형용사 역할을 할 수 있는 과거분사 (B) complicated가 정답이다. (A)는 동사 원형이므로 동사 require 뒤에 쓸 수 없다.

| 어휘 | require 필요로 하다 complicate 복잡하게 하다 complicated 복잡한

2 (A)

| 번역 | 달 씨의 발명은 과학 분야에 지속적인 영향을 미쳤다.

| 해설 | 빈칸은 명사 impact를 수식하는 자리이므로 형용사 역할을 할 수 있는 현재분사 (A) lasting이 정답이다.

| 어휘 | invention 발명(품) impact 영향 field 분야 science 과학

3 (B)

| 번역 | 대부분의 고객들은 저희 직원의 전문성에 만족합니다.

| 해설 | 주어인 customers(고객들)는 '만족'을 느끼는 쪽이므로 과거분사 (B) satisfied가 정답이다. 'be satisfied with'는 '~에 만족하다'라는 의미로 잘 쓰이므로 외워두자.

| 어휘 | professionalism 전문성

4 (B)

| 번역 | 우리 사는 맨체스터에 위치한 지사가 있다.

| 해설 | 빈칸은 앞에 있는 명사 branch를 수식하는 자리이므로 뒤에서 명사를 수식할 수 있는 과거분사 (B) located가 정답이다.

| 어휘 | branch 지점 locate (특정 위치에) 두다

5 (A)

| 번역 | 그랜드 교향악단은 멋진 오페라를 선보일 것이다.

| 해설 | 빈칸은 명사 opera를 수식하는 자리로, 오페라는 감정을 일으키는 쪽이므로 현재분사 (A) exciting이 정답이다. (B)는 '신난, 즐거운'이란 의미의 과거분사로 주로 사람을 수식할 때 쓴다.

| 어휘 | symphony orchestra 교향악단 present 보여주다, 선보이다

6 (B)

| 번역 | 런던 지사로 전근하는 것에 동의하는 직원들은 이사 지원을 받을 것이다.

| 해설 | 동사 will receive가 있으므로 빈칸은 동사 자리가 아니며, 주어 Employees를 수식하는 자리이다. '동의하는' 직원들이라는 능동의 의미가 되어야 하므로 현재분사 (B) agreeing이 정답이다.

| 어휘 | transfer 전근을 가다, 옮기다 relocation 이사, 이전 assistance 도움, 원조

ETS ETS 실전 도전하기 본책 p. 141

| 1 (A) | 2 (D) | 3 (B) | 4 (A) | 5 (A) | 6 (B) |
| 7 (A) | 8 (B) |

---

1 (A)

| 번역 | 조 씨는 임원직에 매우 관심이 있음을 내비쳤다.

| 해설 | 주어인 she는 감정을 느끼는 쪽이므로 과거분사 (A) interested가 정답이다. 'be interested in'은 '~에 관심이 있다'라는 의미로 잘 쓰이므로 외워두자.

| 어휘 | indicate 나타내다, 내비치다 position 자리, 위치

2 (D)

| 번역 | 최근 발표된 갈라 9A 휴대폰은 7월쯤 매장에서 구매할 수 있을 것이다.

| 해설 | 빈칸은 명사 Gallar 9A mobile phone을 수식하는 자리로, '발표된'이라는 수동적 의미를 나타내는 과거분사 (D) announced가 정답이다. (A) announcing은 현재분사로 '발표하는'이라는 능동적 의미를 나타낸다.

| 어휘 | recently 최근에 available 이용 가능한, 구매할 수 있는 announce 알리다, 발표하다 announcer 아나운서

3 (B)

| 번역 | 신용카드 마일리지는 참여하는 모든 항공사에서 사용될 수 있다.

| 해설 | 빈칸은 명사 airline을 수식하는 자리이므로 분사가 들어갈 수 있다. participate는 자동사이기 때문에 수동적 의미의 과거분사로 쓰지 않으므로 '참여하는'이라는 의미의 현재분사 (B) participating이 정답이다.

| 어휘 | redeem (상품권 등을) 상품[현금]으로 바꾸다

4 (A)

| 번역 | 켄트 모리와키 씨는 다양한 예술가들과의 인터뷰가 특징인 책을 출간했다.

| 해설 | 빈칸은 앞에 있는 명사 book을 수식하는 자리이며, 빈칸 뒤 목적어 역할을 하는 명사(interviews)가 있고 문맥상 '인터뷰가 특징인'이라는 의미가 적절하므로 능동의 현재분사 (A) featuring이 정답이다. feature(s)가 동사일 경우 문장에 동사(published)가 이미 있기 때문에 오답이고, 명사일 경우는 복합명사를 이룰 수 없으므로 (C) feature와 (D) features는 오답이다.

| 어휘 | publish 출간하다 feature 특징으로 하다, 특별히 포함하다; 특징

5 (A)

| 번역 | 하버트 씨에게 연락하려는 반복적인 시도는 성공하지 못했다.

| 해설 | 빈칸은 명사 attempts를 수식하는 자리이므로 '반복적인'이라는 수동적 의미를 나타내는 과거분사 (A) Repeated가 정답이다. (B)는 명사로 attempts와 복합명사를 이루지 못하며, (C)의 to부정사는 단수로 취급하므로 복수 동사 have와 수가 일치하지 않는다.

| 어휘 | attempt 시도 reach (전화로) 연락하다
unsuccessful 성공하지 못한 repeated 반복되는
repetition 반복

6 (B)

| 번역 | 마일스 항공은 인도 여행객을 위한 유용한 정보를 회사
웹사이트에 업데이트했다.

| 해설 | 동사 has updated가 있으므로 빈칸은 동사 자리가
아니고, 앞에 있는 명사 information을 수식하는 자리이다.
분사가 명사를 뒤에서 수식할 수 있는데, 빈칸 뒤에 목적어가
없으므로 수동적 의미의 과거분사 (B) intended가 정답이다. (D)
intending은 목적어가 필요하며, (A)와 (C)는 동사이므로 빈칸에
들어갈 수 없다. intended for는 '~을 위해 의도된'이란 의미로 잘
쓰이므로 알아두자.

| 어휘 | helpful 유용한, 도움이 되는 information 정보
intend 의도하다, 의미하다

7 (A)

| 번역 | 에지오 비텔리는 지난 10년간 가장 스릴 있는 모험 영화
여러 편을 연출했다.

| 해설 | 빈칸은 복합명사 adventure films를 수식하는 자리로,
영화는 감정을 일으키는 쪽이므로 현재분사 (A) thrilling이
정답이다.

| 어휘 | direct (영화를) 감독하다, 연출하다 adventure 모험
decade 10년 thrilling 흥분되는, 신나는

8 (B)

| 번역 | 중량 제한을 초과하는 주문은 추가 배송비를 내야 한다.

| 해설 | 빈칸은 앞에 있는 명사 Orders를 수식하는 자리이며,
빈칸 뒤 목적어 역할을 하는 명사(the weight limit)가 있고
문맥상 '중량 제한을 초과하는'이라는 의미가 적절하므로 현재분사
(B) exceeding이 정답이다.

| 어휘 | weight limit 중량 제한 be subject to ~의 대상이다
additional 추가의 shipping fee 배송비 exceed 초과하다
excessive 지나친, 과도한

DAY 07 전치사와 접속사

● 시간/장소 전치사

Check Up | 본책 p.143

1 by **2** on **3** until

1 회의장으로 오전 10시까지 도착해 주세요.

2 휴일 퍼레이드 행사가 5월 5일에 열릴 것이다.

3 건물 점검이 다음 주로 연기되었다.

● 기타 전치사

Check Up | 본책 p.144

1 According to **2** because of **3** Despite

1 기사에 따르면 항공편들은 자주 지연된다.

2 수리 때문에 외부 주차장은 사용할 수 없었다.

3 높은 티켓 가격에도 불구하고, AZ 밴드의 공연은 매진되었다.

● 등위 접속사와 상관 접속사

Check Up | 본책 p.145

1 and **2** Neither **3** but also

1 이 티켓을 출력해서 입구에서 제시하세요.

2 시애틀 지점과 포틀랜드 지점 둘 다 채용 중이 아니다.

3 이 음식점은 맛있는 음식을 제공할 뿐만 아니라 분위기도 좋다.

● 명사절 접속사

Check Up | 본책 p.146

1 that **2** if **3** whether

1 깜박이는 불은 기기가 충전 중임을 나타낸다.

2 파티에 참석할 수 있는지 알려 주세요.

3 드림 영화사는 후속편을 제작할지 곧 결정할 것이다.

● 부사절 접속사

Check Up | 본책 p.147

1 if **2** Since **3** before

1 2시간 안에 주문하시면 내일 받으실 수 있습니다.

2 복사기가 고장 나서 유인물을 배부할 수 없었다.

3 우리는 제품들이 공장을 떠나기 전에 면밀히 확인합니다.

T 토익 감각 익히기   본책 p.148

1 (B) **2** (B) **3** (A) **4** (A) **5** (B) **6** (A)

1 (B)

| 번역 | 보고서는 월요일에 관리자에게 보내져야 한다.

| 해설 | 빈칸 뒤에 the manager가 목적어로 있으므로 '관리자에게'라는 의미를 완성하는 전치사 (B) to가 정답이다.

2 (B)

| 번역 | 환불을 받으시려면 영수증 원본을 제시하세요.

| 해설 | 빈칸 뒤에 a refund가 목적어로 있으므로 '환불을 받기 위해'라는 의미를 완성하는 전치사 (B) for가 정답이다.

| 어휘 | present 제시하다   original 원래의; 원본   receipt 영수증   refund 환불

3 (A)

| 번역 | 인티라 박사와 김 박사는 마케팅 관련 상급 학위를 소지하고 있다.

| 해설 | 빈칸은 Dr. Intira와 Dr. Kim을 연결하는 등위 접속사가 필요한 자리이므로 (A) and가 정답이다.

| 어휘 | advanced 고급의, 상급의   degree 학위

4 (A)

| 번역 | 학회 기간 동안 출장 경비는 우리 회사에서 부담할 것입니다.

| 해설 | 빈칸 뒤에 명사 the conference가 목적어로 있으므로 전치사 (A) during이 정답이다. (B) while은 부사절 접속사이므로 뒤에 절이 와야 한다.

| 어휘 | firm 회사   cover (충분한 돈을) 대다   travel expense 출장비   conference 학회, 회의

5 (B)

| 번역 | 지은 사에 입사하기 전에 트랜 씨는 인혜 엔지니어링의 관리자였다.

| 해설 | 빈칸 뒤에 주어와 동사를 갖춘 완전한 절이 있으므로 빈칸에는 접속사가 들어가야 한다. 문맥상 '지은 사에 입사하기 전에'라는 의미가 되어야 자연스러우므로 '~ 전에'를 뜻하는 (B) Before가 정답이다.

| 어휘 | join 입사하다, 합류하다

6 (A)

| 번역 | 지원자는 운전면허증이나 현재 공공요금 고지서를 제시해야 한다.

| 해설 | 빈칸 뒤의 or와 함께 짝을 이뤄 'A나 B 둘 중 하나'의 의미를 나타내는 상관 접속사 (A) either가 정답이다.

| 어휘 | applicant 지원자   driver's license 운전면허승   current 현재의   utility bill 공공요금 고지서

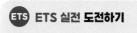

1 (C)	**2** (B)	**3** (C)	**4** (D)	**5** (A)	**6** (C)
7 (A)	**8** (C)				

1 (C)

| 번역 | 호텔 투숙객들은 매일 저녁 6시에 중앙 홀에서 라이브 음악을 즐길 수 있다.

| 해설 | 6:00 P.M.처럼 특정 시각 앞에는 전치사 at을 쓰므로 (C) at이 정답이다.

| 어휘 | atrium 아트리움, 중앙 홀

2 (B)

| 번역 | 얀 씨는 고객을 도와주고 있기 때문에 예산 회의에 참석할 수 없다.

| 해설 | 빈칸 뒤에 주어 he와 동사 is assisting을 갖춘 완전한 절이 왔으므로 빈칸은 접속사 자리이다. 따라서 이유를 나타내는 부사절 접속사 (B) because가 정답이다. (A)와 (D)는 전치사, (C)는 접속부사로 품사상 적합하지 않다.

| 어휘 | budget 예산   assist 돕다, 보조하다

3 (C)

| 번역 | 리스 계정에 관한 모든 질문은 법무부서에 해 주세요.

| 해설 | 빈칸은 the Reese account를 목적어로 취하면서 명사 questions를 수식하는 전치사 자리이므로 (C) regarding(~에 관한)이 정답이다.

| 어휘 | address a question to ~에게 질문을 던지다   account 계정, 계좌   legal 법률과 관련된   regard 여기다

4 (D)

| 번역 | 합격자는 기중기와 굴착기 둘 다 운전할 수 있는 면허증을 소지해야 한다.

| 해설 | 빈칸 뒤의 and와 함께 짝을 이루어 'A와 B 둘 다'의 의미를 나타내는 (D) both가 정답이다.

| 어휘 | successful candidate 합격자   licensed 면허증을 소지한   operate 가동하다   crane 기중기   backhoe 굴착기

5 (A)

| 번역 | 그레이트 스모키 산맥을 보기 위해 많은 나라에서 방문객이 온다.

| 해설 | 방문객이 '많은 나라에서 온다'라는 의미가 되어야 자연스러우므로 전치사 (A) from이 정답이다.

6 (C)

| 번역 | 그레이 씨는 컴퓨터 문제로 지체됐지만 프로젝트를 제시간에 끝냈다.

| 해설 | 빈칸은 뒤에 있는 완전한 절을 이끌면서, 콤마 뒤의 완전한 문장 전체를 수식하는 부사절 접속사 자리이다. 따라서 부사절 접속사 (C) Although(비록 ~이지만)가 정답이다. (A)는 접속부사나 전치사, (B)는 전치사, (D)는 접속부사이므로 품사상 적합하지 않다.

| 어휘 | delay 지연시키다 on time 시간을 어기지 않고 besides ~외에, 게다가 except ~를 제외하고 meanwhile 한편, 그 동안에

7 (A)

| 번역 | 위원회가 라오 박사에게 그 자리를 제안할지는 투표에 달려 있다.

| 해설 | 빈칸에서 the position까지가 주어이고, will depend가 동사인 문장. 문장의 주어 역할을 할 수 있는 명사절을 이끄는 접속사가 필요하므로 명사절 접속사 (A) Whether가 정답이다. (B), (C), (D)는 모두 부사절 접속사이다.

| 어휘 | committee 위원회 depend on ~에 달려 있다

8 (C)

| 번역 | 나가르 호텔은 늦어도 5월 4일까지 객실 예약을 확정해 달라고 요청한다.

| 해설 | 빈칸은 뒤에 있는 완전한 절을 이끌면서 동사 requests의 목적어 역할을 할 수 있는 명사절 접속사 자리로 '~라는 것'의 의미를 나타내는 명사절 접속사 (C) that이 정답이다. (B)는 명사절 접속사로 쓰일 수 있지만, '~인지 아닌지'라는 뜻이므로 의미상 적절하지 않다. (A)는 등위 접속사, (D)는 전치사이므로 품사상 적합하지 않다.

| 어휘 | confirm 확정하다, 확인해 주다 reservation 예약 no later than 늦어도 ~까지는

DAY 08 관계대명사

🔘 주격 관계대명사

Check Up | 본책 p.151

> **1** which **2** who **3** creates

1 이번 시간은 고객 만족도를 높이는 기술에 초점을 맞출 것입니다.
2 매출 목표를 초과하는 직원들은 상을 받을 것입니다.
3 이지유즈는 사용자 친화적인 제품을 만드는 회사로 알려져 있다.

🔘 목적격 관계대명사

Check Up | 본책 p.152

> **1** whom **2** that **3** which

1 베베 사가 최근에 고용한 인턴들은 뛰어난 자격을 갖추고 있다.
2 우리는 당신이 제출한 포트폴리오를 꼼꼼히 검토했습니다.
3 맥스 소프트가 새롭게 개발한 소프트웨어는 지금 다운로드가 가능하다.

🔘 관계부사

Check Up | 본책 p.153

> **1** where **2** when **3** why

1 그 이미지는 사용된 페이지에서 바로 다운로드 받을 수 있습니다.
2 신제품이 출시된 6월에 그 회사의 매출이 상승했다.
3 높은 연료비가 고객들이 더 연비가 좋은 차를 구입하는 이유이다.

🅣 토익 감각 익히기   본책 p.154

> **1** (A) **2** (B) **3** (A) **4** (A) **5** (A) **6** (B)

1 (A)

| 번역 | 송 씨는 어제 주문했던 것을 취소했다.

| 해설 | 빈칸은 뒤에 있는 동사 made의 목적어 역할을 하면서 빈칸 앞의 사물 명사 order를 수식하는 관계대명사 자리이므로 목적격 관계대명사 (A) which가 정답이다. (B) when은 관계부사로 선행사가 시간을 나타내는 명사이고, 뒤에 완전한 절이 와야 하므로 적절하지 않다.

2 (B)

| 번역 | 문의가 많은 오후 2시부터 3시 사이는 전화를 삼가 주세요.

| 해설 | 빈칸 앞에 시간을 나타내는 표현 2 P.M. and 3 P.M.이 있고, 빈칸 뒤에 완전한 절이 있으므로 시간을 나타내는 관계부사 (B) when이 정답이다. 관계대명사 (A) that 뒤에는 불완전한 절이 와야 하므로 적절하지 않다.

| 어휘 | avoid 피하다, 방지하다 inquiry 문의

3 (A)

| 번역 | 일반 투표에서 당선된 후보자가 취임할 것이다.

| 해설 | 빈칸은 뒤에 있는 동사 won의 주어 역할을 하면서 앞의 사람 명사 candidate를 수식하는 관계대명사 자리이다. 따라서 주격 관계대명사 (A) who가 정답이다. (B) what은 the thing which의 의미로, 선행사를 포함한 말이므로 선행사 뒤에 쓰일 수 없다.

| 어휘 | candidate 후보자 popular vote 일반 투표 assume office 취임하다

4 (A)

| 번역 | 관리자가 면접을 본 신입 사원이 곧 일을 시작할 것이다.

| 해설 | 빈칸은 뒤에 있는 동사 interviewed의 목적어 역할을 하면서 빈칸 앞의 사람 명사 new hire를 수식하는 관계대명사 자리이므로 목적격 관계대명사 (A) that이 정답이다.

| 어휘 | new hire 신입 사원

5 (A)

| 번역 | 그 보고서에는 소비자 선호도를 보여 주는 요약본이 들어 있다.

| 해설 | 빈칸은 뒤에 있는 동사 shows의 주어 역할을 하면서 앞의 사물 명사 summary를 수식하는 관계대명사 자리이다. 따라서 사물 명사를 수식하는 주격 관계대명사 (A) which가 정답이다. (B)는 사람 명사를 수식하는 관계대명사이므로 적절하지 않다.

| 어휘 | contain 포함하다   summary 요약(본)   preference 선호(도)

6 (B)

| 번역 | 회사는 정규직으로 일하는 직원들에게 건강 보험을 제공한다.

| 해설 | 빈칸은 앞의 사람 명사 employees를 수식하는 주격 관계대명사 who가 이끄는 관계대명사절의 동사 자리이다. 선행사인 employees가 복수이므로 복수 동사 (B) work가 정답이다.

| 어휘 | insurance 보험   work full-time 정규직으로 일하다

ETS ETS 실전 도전하기   본책 p. 155

1 (A) **2** (B) **3** (A) **4** (B) **5** (D) **6** (D)
7 (A) **8** (D)

1 (A)

| 번역 | 그 설명서에는 고장 난 모니터를 수리하는 방법을 알려 주는 설명이 포함되어 있다.

| 해설 | 빈칸은 뒤에 있는 동사 describe의 주어 역할을 하면서 앞의 명사 instructions를 수식하는 주격 관계대명사 자리이다. 따라서 주격 관계대명사로 쓰일 수 있는 (A) that이 정답이다. (B) what은 주격 관계대명사로 쓰일 수 있으나, 선행사 없이 쓰인다.

| 어휘 | feature (특별히) 포함하다   instructions 지시, 설명

2 (B)

| 번역 | 주문하신 재킷은 현재 요청하신 색상으로 구할 수 없습니다.

| 해설 | 빈칸은 관계사절 안에서 사물 명사 color를 목적어로 하는 동사 자리이며 the color 뒤에는 목적격 관계대명사 that이 생략되어 있다. 따라서 목적어를 취할 수 있는 능동태 (B)

requested가 정답이다. 3인칭 단수 동사 (A)는 인칭과 수가 일치하지 않고, 동명사 (D)는 동사 자리에 쓰일 수 없다. (C)는 수동태이므로 목적어를 취할 수 없다.

| 어휘 | currently 현재   unavailable 구할 수 없는

3 (A)

| 번역 | 해초는 해양 생물체가 잘 자라는 보호적인 환경을 제공한다.

| 해설 | 빈칸 앞에 장소를 나타내는 명사 environment가 있고, 빈칸 뒤에 완전한 절이 있으므로 장소를 나타내는 관계부사 (A) where가 정답이다. 관계대명사 (B)와 (C) 뒤에는 불완전한 절이 와야 하므로 적절하지 않다. (D)는 대명사로 앞뒤의 두 절을 연결할 수 없으므로 오답이다.

| 어휘 | sea grass 해초   protective 보호하는   environment 환경   marine 바다의   thrive 잘 자라다

4 (B)

| 번역 | 어제 회의에서 요청하신 디자인 사본을 보냈습니다.

| 해설 | 빈칸은 뒤에 있는 동사 asked for의 목적어 역할을 하면서 빈칸 앞의 명사 design을 수식하는 관계대명사 자리로 목적격 관계대명사 (B) that이 정답이다. (A)는 접속부사로 두 절을 연결할 수 없고, (C)는 선행사와 함께 쓰이지 않으며, (D)는 관계부사로 뒤에 완전한 절이 와야 한다.

| 어휘 | ask for ~을 요청하다

5 (D)

| 번역 | 나이 전자 제품에는 3년간 유효한 품질 보증서가 포함되어 있다.

| 해설 | 빈칸은 관계사절의 동사 자리이므로 (A) last와 (D) lasts 중에서 정답을 선택해야 한다. 선행사 a warranty가 단수이므로 정답은 단수 동사인 (D) lasts이다.

| 어휘 | warranty 품질 보증서   last 지속하다

6 (D)

| 번역 | 사무실이 좀 덜 바쁜 주말에 귀하의 요청을 처리해 드릴 수 있습니다.

| 해설 | 빈칸 앞에 시간을 나타내는 명사구 the end of the week이 있고, 빈칸 뒤에 완전한 절이 있으므로 시간을 나타내는 관계부사 (D) when이 정답이다.

| 어휘 | handle 처리하다

7 (A)

| 번역 | 교육에 참석할 수 없는 직원들에게는 온라인 모듈이 제공될 것이다.

| 해설 | 빈칸은 뒤에 있는 동사 cannot attend의 주어 역할을 하면서 앞의 사람 명사 employees를 수식하는 관계대명사 자리이다. 따라서 사람 명사를 수식하는 주격 관계대명사 (A)

who가 정답이다.

| 어휘 | module 모듈, 교육 이수 단위 training session 교육 과정

8 **(D)**

| 번역 | 3년 전에 시장에 진입한 유노프 상표의 차들이 베스트셀러 브랜드이다.

| 해설 | 빈칸은 뒤에 있는 동사 entered의 주어 역할을 하면서 앞의 사물 명사 The Yunof brand of teas를 수식하는 주격 관계대명사 자리이다. 따라서 사물을 수식하는 주격 관계대명사 (D) which가 정답이다. (A)와 (C)는 관계부사로 뒤에 불완전한 절이 오며, (B)는 선행사가 사람 명사일 때 쓴다.

| 어휘 | brand 브랜드, 상표

RC — Part 6

DAY 09 문제 유형

● 문법 / 어휘 문제

Check Up | 본책 p.158

1 (A)   **2** (B)

[1-2]

피셔 씨께,

잰턴 포멀 웨어에서는 당신의 거래에 감사드리고자 **¹축하연**에 초대합니다. 메도우 길 16번지에 있는 저희 새 가게의 개점 행사는 1월 20일 목요일 오후 4시부터 8시까지 **²열릴 예정입니다.**

| 어휘 | formal 정장의, 격식을 차린 business 거래, 사업 grand opening 개점 행사 lane 길 take place 열리다

1 **(A)**

| 해설 | **어휘 문제**
빈칸 뒤 문장에서 '새 가게의 개점 행사(The grand opening of our new shop)'의 일정에 대해 언급하고 있으므로 축하연을 의미하는 (A) celebration이 문맥상 자연스럽다. (B) presentation(발표)은 문맥상 적절하지 않다.

2 **(B)**

| 해설 | **문법 문제**
빈칸은 동사 자리이므로 동명사 또는 현재분사 형태인 (A)

taking은 소거한다. 따라서 단순미래 시제를 나타내는 (B) will take가 정답이다. take place는 어떤 일이 '일어나다, 열리다'라는 의미이다.

● 접속부사 문제

Check Up | 본책 p.159

(A)

주문하신 상품은 클리어필드 가 매장에서 픽업하실 수 있도록 준비되어 있습니다. 늦어도 10월 3일까지는 반드시 상품을 찾아가시길 바랍니다. **그렇지 않으면** 주문이 취소됩니다.

| 어휘 | ready for ~할 준비가 된 in-store 매장 내의 pickup 수령, 수거 location 지점, 위치 be sure to 반드시 ~하다 retrieve 되찾다 merchandise 상품 at the latest 늦어도

| 해설 | **접속부사 문제**
빈칸 앞에는 '10월 3일까지 상품을 찾아가길 바란다(retrieve your merchandise by 3 October)'는 문장이 왔고 뒤 문장에서 '주문이 취소된다(your order will be canceled)'고 하므로 빈칸에는 '그렇지 않으면'을 의미하는 접속부사가 들어가야 글의 흐름이 자연스러워진다. 따라서 (A) Otherwise(그렇지 않으면)가 정답이다. (B) Furthermore(게다가)는 문맥상 적절하지 않다.

● 문장 고르기 문제

Check Up | 본책 p.160

(A)

노티지 씨께,

지난주에 만나 봬서 정말 좋았습니다. 귀하의 채용지원서를 제 동료들과 함께 검토한 후, 저희는 귀하에게 마리에타 극장 클럽의 커리큘럼 디렉터직을 제안하게 되어 기쁩니다.

채용 위원회는 특히 귀하의 과정 개발 경력에 깊은 인상을 받았습니다. **우리 교육부는 이 지역 최고 수준에 속합니다.** 우리 학생들은 나아가 종종 연극계에서 인정받는 전문가가 됩니다.

| 어휘 | employment application 채용지원서 curriculum director 교육과정 책임자 hiring committee 채용 위원회 particularly 특히 be impressed with ~에 감명받다 recognized 인정 받는 rank 순위를 매기다 region 지역 be filled 채워지다 qualified 자격 있는 candidate 지원자

(A) 우리 교육부는 이 지역 최고 수준에 속합니다.
(B) 그 자리는 자격이 매우 충분한 지원자로 채웠습니다.

| 해설 | **문장 고르기 문제**

빈칸 뒤 문장에서 '우리 학생들은 나아가 종종 연극계에서 인정받는 전문가가 된다(Our students often go on to become recognized professionals in theater)'고 하므로, 빈칸에서는 교육부의 높은 수준을 언급하는 것이 글의 흐름상 자연스럽다. 따라서 (A)가 정답이다. 지문이 일자리 제안의 글이므로 (B)는 적절하지 않다.

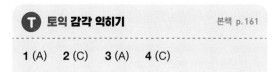

T **토익 감각 익히기**   본책 p.161

1 (A)   **2** (C)   **3** (A)   **4** (C)

[1-2]

> 스탠튼 가 173번지에 계획된 ¹**보수 공사**가 이번 주말에 시작될 것입니다. 우리는 네 대 모두의 엘리베이터 안에 새로운 조명을 설치하는 것부터 시작할 것입니다. 게다가, 북쪽 엘리베이터의 바닥 타일도 교체²**될 것입니다.**
>
> | 어휘 | planned 계획된 commence 시작하다 install 설치하다 lighting 조명 in addition 게다가 replace 교체하다

1 (A)

| 해설 | **어휘 문제**

빈칸 뒤 문장에서, '엘리베이터 안에 새로운 조명을 설치하고 바닥 타일도 교체될 것이라고 하므로 문맥상 보수 공사가 계획될 예정이라는 것을 알 수 있다. 따라서 (A) renovation(보수 공사)이 정답이다. (B) celebration(축하연), (C) auction(경매), (D) inspection(점검)은 문맥상 적절하지 않다.

2 (C)

| 해설 | **문법 문제**

빈칸은 동사의 시제를 묻는 문제이다. 첫 문장에서 '보수 공사는 이번 주말에 시작될 것이라고 하며, 빈칸 앞 문장에서 단순미래 시제 will begin을 사용하였으므로 빈칸도 단순미래 시제 (C) will be가 정답이다.

3 (A)

> 귀하의 물품을 출하하지 못하고 있음을 알려드리고자 합니다. 예측하지 못한 수요 때문에 해당 물품은 2월 15일까지 재고가 없습니다. 불편을 드려 죄송합니다. 지연으로 인해 주문을 취소하고 싶으시다면 알려주세요. ³**그렇지 않으면** 오늘부터 약 3주 후에 원래 주문하신 물품을 배송 받으실 수 있습니다.
>
> | 어휘 | inform 알리다 be unable to ~할 수 없다 ship 출하하다, 선적하다 merchandise 상품, 물품 due to ~때문에 unforeseen 예상치 못한 demand 수요, 요구 out of stock 품절인 apologize 사과하다 inconvenience 불편하게 하다 original 원래의 delay 지연 approximately 대략

| 해설 | **접속부사 문제**

빈칸 앞 문장에서 '지연으로 인해 주문을 취소하고 싶다면 알려달라(let me know if you would like to cancel your order because of this delay)'고 요청하는 문장이 오고, 뒤 문장에서 '약 3주 후에 원래 주문한 물품을 배송 받을 수 있다(you can expect delivery of your original order in approximately three weeks from today)'고 하므로 빈칸에는 '그렇지 않으면'을 의미하는 접속부사가 들어가야 글의 흐름상 자연스럽다. 따라서 (A) Otherwise(그렇지 않으면)가 정답이다. (B) Accordingly(그에 맞춰), (C) Nevertheless(그럼에도 불구하고), (D) Indeed(실은)는 문맥상 적절하지 않다.

4 (C)

> 레나드 인 투숙객 여러분께서는 야간 길거리 주차는 허가증이 있을 때만 가능하며 포레스트빌 거주자로 제한된다는 점을 주지하셔야 합니다. 주차 법령을 위반하는 비거주자는 딱지를 발부받게 되며 벌금을 납부해야 합니다. 레나드 인 투숙객 여러분은 1박에 10달러의 요금으로 저희 주차장에 주차하실 수 있습니다. 체크인하실 때 차량에 두실 주차권을 발급해 드립니다. ⁴**앞 유리창으로 종이가 보일 수 있도록 하십시오.** 저희 주차장이 만차일 경우, 플러머 가의 주차장을 이용하시면 됩니다.
>
> | 어휘 | aware 알고 있는 permit 허가증 be restricted to ~로 제한되다 resident 거주자 violate 위반하다 ordinance 법령, 조례 issue 발급하다, 발부하다 fine 벌금 lot 구역 parking voucher 주차권 place 놓다, 두다 garage 차고, 주차장

(A) 레나드 인에서 즐거운 시간 보내시기 바랍니다.
(B) 포레스트빌 주차 법령은 자주 변경됩니다.
(C) 앞 유리창으로 종이가 보일 수 있도록 하십시오.
(D) 주차장은 더 많은 차량을 넣을 수 있도록 재설계되었습니다.

| 해설 | **문장 고르기 문제**

빈칸 앞 문장에서 '체크인할 때 차량에 둘 주차권을 발급해준다(When you check in, you will be issued a parking voucher to place in your car)'고 하므로 주차권에 대한 추가 설명을 언급하는 것이 글의 흐름상 자연스럽다. 따라서 (C)가 정답이다.

| 어휘 | frequently 자주, 흔히 slip 종이, 쪽지 visible 보이는 windshield (자동차의) 앞 유리 handle 다루다, 처리하다

ETS **ETS 실전 도전하기**   본책 p.162

1 (C)   **2** (D)   **3** (D)   **4** (B)   **5** (B)   **6** (D)
7 (B)   **8** (A)

[1-4] 공지

> 전 직원에게 알립니다.
>
> ¹**아시는** 바와 같이 우리 회사는 12월 20일 토요일 오후 7시부터

10시까지 연례 연회를 개최할 예정입니다. **²행사는 엘름 시 플라자 호텔에서 열립니다.** 저녁 식사와 후식이 제공됩니다. **³늘 그렇듯** 우수 서비스상을 발표할 것입니다. 12월 2일 오후 5시까지 일레인 라우에게 전화하셔서 자리를 예약해 주세요. 행사 중 선물 꾸러미를 나눠 드립니다. 참석하지 못하는 직원은 12월 22일 월요일에 인사과 사무실에서 꾸러미를 **⁴가져가시면** 됩니다.

| 어휘 | attention 알립니다, 주목하세요 employee 직원
hold 개최하다, 열다 annual 연례의, 매년의 banquet 연회
award 상 outstanding 뛰어난 announce 발표하다
reserve 예약하다 distribute 나눠주다, 배부하다 attend
참석하다 human resources 인사과

1 **(C)**

| 해설 | **문법 문제**
빈칸 앞에 접속사와 주어 you가 있으므로 빈칸은 동사 자리이다.
동사 자리에 쓰일 수 없는 to부정사 (A)와 동명사 (B)는 우선
소거한다. '아시는 바와 같이'의 의미로는 능동태가 와야 하므로
(C)가 정답이다.

2 **(D)**

(A) 연회는 12월 27일로 일정이 변경되었습니다.
(B) 여러분의 관리자에게 변경사항을 통보해 드릴 것입니다.
(C) 여러분이 초청을 수락해 주셔서 기쁩니다.
(D) 행사는 엘름 시 플라자 호텔에서 열립니다.

| 해설 | **문장 고르기 문제**
빈칸 앞 문장에서 연례 연회 일정에 대해 공지하고 있으므로 연회
장소에 대한 설명을 추가로 언급하는 것이 글의 흐름상 자연스럽다.
따라서 (D)가 정답이다.

| 어휘 | reschedule 일정을 변경하다 notify 알리다, 통보하다
delighted 기쁜 accept 수락하다 take place 개최되다

3 **(D)**

| 해설 | **접속부사 문제**
빈칸 앞에서 연례 연회의 시간과 장소를 공지하는 문장이 오고,
뒤 문장에서 '우수 서비스상을 발표할 것(the award for
outstanding service will be announced)'이라고 하므로
빈칸에는 (D) As always(늘 그렇듯)가 글의 흐름상 가장
자연스럽다. 따라서 (D)가 정답이다. (A) For example(예를
들면), (B) Instead(대신에), (C) Normally(보통)는 문맥상
적절하지 않다.

4 **(B)**

| 해설 | **어휘 문제**
빈칸 앞 문장에서 '행사 중 선물 꾸러미를 나눠준다(Gift bags
will be distributed during the event)'고 했으므로 참석하지
못하는 직원은 인사과 사무실에서 꾸러미를 가져가면 된다는 것이
가장 자연스럽다. 따라서 (B) pick up(찾아가다)이 정답이다. (A)
try(시도하다), (C) show off(자랑하다), (D) design(설계하다,
디자인하다)은 문맥상 적절하지 않다.

[5-8] 편지

3월 18일
알렉산드라 밀러
8248 하이랜드 로
웨이코, TX 76701

밀러 씨께,

4월 1일 귀하의 지역에서 웨이코 재활용 프로그램이 시작될
예정임을 알려드리게 되어 기쁩니다. 본 계획에 **⁵참여하기를**
원하시는 주민은 바퀴 달린 녹색 컨테이너를 지급받게 됩니다.
컨테이너를 **⁶신청하시려면** 1-800-555-1122로 전화해
주십시오.

도로 경계석 재활용 수거는 처음 제안된 대로 주 1회가 아닌 월 2회
진행됩니다. **⁷결과적으로** 주거 지역으로의 이동이 덜 빈번하게
이뤄져 유류비와 배기가스가 줄어들 것입니다. 재활용 가능한 물품
목록은 동봉된 안내책자에서 보실 수 있습니다.

더 자세한 정보와 도시 전체 재활용 노선 일정표 및 지도를
확인하시려면 www.wacorecycling.org를 방문하세요. **⁸이
중요한 사업에 참여해 주시기를 바랍니다.**

조지 로렌조, 관리자
웨이코 재활용 프로그램
동봉

| 어휘 | inform 알리다 recycling 재활용 commence
시작되다 resident 주민, 거주자 initiative 계획 issue
발급하다 wheeled 바퀴 달린 curbside 차도 가장자리, 연석
take place 개최되다 rather than ~보다는 initially 처음에
propose 제안하다 neighborhood 인근, 근처 frequent
빈번한 fuel cost 유류비 emission 배기가스, 배출 enclosed
동봉된 citywide 전 도시의

5 **(B)**

| 해설 | **문법 문제**
빈칸 앞 동사 would like는 to부정사를 목적어로 가지므로 (B) to
participate가 정답이다. would like to부정사(~하고 싶다)는
관용 표현이므로 외워두자.

6 **(D)**

| 해설 | **어휘 문제**
빈칸 앞 문장에서 '본 계획에 참여하기를 원하는 주민은 컨테이너를
지급받게 된다(Residents who would like to participate
in the initiative will be issued a wheeled, green
container)'고 하고, 빈칸 뒤 문장에서는 '전화를 하라(please
call 1-800-555-1122)'고 하므로 문맥상 전화의 목적이
컨테이너를 요청하기 위해서라는 것이 자연스럽다. 따라서 (D)
request(요청하다)가 정답이다. (A) repair(수리하다), (B)
return(반품하다), (C) review(검토하다)는 문맥상 적절하지 않다.

7 (B)

| 해설 | 접속부사 문제

빈칸 앞에서 '도로 경계석 재활용 수거는 주 1회가 아닌 월 2회 진행된다(Curbside recycling will take place twice a month, rather than once a week, as initially proposed)'고 하고, 빈칸 뒤 문장에서 '주거 지역으로의 이동이 덜 빈번하게 이뤄져 유류비와 배기가스가 줄어들 것(trips into neighborhoods will be less frequent, which will lower fuel costs and emissions)'이라고 하므로 빈칸에는 '결과적으로'라는 의미의 접속부사가 들어가야 글의 흐름이 자연스러워진다. 따라서 (B) As a result(결과적으로)가 정답이다. (A) After all(예상과 달리 결국), (C) In the meantime(그 동안에), (D) Alternatively(대신에)는 문맥상 적절하지 않다.

8 (A)

(A) 이 중요한 사업에 참여해 주시기를 바랍니다.
(B) 컨테이너에 깨진 유리를 넣지 않도록 하십시오.
(C) 컨테이너는 1주일 이내에 귀하의 도로 경계석에 도착할 것입니다.
(D) 웨이코 시티는 본 프로그램에 막대한 금액을 투자했습니다.

| 해설 | 문장 고르기 문제

빈칸 앞 문장에서 '더 자세한 정보와 도시 전체 재활용 노선 일정표 및 지도를 확인하시려면 홈페이지를 방문하라(For more information and to view a schedule of citywide recycling routes and maps, visit ~)'고 하므로 계획 참여를 독려하는 내용을 언급하는 것이 글의 흐름상 자연스럽다. 따라서 (A)가 정답이다.

| 어휘 | take part in ~에 참가하다 place 놓다, 두다 arrive 도착하다 curb 도로 경계석, 차도 연석 invest 투자하다 enormous 막대한 sum 액수

RC Part 7

DAY 10 지문 유형

📧 편지 / 이메일 / 회람

Check Up | 본책 p.166

(A)

(A) 지시 사항을 제공하기 위해
(B) 그에게 근무시간 변경을 알리기 위해

| 해설 | 주제 / 목적

해당 이메일은 신입직원으로 채용된 사람에게 보내는 내용으로, '4월 6일에 업무가 시작된다(Your position as a customer service representative begins on April 6)'는 말과 '8시 30분까지 출근하여 서류 작업을 완료해달라(you should report to the human resources office at 8:30 A.M. to complete your paperwork)'는 말이 나왔다. 즉 신입직원에게 지시사항을 전달하려고 이메일을 보낸 것이므로 정답은 (A)이다.

📢 공지 / 광고 / 안내문

Check Up | 본책 p.167

(B)

(A) 싱크대 청소하기   (B) 커피 만들기

| 해설 | 세부 사항

질문에 있는 스콧 씨라는 이름이 나오는 부분을 찾아보도록 한다. 지문 맨 마지막 부분에 '커피포트가 비어 있는 것을 발견하면, 빌 스콧에게 좀 더 만들어달라고 부탁하라(If you find the coffeepot empty, please ask Bill Scott to make some more)'는 말이 있는 것으로 보아, 스콧 씨는 커피 만드는 일이 업무 중 하나라는 것을 알 수 있다. 따라서 정답은 (B)이다.

💬 문자 메시지 / 온라인 채팅

Check Up | 본책 p.168

(A)

(A) 그는 버먼 씨가 예정대로 하기를 바란다.
(B) 그는 그들이 지금 20분간 휴식을 취해야 한다고 생각한다.

| 해설 | 의도 파악

Yes, please do(네, 해주세요)는 앞 문장 '당신 없이 발표를 시작해야 하는지(Should I start the presentation without you?)' 묻는 질문에 대한 대답임을 알 수 있다. 즉 상대방인 버먼 씨가 예정대로 발표를 진행하라는 의미이므로 정답은 (A)이다.

📰 기사 / 웹페이지 / 기타 양식

Check Up | 본책 p.169

(B)

(A) 영화 감독   (B) 배우

| 해설 | 세부 사항

질문에 나온 제임스 야보로라는 이름이 등장하는 부분을 지문에서 찾도록 한다. 지문 앞 부분에 '제임스 야보로가 주인공 밥 트레이더 역할로 출연한다(stars James Yarborough in the leading role of Bob Trader)'는 말이 나오는 것으로 보아 제임스 야보로는 배우임을 알 수 있다. 따라서 정답은 (B)이다.

1 (B) **2** (B) **3** (A) **4** (B)

1. 광고

> **중심가** - 애스턴 코퍼레이트 타워 내 나란히 붙어 있는 800평방피트 사무실 2개를 즉시 이용하실 수 있습니다. 노외 주차장 및 대중교통과 인접한 곳입니다. 사무실 두 곳을 함께 또는 따로 임대하실 수 있습니다. 각 임대료는 평방미터당 18.95파운드이며, 공과금은 제외된 금액입니다. **책상 및 의자 몇 개를 별도의 비용 없이 사용하실 수 있습니다.** 더 자세한 사항이 궁금하시거나 둘러볼 약속을 잡으시려면 020 7946 0233으로 전화해 주십시오.
>
> | 어휘 | adjoin 붙어 있다, 인접하다 available 이용 가능한 immediate 즉각적인 occupancy (건물, 방 등의) 사용 off-street parking 노외 주차 public transport 대중교통 lease 임대하다 separately 별도로, 따로 excluding ~를 제외하고 utility 공익사업, 공과금 make an appointment 약속을 하다

임대료에 포함된 것은?
(A) 주차 공간
(B) 가구

| 해설 | 세부 사항
지문 후반부에서 '책상 및 의자 몇 개를 별도의 비용 없이 사용하실 수 있다(Several desks and chairs available at no extra cost)'고 하므로 임대료에 가구가 포함된다는 것을 알 수 있다. 따라서 (B)가 정답이다.

Paraphrasing

지문: Several desks and chairs → 정답: Some furniture
(책상 및 의자 몇 개 → 가구 몇 점)

2. 회람

> **회람**
> 수신: 전 직원
> 발신: 셰릴 니퍼, 보안부장
> 주제: 보안
> 날짜: 6월 1일
>
> 5월 15일 직원 회의에서 공지 받으셨다시피 **6월 15일부로 이 건물에 신규 보안 정책이 적용됩니다.** 권한 있는 모든 직원은 이름과 사진이 들어간 새로운 전자 ID 카드를 발급받게 됩니다. 이 카드를 각 출입구 옆에 있는 판독기에 긁어야 합니다. 카드가 준비되면 제 사무실에서 수령하라는 통지가 갈 것입니다.
>
> | 어휘 | security 보안 inform 알리다, 통보하다 measures 조치, 정책 apply 적용되다 authorized 권한이 있는 personnel 직원 issue 발급하다 electronic 전자의 ID card 신분증 bear 지니다 swipe (판독기에) 읽히다 reader 판독기 entrance 출입구 notify 통지하다 pick up 찾아오다

신규 절차는 언제부터 발효될 것인가?
(A) 5월 15일
(B) 6월 15일

| 해설 | 세부 사항
첫 문장에서 '6월 15일부로 이 건물에 신규 보안 정책이 적용된다(new security measures will be applied in this building as of June 15)'고 하므로 (B)가 정답이다.

Paraphrasing

지문: new security measures will be applied
→ 질문: new procedures take effect
(신규 보안 정책이 적용되다 → 신규 절차가 발효되다)

3. 문자 메시지

> **라이언 오배니언** [오후 1시 20분]
> 물러모어 작업에 대한 최신 상황을 알려주실 수 있나요?
>
> **피오나 딜레이니** [오후 1시 30분]
> 외부를 완료했고, 창문 테두리를 거의 끝마쳤습니다.
>
> **라이언 오배니언** [오후 1시 31분]
> 그게 전부인가요? 오후 3시 전에 마무리하게 되면 여기로 와서 좀 거들어 주셨으면 했거든요.
>
> **피오나 딜레이니** [오후 1시 32분]
> **주차장 문에 페인트를 한 겹 더 발라야 해요.** 고객이 얼룩을 발견했어요.
>
> **라이언 오배니언** [오후 1시 35분]
> 알겠어요. 오후 2시 30분쯤 다시 얘기합시다.
>
> | 어휘 | give an update on ~에 대한 최신 상황을 알려주다 complete 완료하다 exterior 외부 trim 테두리 wrap up 마무리 짓다 coat 칠 smudge 자국, 얼룩

오후 1시 31분, 오배니언 씨가 "그게 전부인가요?"라고 쓸 때, 그 의도는 무엇이겠는가?
(A) 어떤 일을 더 해야 하는지 알고 싶다.
(B) 문제의 원인을 찾으려 하고 있다.

| 해설 | 의도 파악
오배니언 씨가 Is that it?이라고 묻고 난 후, '3시 전에 마무리하게 되면 여기로 와서 좀 거들어 주었으면 한다(If you'll be wrapping up before 3 P.M., I was hoping you'd come over here to help)'고 덧붙였고, 그에 대해 딜레이니 씨가 '주차장 문에 페인트를 한 겹 더 발라야 한다(We also have to put another coat of paint on the garage door)'고 답한 것으로 보아 (A)가 정답이다.

| 어휘 | identify 찾다, 확인하다 cause 원인

4. 승차권

승객: 스테파니 마틴		승차권 번호 4321 48-22	
헤론 스프링스 행, 노던 라인 경유		5월 13일 오전 7시 28분 발행	
퍼딜 시	출발 8시 2분	3번 승강장	좌석 C9
이버슨역에서 열차 환승			
이버슨	**출발 10시 15분**	8번 승강장	좌석 F72
헤론 스프링스	도착 11시 32분	1번 승강장	
		가격 15.50파운드	
		결제 방식: 현금	

| 어휘 | passenger 승객 issue 발급하다, 발행하다 depart 출발하다 arrive 도착하다 payment method 결제 방식

승차권에 따르면, 마틴 씨는 언제 이버슨에서 떠날 것인가?
(A) 오전 8시 2분
(B) 오전 10시 15분

| 해설 | **세부 사항**
질문의 Iversen을 키워드로 표에서 정답을 찾아야 한다. Iversen에서 Depart(출발) 시간이 10시 15분으로 되어 있으므로 (B)가 정답이다.

| 어휘 | leave 떠나다, 출발하다

Paraphrasing
지문: Depart → 질문: leave (출발하다 → 떠나다)

ETS ETS 실전 도전하기

본책 p. 172

1 (B)	**2** (D)	**3** (B)	**4** (A)	**5** (C)	**6** (B)
7 (C)	**8** (B)	**9** (C)	**10** (A)	**11** (D)	**12** (A)
13 (B)	**14** (C)				

[1-2] 안내문

[1]고객님의 편의를 위해 세탁 서비스가 이용 가능합니다. 각 방의 앞쪽 벽장에 카드가 부착된 가방이 있습니다. 카드에 정보를 기입하시고 가방에 오염된 옷을 넣어 주십시오. [1, 2]오전 6시에서 오후 6시 사이에 언제든 프런트에 연락하셔서 세탁물 수거를 요청하십시오. 세탁물은 고객님의 지시에 따라 깨끗하게 개킨 상태로 반환됩니다. 이 서비스는 최대 3시간 소요됩니다. 비용은 최종 청구서에 추가될 것입니다.

| 어휘 | convenience 편리 laundry 세탁(물) available 이용 가능한 closet 벽장, 옷장 attached 부착된 complete 작성하다, 기입하다 place 두다, 놓다 soiled 더러워진, 때묻은 contact 연락하다 reception 접수처, (호텔) 프런트 pickup 가져오기, 픽업 fold 개키다 instructions 지시 allow 허용하다 up to ~까지 cost 비용 add 더하다, 보태다 bill 청구서

1 정보문은 누구를 대상으로 하겠는가?
(A) 호텔 접수원
(B) 호텔 투숙객
(C) 청소 담당 신입직원
(D) 건물 유지보수 담당자

| 해설 | **추론**
첫 문장에서 '고객님의 편의를 위해 세탁 서비스가 이용 가능하다(For your convenience, a laundry service is available)'고 했고 '각 방의 앞쪽 벽장에 카드가 부착된 가방이 있다(In the front closet of each room ~ a card attached)'고 했다. 또한 '프런트에 연락하여 세탁물 수거를 요청하라(Contact reception anytime ~ to request laundry pickup)'고 언급한 것으로 보아 이 글은 호텔 투숙객을 위한 안내문임을 알 수 있다. 따라서 정답은 (B)이다.

| 어휘 | newly hired 새로 채용된 staff 직원 maintenance 유지보수

2 서비스에 관해 언급된 것은?
(A) 24시간 이용 가능하다.
(B) 완료하는 데 한 시간이 걸린다.
(C) 무료로 제공된다.
(D) 수거와 배달이 포함되어 있다.

| 해설 | **Not / True**
지문 중반부에서 '오전 6시에서 오후 6시 사이에 프런트에 연락해 세탁물 수거를 요청하라(Contact reception ~ laundry pickup)'고 했고, '세탁물은 고객님의 지시에 따라 깨끗하게 개킨 상태로 반환된다(The laundry will be returned ~ your instructions)'고 했으므로 수거와 배달이 모두 포함됨을 알 수 있다. 따라서 (D)가 정답이다.

| 어휘 | free of charge 무료로 delivery 배달

[3-4] 이메일

수신: lamott@lamottarchitecture.com
발신: skisaka@littletoneats.com
날짜: 1월 10일
제목: 식당 이용 경험

라모트 씨께,

귀하와 동료 여러분께서 라모트 건축회사의 5주년 기념 행사 오찬 장소로 리틀턴 이츠를 선택해 주셔서 무척 기쁩니다! 저희는 새로 생긴 레스토랑으로서, 향후 최상의 식사 경험을 제공할 수 있도록 고객 여러분의 의견을 적극적으로 듣고자 합니다. [3]리틀턴 이츠에서의 식사 경험에 대해 5분짜리 설문에 응해 주실 의향이 있으십니까? [4]참여해 주시면 다음 식사 때 쓸 수 있는 무료 전채 요리 쿠폰을 자동 이메일로 보내 드립니다. 시작하시려면 여기를 클릭하세요.

스티브 키사카
총지배인
리틀턴 이츠

RC

PART 7

65

| 어휘 | colleague 동료 anniversary 기념일 luncheon 오찬 solicit 구하다, 간청하다 provide 제공하다 experience 경험 be willing to 기꺼이 ~하다 survey (설문) 조사 participate 참가하다 automated 자동의, 자동화된 complimentary 무료의 appetizer 애피타이저, 전채

3 이메일을 쓴 목적은?
(A) 신규 레스토랑을 광고하려고
(B) 고객의 피드백을 요청하려고
(C) 점심 식사 예약을 확정하려고
(D) 손님들을 기념 행사에 초청하려고

| 해설 | **주제 / 목적**
지문 중반부에서 '리틀턴 이츠에서의 식사 경험에 대해 5분짜리 설문에 응해 주실 의향이 있는지(Would you be willing to help us by taking our five-minute survey about your experience here at Littleton Eats?)'를 묻고 있으므로 (B)가 정답이다.

| 어휘 | advertise 광고하다 request 요청하다 confirm 확정하다 reservation 예약 celebration 기념 행사

Paraphrasing
지문: survey about your experience → 정답: customer feedback (경험에 대한 설문 조사 → 고객 피드백)

4 키사카 씨는 라모트 씨에게 무엇을 제안하는가?
(A) 무료 음식
(B) 대규모 그룹 할인
(C) 첫 방문 고객을 위한 쿠폰
(D) 점심 특선 요리 가격 할인

| 해설 | **세부 사항**
지문 후반부에서 '참여해 주시면 다음 식사 때 쓸 수 있는 무료 전채 요리 쿠폰을 자동 이메일로 보내준다(If you participate, you will receive an automated e-mail with a coupon for a complimentary appetizer with your next meal)'고 하므로 (A)가 정답이다.

| 어휘 | first-time 처음의, 처음으로 해보는 reduced 할인된

Paraphrasing
지문: a complimentary appetizer → 정답: A free food item (무료 전채 요리 → 무료 음식)

[5-6] 기사

업체 소식

9월 10일 – **5클레이버그 북스 최고 경영자인 데이비드 폰테는 10월 1일자로 사임하고 호주 시드니에 있는 브레트 앤 랜디스 주식회사의 수장이 되었다. 6폰테 씨가 이끈 4년간 클레이버그 북스는 온라인 판매에서 꾸준한 성장을 했으며 영국의 3개 주요 도시에 새로운 소매점을 열었다.** 신임 최고 경영자는 올해 말 임명될 예정이다.

| 어휘 | chief executive officer 최고 경영자(CEO) resign 사임하다, 물러나다 effective 시행되는 steady 꾸준한 growth 성장 retail 소매 be expected to ~할 예정이다

5 기사를 쓴 목적은?
(A) 영국 내 잠재 지점에 대해 설명하려고
(B) 추가 직원 모집에 지원을 요청하려고
(C) 임원이 떠나는 것을 알리려고
(D) 회사의 재무 보고서를 요약하려고

| 해설 | **주제 / 목적**
지문의 첫 문장에서 '클레이버그 북스 최고 경영자인 데이비드 폰테가 10월 1일자로 사임하고 호주 시드니에 있는 브레트 앤 랜디스 주식회사의 수장이 되었다(David Fonte, chief executive officer of Clayburgh Books, ~ head of Brett and Landis Ltd. in Sydney Australia)'고 하므로 (C)가 정답이다.

| 어휘 | describe 말하다, 서술하다 potential 잠재적인 application 지원, 신청 additional 추가의 announce 발표하다, 알리다 departure 떠남, 출발 summarize 요약하다 financial 금융의, 재정의

6 클레이버그 북스에 대해 암시된 것은?
(A) 호주 시드니로 이전한다.
(B) 최근 몇 년간 사업체를 확장했다.
(C) 최근 사업 계획을 변경했다.
(D) 시상식에서 폰테 씨의 공로를 표창할 계획이다.

| 해설 | **추론**
지문 중반부에서 '폰테 씨가 이끈 4년간 클레이버그 북스는 영국의 3개 주요 도시에 새로운 소매점을 열었다(During Mr. Fonte's four years of leadership, Clayburgh Books ~ in three major cities in the United Kingdom)'고 했으므로 (B)가 정답이다.

| 어휘 | expand 확장하다, 확대하다 operation 사업체, 기업 recent 최근의 recognize (공로를) 인정하다, 표창하다 award ceremony 시상식

Paraphrasing
지문: During Mr. Fonte's four years of leadership → 정답: in recent years (폰테 씨가 이끈 4년간 → 최근 몇 년간)
지문: opened new retail locations → 정답: has expanded operations (새 소매점을 열었다 → 사업체를 확장했다)

[7-8] 온라인 채팅

https://www.hardingers.com

라이브 챗

세드릭 존스 [오후 2시 47분] 하딩거에 연락 주셔서 감사합니다. 무엇을 도와드릴까요?

윤 오 [오후 2시 48분] ⁷,⁸주문을 취소하고 싶은데요. 주문번호는 #1784903입니다. 몇 분 전 신용카드로 주문을 넣었어요.

세드릭 존스 [오후 2시 49분] ⁷찾아보겠습니다. 누구신지 말씀해 주시겠어요?

윤 오 [오후 2시 50분] 윤 오입니다.

세드릭 존스 [오후 2시 51분] 네, 오 씨. 카슨 블라인드 흰색으로 6개 주문하셨죠. 맞습니까?

윤 오 [오후 2시 52분] 네.

세드릭 존스 [오후 2시 53분] 지금 재고가 없는 것 같은데요. 그게 문제인가요?

윤 오 [오후 2시 54분] 네, 그게 이유예요. ⁸사무실에 지금 블라인드가 필요하거든요. 6주를 기다릴 수는 없어요.

세드릭 존스 [오후 2시 55분] 알겠습니다. 됐습니다. 불편을 드려 죄송합니다.

| 어휘 | contact 연락하다 place an order 주문을 넣다 look up 찾아보다 window shade 블라인드, 창문 가리개 out of stock 재고가 없는, 품절된 apologize 사과하다 inconvenience 불편

7 존스 씨는 하딩거의 어느 부서에서 일하겠는가?
(A) 마케팅
(B) 인사
(C) 고객 서비스
(D) 관리

| 해설 | **추론**
오후 2시 48분에 오 씨가 주문 취소 요청을 했고 존스 씨가 그에 대해 응대하고 있으므로 고객 서비스팀에서 근무한다고 추론할 수 있다. 따라서 정답은 (C)이다.

| 어휘 | division (조직의) 분과, 부 human resources 인사과 management 관리

8 오후 2시 55분, 존스 씨가 "됐습니다"라고 쓸 때, 그 의도는 무엇인가?
(A) 오 씨의 신용카드로 청구됐다.
(B) 오 씨의 주문이 취소됐다.
(C) 오 씨의 블라인드가 출하됐다.
(D) 오 씨의 환불이 거절됐다.

| 해설 | **의도 파악**
오후 2시 48분에 오 씨가 주문 취소 요청을 하였고 오후 2시 54분에 오 씨가 '사무실에 지금 블라인드가 필요한데 6주를 기다릴 수는 없다(I need the shades for my office now. I can't wait 6 weeks)'고 한 말에 대해 존스 씨가 It's done(됐습니다)이라고 응답하고 있다. 이것은 주문을 취소했다는 의미이므로 (B)가 정답이다.

| 어휘 | charge 청구하다 ship 선적하다, 출하하다 refund 환불 deny 부인하다, 거부하다

[9-11] 웹페이지

톨레미 서점	내 계정 반갑습니다, 소라 조 님!	장바구니

종이책	전자책	오디오북	⁹음악 CD	⁹디지털 음원	DVD

¹⁰에릭 쾰러의 <다뉴브강의 일출>이 온라인 장바구니에 추가되었습니다!

계산하고 구매를 완료하세요.

<다뉴브강의 일출>에 관심 있는 독자들은 다음 서적도 추천했습니다:

<사하라를 걷다>　　　<타이페이 백일몽>　　　¹¹<황혼 무렵의 카오룽>
레이프 본드 저　　　　멜로디 린 저　　　　　　찰스 듀랜트 저

| 어휘 | account 계정 sunrise 일출 add 추가하다 proceed (계속) 진행하다 complete 완료하다 purchase 구매 interested in ~에 관심이 있는 recommend 추천하다 following 다음의 daydream 백일몽 twilight 황혼

9 톨레미 서점에 대해 명시된 것은?
(A) 여러 개의 지점이 있다.
(B) 모든 주문 건에 판매세를 청구한다.
(C) 음악 상품을 판매한다.
(D) 특급 배송을 제공한다.

| 해설 | **Not / True**
상단에 있는 메뉴 탭에 Music CDs, Digital Music이 있으므로 음악 상품을 판매한다는 것을 알 수 있다. 따라서 (C)가 정답이다.

| 어휘 | several 여러 개의 charge 청구하다 sales tax 판매세 offer 제공하다 express 급행의, 신속한

Paraphrasing
지문: Music CDs, Digital Music → 정답: music products
(음악 CD, 디지털 음원 → 음악 상품)

10 조 씨는 어떤 책을 구입할 계획인가?
(A) <다뉴브강의 일출>
(B) <사하라를 걷다>
(C) <타이페이 백일몽>
(D) <황혼 무렵의 카오룽>

| 해설 | **세부 사항**
지문 첫 문장에서 '에릭 쾰러의 <다뉴브강의 일출>이 온라인 장바구니에 추가되었다(Sunrise on the Danube by Erick Koehler has been added to your online shopping cart)'고 했으므로 (A)가 정답이다.

11 찰스 듀랜트는 누구이겠는가?
(A) 서점 주인
(B) 온라인 고객
(C) 음악가
(D) 작가

| 해설 | **추론**
웹페이지 하단에 책 세 권이 소개된 부분을 보면 마지막에 *Kowloon at Twilight* By Charles Durant라고 소개된 책이 있다. 따라서 찰스 듀랜트는 작가임을 알 수 있으므로 (D)가 정답이다.

[12-14] 편지

6월 17일

재스민 번즈
15 롤리 로
겔프, ON N1H 8E8
캐나다

번즈 씨께

¹²슬로바키아 브라티슬라바에서 열릴 제8회 소아과 간호직 연례 국제 학회 등록을 확정해 드립니다. 귀하의 신용카드로 환영 연회와 모든 컨퍼런스 세션 및 관련 자료를 포함하는 250유로 전액을 청구하였습니다. 체크인하실 때 구내의 모든 카페테리아에서 점심 식사를 하실 수 있는 쿠폰 3장도 받으실 것입니다. 컨퍼런스 기간 동안 물, 차, 커피는 무료입니다.

¹⁴귀하의 이용 패키지에는 목요일 밤으로 계획된 브라티슬라바 가이드 투어가 포함되지 않음을 알려드립니다. 하지만 컨퍼런스 기간 중 해당 투어에 등록하시고 비용을 지불하실 수 있습니다. 개별 티켓은 체크인 데스크에서 35유로로 구입 가능합니다.

¹³편의를 위해 컨퍼런스 프로그램과 브라티슬라바 지도를 동봉합니다. 참석하고 싶은 세션을 선택하시려면 프로그램을 미리 참고해 주시기 바랍니다.

감사합니다. 뵙게 되기를 고대합니다.

래디슬라브 사보
학회 등록 코디네이터

동봉 (2)

| 어휘 | confirm 확정하다 registration 등록 annual 연례의 colloquium 학회, 세미나 pediatric 소아과의 charge 청구하다 conference 회의 associated 관련된 material 자료 valid 유효한 premises 구내, 부지 complimentary 무료의 duration 기간 access 이용, 접근 include 포함하다 guided 가이드가 인솔하는 register 등록하다 excursion (짧은) 여행 enclosed 동봉된 convenience 편의, 편리 encourage 권장하다 consult 참고하다, 찾아보다 in advance 미리 in order to ~하기 위해 attend 참석하다 look forward to 고대하다

12 편지를 보낸 이유는?
(A) 결제되었음을 알리려고
(B) 가격 책정의 오류를 정정하려고
(C) 환불을 확인하려고
(D) 전문가 모임을 공지하려고

| 해설 | **주제 / 목적**
지문 초반부에서 '제6회 소아과 간호직 연례 국제 학회 등록을 확정해 드리며, 귀하의 신용카드로 250유로를 청구하였다(We are pleased to confirm your registration ~ Slovakia. We have charged the full €250 ~)'고 하므로 (A)가 정답이다.

| 어휘 | acknowledge 인정하다, 알리다 correct 바로잡다 pricing 가격 책정 issuance 지급, 발행 refund 환불 announce 알리다, 발표하다 gathering 모임

13 번즈 씨는 무엇을 미리 검토하라고 조언 받는가?
(A) 메뉴
(B) 일정표
(C) 도시 지도
(D) 학술 논문

| 해설 | **세부 사항**
지문 후반부에서 '편의를 위해 컨퍼런스 프로그램과 브라티슬라바 지도를 동봉한다(Enclosed are a conference program ~ for your convenience)'고 한 후, '참석하고 싶은 세션을 선택하시려면 프로그램을 미리 참고해 주시기 바란다(We encourage you to consult the program in advance in order to select the sessions you would like to attend)'고 하므로 (B)가 정답이다.

| 어휘 | review 검토하다 ahead of time 사전에 scholarly paper 학술 논문

Paraphrasing
지문: consult ~ in advance → 질문: review ahead of time (미리 참고하다 → 미리 검토하다)
지문: a conference program → 정답: A schedule (컨퍼런스 프로그램 → 일정표)

14 [1], [2], [3], [4] 중에서 다음 문장이 들어갈 곳은?
"개별 티켓은 체크인 데스크에서 35유로에 구입 가능합니다."
(A) [1]
(B) [2]
(C) [3]
(D) [4]

| 해설 | **문장 삽입**
[3] 앞의 문장들을 보면, '번즈 씨의 이용 패키지에는 브라티슬라바 가이드 투어가 포함되지 않지만 컨퍼런스 기간 중 해당 투어에 등록하고 비용을 내면 된다(your access package does not include the guided tour ~. However, you can still register and pay for this excursion ~)'는 말이 나온다. 따라서 비용에 대한 구체적인 내용이 이어지는 것이 글의 흐름상 자연스러우므로 (C)가 정답이다.

| 어휘 | individual 각각의 available 이용 가능한, 구할 수 있는

VOCA Part 1~7

DAY 01 Part 1 빈출 어휘

Check Up | 본책 p.183

9 여자들 중 한 명이 서류 가방을 들고 있다.
10 몇몇 사람들이 공구 상자를 정리하고 있다.
11 여자가 조각상의 사진을 찍고 있다.
12 깔개가 식탁 아래에 있다.

DAY 02 Part 2 빈출 어휘

Check Up | 본책 p.187

9 마감기한이 일주일 연장되었습니다.
10 웹사이트 업데이트는 누가 담당하죠?
11 오늘 중으로 정비가 완료될 것입니다.
12 물류 창고가 시내에 있나요?

DAY 03 Part 3 빈출 어휘

Check Up | 본책 p.191

9 미리 예약을 해야 합니다.
10 다가오는 휴가철은 매출에 중요합니다.
11 IT팀이 정기적으로 점검을 실시할 겁니다.
12 그 백화점은 모든 종류의 상품을 판매합니다.

DAY 04 Part 4 빈출 어휘

Check Up | 본책 p.195

9 그 작가는 신작 소설을 출간했습니다.
10 에펠탑은 유명한 랜드마크입니다.
11 그 리더는 삶에 대해 매우 긍정적인 태도를 가지고 있습니다.
12 그녀는 재능 있는 그래픽 디자이너입니다.

DAY 05 Part 5&6 빈출 어휘 1_명사

Check Up | 본책 p.199

9 지난 6월 파인 가구는 대규모 개점식을 열었다.
10 신입 직원들은 최소 2년의 경력이 있다.
11 포럼 장소는 아직 결정되지 않았다.
12 불편을 끼쳐 드려 죄송합니다.

DAY 06 Part 5&6 빈출 어휘 2_동사

Check Up | 본책 p.203

9 가구 배송이 하루 지연되었다.
10 화이트 씨는 인사부 관리자로 임명되었다.
11 레이먼드 우드가 다음 달부터 IT 부서를 이끌 것이다.
12 알파 기업은 다음 주 수요일 신제품 라인을 발표할 것이다.

DAY 07 Part 5&6 빈출 어휘 3_형용사

Check Up | 본책 p.207

9 메거스는 지난 10년간 우리의 주요 경쟁사였다.
10 모리스 씨는 교육 업계에서 폭넓은 경험을 갖고 있다.
11 아만다 사는 소매점을 위한 적합한 장소를 찾고 있다.
12 매장 관리자는 임시 직원을 고용할 것을 요청했다.

DAY 08 Part 5&6 빈출 어휘 4_부사

Check Up | 본책 p.211

9 다리의 건설이 지난달에 마침내 완료되었다.
10 고객들이 점점 온라인으로 책을 구매하고 있다.
11 블랙 마켓은 할인을 자주 한다.
12 로이 씨는 디자인 팀과 긴밀히 협력한다.

DAY 09 Part 5&6 빈출 어휘 5_전치사/접속사

Check Up | 본책 p.215

9 도로 보수는 24시간 이내에 완료될 것이다.
10 일정에 따르면 개막식은 오후 2시에 시작할 것이다.
11 이브 화장품의 매출은 지난 분기에 5퍼센트 하락했다.
12 탑 기어의 교환 및 환불 관련 정책은 웹사이트에서 확인할 수 있다.

DAY 10 Part 7 빈출 어휘

Check Up | 본책 p.219

9 그 가방은 너무 작아서 물품을 다 넣을 수가 없다.
10 이 프로젝트의 마감일을 연장해도 될까요?
11 구매 증명서로 영수증을 보관하세요.
12 이 자리를 채울 자격 있는 지원자를 구하고 있습니다.

ETS® TOEIC®
토익® 단기공략
첫걸음
미니 보카집

MP3를 들으면서 본문에 나왔던
주요 단어들을 외워보세요.

LC RC VO CA

무료 MP3 다운로드 방법

1. 구글플레이나 앱스토어에서 'ETS 토익기출 수험서'
   어플을 다운받아 이용하세요.
2. 홈페이지 www.ybmbooks.com에서
   다운로드 하실 수도 있습니다.

구글플레이

앱스토어

● 앞에서 학습한 어휘를 복습해보세요.

☐ look at	~을 보다	☐ lean against	~에 기대다
☐ monitor	명 모니터	☐ wall	명 벽
☐ push	동 밀다	☐ wait in line	줄 서서 기다리다
☐ cart	명 카트, 수레	☐ face	동 마주보다
☐ hold	동 잡다	☐ each other	서로
☐ wear	동 입고 있다(상태)	☐ hand	동 건네주다
☐ put on	동 입고 있다(동작)	☐ greet	동 인사하다
☐ ride	동 타다	☐ shake hands	악수하다
☐ bicycle	명 자전거	☐ serve	동 대접하다, 제공하다
☐ carry	동 나르다	☐ meal	명 식사
☐ reach for	~을 향해 손을 뻗다	☐ rest	동 쉬다
☐ point at[to]	~을 가리키다	☐ get on/board	타다

Check Up | 단어의 의미를 찾아 연결하세요.

1. hold •   • ⓐ 마주보다

2. carry •   • ⓑ 건네 주다

3. face •   • ⓒ 잡다

4. hand •   • ⓓ 쉬다

5. rest •   • ⓔ 나르다

정답 1. ⓒ 2. ⓔ 3. ⓐ 4. ⓑ 5. ⓓ

○ 앞에서 학습한 어휘를 복습해보세요.

☐ floor	명 바닥	☐ be displayed	전시되어 있다
☐ under	전 ~ 아래에	☐ shelf (복수형 shelves)	명 선반
☐ bridge	명 다리	☐ be placed[left]	놓여 있다
☐ along	전 ~을 따라	☐ be arranged	정리되어 있다
☐ between	전 ~ 사이에	☐ in a circle	둥그렇게
☐ around	전 ~ 주위에	☐ be stacked[piled]	쌓여 있다
☐ next to/beside	~ 옆에	☐ be filled with	~로 가득 차 있다
☐ in front of	~ 앞에	☐ be covered with	~로 뒤덮여 있다
☐ against	전 ~에 기대어	☐ be lined up	줄지어 있다
☐ in the corner of	~의 구석에	☐ in a row	일렬로
☐ be planted	심어져 있다	☐ be parked	주차되어 있다
☐ outdoors	부 야외에	☐ be hung[hanging]	걸려 있다

Check Up | 단어의 의미를 찾아 연결하세요.

1. along　　　　　　　•　　　　　　　• ⓐ 쌓여 있다

2. be planted　　　　•　　　　　　　• ⓑ 일렬로

3. be displayed　　　•　　　　　　　• ⓒ 전시되어 있다

4. be stacked with　•　　　　　　　• ⓓ 심어져 있다

5. in a row　　　　　•　　　　　　　• ⓔ ~을 따라

정답　1. ⓔ　2. ⓓ　3. ⓒ　4. ⓐ　5. ⓑ

● 앞에서 학습한 어휘를 복습해보세요.

☐ printer	명 프린터	☐ check	동 확인하다, 점검하다
☐ contact	동 연락하다	☐ parking lot	주차장
☐ manager	명 관리자, 매니저	☐ basement	명 지하
☐ lead	동 이끌다, 진행하다	☐ coat	명 코트, 외투
☐ department	명 부서	☐ tourist	명 관광객
☐ guest	명 손님	☐ supervisor	명 관리자, 감독
☐ head	명 책임자	☐ post	동 게시하다
☐ security	명 보안	☐ calendar	명 달력
☐ leave for	~를 향해 떠나다	☐ overnight	형 야간의
☐ budget	명 예산	☐ flight	명 비행
☐ laptop	명 노트북	☐ grand opening	개장, 개점
☐ arrive	동 도착하다	☐ shopping mall	쇼핑몰

Check Up | 단어의 의미를 찾아 연결하세요.

1. contact •   • ⓐ 도착하다

2. security •   • ⓑ 게시하다

3. arrive •   • ⓒ 보안

4. supervisor •   • ⓓ 연락하다

5. post •   • ⓔ 관리자, 감독

정답 1. ⓓ 2. ⓒ 3. ⓐ 4. ⓔ 5. ⓑ

4

⭘ 앞에서 학습한 어휘를 복습해보세요.

☐ be late for	~에 늦다	☐ conference room	컨퍼런스 룸, 회의실
☐ employee	몡 직원	☐ turn	통 돌다
☐ attend	통 참석하다	☐ last night	어젯밤
☐ traffic	몡 교통	☐ theater	몡 극장
☐ novel	몡 소설	☐ at least	적어도
☐ movie	몡 영화	☐ twice	튀 두 번, 두 배
☐ closed	혱 폐쇄된, 닫힌	☐ shirt	몡 셔츠
☐ accident	몡 사고	☐ price	몡 가격
☐ be delayed	지연되다	☐ applicant	몡 지원자, 신청자
☐ weather	몡 날씨	☐ candidate	몡 후보자, 지원자
☐ on vacation	휴가 중	☐ so far	지금까지
☐ quit	통 그만두다	☐ position	몡 직책, 자리

Check Up | 단어의 의미를 찾아 연결하세요.

1. employee •　　　　　• ⓐ 직원
2. attend •　　　　　• ⓑ 지원자, 신청자
3. quit •　　　　　• ⓒ 참석하다
4. applicant •　　　　　• ⓓ 직책, 자리
5. position •　　　　　• ⓔ 그만두다

정답　1. ⓐ　2. ⓒ　3. ⓔ　4. ⓑ　5. ⓓ

5

● 앞에서 학습한 어휘를 복습해보세요.

□ be ready for	~할 준비가 되다	□ recently	(부) 최근에
□ nervous	(형) 긴장되는, 초조한	□ own	(동) 소유하다
□ visit	(동) 방문하다	□ area	(명) 지역, 구역
□ stock	(명) 재고(품)	□ exciting	(형) 신나는
□ extra	(형) 추가의	□ totally	(부) 완전히, 전적으로
□ delicious	(형) 맛있는	□ have been to	~에 가본 적이 있다
□ breakfast	(명) 아침 식사	□ be born	태어나다
□ yesterday	(부) 어제	□ ladder	(명) 사다리
□ repair	(명) 수리 (동) 수리하다	□ plant	(명) 식물
□ need to	~할 필요가 있다	□ maintenance	(명) 유지보수, 정비
□ charge	(동) 충전하다	□ revised	(형) 수정된
□ client	(명) 고객	□ document	(명) 서류, 문서

Check Up | 단어의 의미를 찾아 연결하세요.

1. nervous •
2. repair •
3. own •
4. maintenance •
5. document •

• ⓐ 수리; 수리하다
• ⓑ 유지보수, 정비
• ⓒ 긴장되는, 초조한
• ⓓ 소유하다
• ⓔ 서류, 문서

정답 1. ⓒ 2. ⓐ 3. ⓓ 4. ⓑ 5. ⓔ

○ 앞에서 학습한 어휘를 복습해보세요.

□ either	때 (둘 중) 어느 하나	□ forget	통 잊다
□ stay	통 그대로 있다, 머무르다	□ move to	~로 이사 가다
□ heavily	부 심하게, 세게	□ company	명 회사
□ paint	통 페인트를 칠하다	□ hire	통 고용하다
□ missing	형 분실된	□ solution	명 해법, 해결책
□ parts	명 부품	□ wrong	형 잘못된, 틀린
□ lend	통 빌려주다	□ dessert	명 후식, 디저트
□ give a ride	태워주다	□ full	형 가득 찬
□ watch	통 보다, 지켜보다	□ look for	~을 찾다
□ take a break	쉬다, 휴식을 취하다	□ rent	통 빌리다, 임대하다
□ almost	부 거의	□ order	명 주문(품)
□ sign	명 표지판	□ stop by	잠시 들르다

Check Up | 단어의 의미를 찾아 연결하세요.

1. missing •
2. lend •
3. sign •
4. hire •
5. solution •

• ⓐ 빌려주다
• ⓑ 고용하다
• ⓒ 분실된
• ⓓ 해법, 해결책
• ⓔ 표지판

정답 1. ⓒ 2. ⓐ 3. ⓔ 4. ⓑ 5. ⓓ

● 앞에서 학습한 어휘를 복습해보세요.

☐ suggestion	명 제안	☐ employ	동 고용하다
☐ proposal	명 제안(서)	☐ qualified	형 자격 있는
☐ conference call	전화 회의	☐ assign	동 (일, 직책을) 맡기다
☐ come up with	~을 생각해 내다	☐ responsible for	~을 담당하는, 책임 지는
☐ agenda	명 안건	☐ job opening	일자리 공석
☐ deadline	명 마감 시한	☐ degree	명 학위
☐ reschedule	동 일정을 변경하다	☐ transfer	동 전근 가다
☐ assistance	명 지원, 도움	☐ celebrate	동 기념하다, 축하하다
☐ deal with	~을 처리하다	☐ promotion	명 승진
☐ install	동 설치하다	☐ deserve	동 ~할 자격이 있다
☐ renovate	동 개조하다, 보수하다	☐ dedication	명 헌신, 전념
☐ out of order	고장 난	☐ take over	인계 받다

Check Up | 단어의 의미를 찾아 연결하세요.

1. suggestion •
2. reschedule •
3. install •
4. qualified •
5. promotion •

• ⓐ 자격 있는
• ⓑ 제안
• ⓒ 일정을 변경하다
• ⓓ 승진
• ⓔ 설치하다

정답 1. ⓑ 2. ⓒ 3. ⓔ 4. ⓐ 5. ⓓ

● 앞에서 학습한 어휘를 복습해보세요.

□ purchase	통 구매하다 명 구매(품)	□ recommend	통 추천하다
□ refund	통 환불하다 명 환불	□ exhibit	명 전시, 전시회
□ store	통 보관하다, 저장하다	□ furnished	형 가구가 비치된
□ out of stock	재고가 떨어진	□ location	명 위치, 장소
□ available	형 이용할 수 있는, 시간이 되는	□ resident	명 거주민
□ payment	명 지불	□ get off	내리다
□ book/reserve	통 예약하다	□ commute	통 통근하다 명 통근
□ luggage	명 수하물	□ depart	통 출발하다
□ sightseeing	명 관광	□ vehicle	명 차량
□ attraction	명 관광명소	□ appointment	명 약속, 예약
□ reservation	명 예약	□ identification	명 신분증, 신분 확인
□ patio	명 테라스	□ fill out/complete	작성하다

Check Up | 단어의 의미를 찾아 연결하세요.

1. purchase •　　　　　　　• ⓐ 보관하다, 저장하다

2. store •　　　　　　　• ⓑ 구매하다; 구매(품)

3. reservation •　　　　　　　• ⓒ 통근하다; 통근

4. recommend •　　　　　　　• ⓓ 추천하다

5. commute •　　　　　　　• ⓔ 예약

정답 1. ⓑ 2. ⓐ 3. ⓔ 4. ⓓ 5. ⓒ

○ 앞에서 학습한 어휘를 복습해보세요.

□ deliver	동 배달하다	□ complaint	명 불평, 항의
□ in stock	재고가 있는	□ immediately	부 즉시
□ shipment	명 수송(품)	□ extend	동 연장하다
□ organize	동 준비하다, 조직하다	□ on time	정시에
□ launch	명 출시	□ baggage	명 수하물
□ consider	동 고려하다	□ passenger	명 승객
□ go over	검토하다	□ issue	명 문제 동 발행하다
□ apologize	동 사과하다	□ offer	동 제공하다
□ inconvenience	명 불편함	□ voucher	명 쿠폰, 상품권
□ inquiry	명 질문, 문의	□ complimentary	형 무료의
□ disappointed	형 실망한	□ feature	명 특징
□ understanding	명 이해, 양해	□ participate	동 참여하다, 참가하다

Check Up | 단어의 의미를 찾아 연결하세요.

1. deliver　　　　•　　　　　　　　• ⓐ 연장하다

2. launch　　　　•　　　　　　　　• ⓑ 사과하다

3. apologize　　•　　　　　　　　• ⓒ 무료의

4. extend　　　•　　　　　　　　• ⓓ 출시

5. complimentary •　　　　　　　　• ⓔ 배달하다

정답　1. ⓔ　2. ⓓ　3. ⓑ　4. ⓐ　5. ⓒ

LC Day 10

🔊 mini_L_D10

● 앞에서 학습한 어휘를 복습해보세요.

☐ tune in	(주파수를) 맞추다	☐ quality	명 품질
☐ priority	명 우선 사항	☐ reduce	동 줄이다
☐ announce	동 발표하다	☐ discuss	동 논의하다
☐ release	동 출시하다	☐ competitor	명 경쟁사
☐ contribute to	~에 기여하다	☐ quarter	명 분기
☐ expert	명 전문가	☐ training	명 교육, 훈련
☐ author	명 저자, 작가	☐ critical	형 대단히 중요한
☐ well known	유명한	☐ emphasize	동 강조하다
☐ invite	동 초대하다	☐ background	명 배경, 경력
☐ explain	동 설명하다	☐ accurately	부 정확하게
☐ prefer	동 선호하다	☐ fund-raising	모금 활동
☐ durable	형 내구성이 좋은	☐ register	동 등록하다

Check Up | 단어의 의미를 찾아 연결하세요.

1. priority •　　　　　　　　• ⓐ 줄이다
2. release •　　　　　　　　• ⓑ 우선 사항
3. prefer •　　　　　　　　• ⓒ 선호하다
4. reduce •　　　　　　　　• ⓓ 출시하다
5. register •　　　　　　　　• ⓔ 등록하다

정답　1. ⓑ　2. ⓓ　3. ⓒ　4. ⓐ　5. ⓔ

⊙ 앞에서 학습한 어휘를 복습해보세요.

☐ delivery	몡 배송, 배달	☐ process	몡 과정
☐ branch	몡 지점	☐ famous	혱 유명한
☐ sign	통 서명하다	☐ sale	몡 판매
☐ important	혱 중요한	☐ increase	통 증가하다
☐ report	몡 보고서	☐ sharply	뷛 급격히
☐ event	몡 행사	☐ broken	혱 고장 난
☐ speech	몡 연설, 강연	☐ visitor	몡 방문객, 손님
☐ improve	통 향상시키다	☐ receive	통 받다
☐ customer	몡 고객, 손님	☐ free	혱 무료의
☐ workshop	몡 워크숍	☐ attendee	몡 참석자
☐ informative	혱 유익한	☐ conduct	통 안내하다, 인솔하다
☐ application	몡 어플리케이션, 앱	☐ generally	뷛 일반적으로

Check Up | 단어의 의미를 찾아 연결하세요.

1. sign ●   ● ⓐ 증가하다

2. improve ●   ● ⓑ 받다

3. increase ●   ● ⓒ 서명하다

4. broken ●   ● ⓓ 향상시키다

5. receive ●   ● ⓔ 고장 난

정답　1. ⓒ　2. ⓓ　3. ⓐ　4. ⓔ　5. ⓑ

● 앞에서 학습한 어휘를 복습해보세요.

☐ director	명 임원, 책임자	☐ access	명 접근
☐ decision	명 결정	☐ merchandise	명 상품
☐ membership	명 회원 (자격)	☐ permission	명 허가
☐ tourism	명 관광	☐ management	명 관리
☐ importance	명 중요성	☐ equipment	명 장비
☐ difference	명 차이	☐ advice	명 충고
☐ approval	명 승인	☐ submit	통 제출하다
☐ safety	명 안전	☐ those who ~	~하는 사람들
☐ job offer	일자리 제안	☐ another	대 다른 하나
☐ customer satisfaction	고객 만족	☐ some	대 일부
☐ safety regulations	안전 규정	☐ others	대 다른 것들
☐ information	명 정보	☐ the other(s)	나머지 (전부)

Check Up | 단어의 의미를 찾아 연결하세요.

1. decision •

2. approval •

3. access •

4. merchandise •

5. submit •

• ⓐ 상품

• ⓑ 결정

• ⓒ 제출하다

• ⓓ 접근

• ⓔ 승인

정답 1. ⓑ 2. ⓔ 3. ⓓ 4. ⓐ 5. ⓒ

● 앞에서 학습한 어휘를 복습해보세요.

□ additional	형 추가의	□ currently	부 현재
□ final	형 최종의	□ regularly	부 정기적으로
□ beautiful	형 아름다운	□ extensive	형 넓은, 큰
□ successful	형 성공적인	□ confidential	형 비밀의
□ different	형 다른	□ confident	형 확신하는
□ previous	형 이전의	□ impressive	형 인상적인
□ various	형 다양한	□ impressed	형 감명 받은
□ effective	형 효과적인	□ lately	부 최근
□ expensive	형 비싼	□ shortly	부 곧
□ possible	형 가능한	□ near	형 가까운 부 가까이
□ finally	부 마침내	□ nearly	부 거의
□ directly	부 직접	□ highly	부 매우

Check Up | 단어의 의미를 찾아 연결하세요.

1. additional •   • ⓐ 이전의

2. previous •   • ⓑ 추가의

3. effective •   • ⓒ 곧

4. currently •   • ⓓ 효과적인

5. shortly •   • ⓔ 현재

정답 1. ⓑ 2. ⓐ 3. ⓓ 4. ⓔ 5. ⓒ

● 앞에서 학습한 어휘를 복습해보세요.

□ always	퇴 항상	□ since	젭 젠 ~ 이래로
□ often	퇴 종종	□ registration	몡 등록
□ usually	퇴 보통	□ representative	몡 직원
□ last week	지난주	□ rise	동 오르다
□ ago	퇴 ~ 전에	□ expire	동 만료되다
□ award	몡 상	□ survey	몡 설문 조사
□ next week	다음 주	□ hold	동 개최하다
□ upcoming	혱 다가오는	□ business owner	사업주
□ inspect	동 점검하다	□ resignation	몡 사직(서)
□ renovation	몡 보수	□ policy	몡 정책
□ right now	지금	□ weekly report	주간 보고서
□ travel	동 여행하다	□ ship	동 발송하다

Check Up | 단어의 의미를 찾아 연결하세요.

1. usually •   • ⓐ 다가오는

2. upcoming •   • ⓑ 발송하다

3. inspect •   • ⓒ 만료되다

4. expire •   • ⓓ 점검하다

5. ship •   • ⓔ 보통

정답 1. ⓔ 2. ⓐ 3. ⓓ 4. ⓒ 5. ⓑ

● 앞에서 학습한 어휘를 복습해보세요.

□ build	동 짓다, 건설하다	□ allow	동 허용하다
□ factory	명 공장	□ require	동 요구하다
□ plan	동 계획하다	□ way	명 방법
□ want	동 원하다	□ ability	명 능력
□ expect	동 기대하다	□ effort	명 노력
□ decide	동 결정하다	□ keep	동 계속하다
□ hope	동 희망하다	□ enjoy	동 즐기다
□ afford	동 여유가 있다	□ suggest	동 제안하다
□ advise	동 조언하다	□ finish	동 끝내다
□ encourage	동 격려하다	□ avoid	동 피하다
□ ask	동 요청하다	□ include	동 포함하다
□ cause	동 유발하다	□ inspection	명 검사, 점검

Check Up | 단어의 의미를 찾아 연결하세요.

1. expect •　　　　　　　　　　　• ⓐ 허용하다

2. encourage •　　　　　　　　　• ⓑ 포함하다

3. allow •　　　　　　　　　　　• ⓒ 피하다

4. avoid •　　　　　　　　　　　• ⓓ 기대하다

5. include •　　　　　　　　　　• ⓔ 격려하다

정답　1. ⓓ　2. ⓔ　3. ⓐ　4. ⓒ　5. ⓑ

● 앞에서 학습한 어휘를 복습해보세요.

☐ discounted	형 할인된	☐ increased	형 증가된
☐ limited	형 제한된	☐ interesting	형 흥미로운
☐ attached	형 첨부된	☐ interested	형 흥미를 느끼는
☐ growing	형 성장하는	☐ excited	형 흥미진진한
☐ lasting	형 지속적인	☐ thrilling	형 스릴 있는
☐ leading	형 선두적인	☐ thrilled	형 스릴을 느끼는
☐ existing	형 기존의	☐ surprising	형 놀라게 하는
☐ completed	형 작성된, 완료된	☐ surprised	형 놀란
☐ returned	형 반환된	☐ satisfying	형 만족스러운
☐ experienced	형 경험이 많은	☐ satisfied	형 만족한
☐ updated	형 업데이트된	☐ disappointing	형 실망스러운
☐ reduced	형 할인된	☐ complicated	형 복잡한

Check Up | 단어의 의미를 찾아 연결하세요.

1. attached • • ⓐ 지속적인
2. lasting • • ⓑ 경험이 많은
3. experienced • • ⓒ 실망스러운
4. satisfied • • ⓓ 만족한
5. disappointing • • ⓔ 첨부된

정답 1. ⓔ 2. ⓐ 3. ⓑ 4. ⓓ 5. ⓒ

17

● 앞에서 학습한 어휘를 복습해보세요.

□ within	전 ~ 이내에	□ regardless of	~와 상관없이
□ by/until	전 ~까지	□ both A and B	A와 B 둘 다
□ for/during	전 ~ 동안	□ either A or B	A 혹은 B 둘 중 하나
□ throughout	전 ~ 전체에	□ neither A nor B	A나 B 둘 다 아닌
□ due to	~ 때문에	□ not A but B	A가 아니라 B
□ about/regarding	전 ~에 관하여	□ not only A but also B	A뿐만 아니라 B도
□ despite/in spite of	~에도 불구하고	□ A as well as B	B뿐만 아니라 A도
□ without	전 ~ 없이	□ show	통 보여주다
□ according to	~에 따르면	□ indicate	통 나타내다
□ instead of	~ 대신에	□ confirm	통 확인하다
□ in addition to	~에 더하여	□ note	통 주의하다
□ prior to	~에 앞서	□ request	통 요청하다

Check Up | 단어의 의미를 찾아 연결하세요.

1. during •   • ⓐ ~와 상관없이

2. regarding •   • ⓑ ~에 앞서

3. despite •   • ⓒ ~ 동안

4. prior to •   • ⓓ ~에도 불구하고

5. regardless of •   • ⓔ ~에 관하여

정답 1. ⓒ 2. ⓔ 3. ⓓ 4. ⓑ 5. ⓐ

● 앞에서 학습한 어휘를 복습해보세요.

□ focus on	~에 초점을 맞추다	□ vote	명 투표
□ boost	동 높이다	□ new hire	신입 사원
□ exceed	동 초과하다	□ contain	동 포함하다
□ goal	명 목표	□ summary	명 요약(본)
□ create	동 만들다	□ preference	명 선호(도)
□ user-friendly	형 사용자 친화적인	□ insurance	명 보험
□ highly qualified	뛰어난 자격을 갖춘	□ instructions	명 설명, 지시
□ carefully	부 꼼꼼히, 주의 깊게	□ protective	형 보호하는
□ portfolio	명 포트폴리오	□ environment	명 환경
□ develop	동 개발하다	□ warranty	명 보증서
□ cost	명 비용, 가격	□ last	동 지속되다
□ efficient	형 효율적인	□ handle	동 처리하다

Check Up | 단어의 의미를 찾아 연결하세요.

1. exceed •　　　　　• ⓐ 개발하다
2. boost •　　　　　• ⓑ 초과하다
3. develop •　　　　　• ⓒ 처리하다
4. contain •　　　　　• ⓓ 높이다
5. handle •　　　　　• ⓔ 포함하다

정답 1. ⓑ 2. ⓓ 3. ⓐ 4. ⓔ 5. ⓒ

⊙ 앞에서 학습한 어휘를 복습해보세요.

□ therefore	🖲 그러므로	□ commence	🖲 시작하다
□ accordingly	🖲 따라서, 그에 따라	□ replace	🖲 교체하다
□ as a result	결과적으로	□ approximately	🖲 대략
□ however	🖲 그러나	□ violate	🖲 위반하다
□ on the other hand	반면에	□ fine	🖲 벌금
□ nevertheless	🖲 그럼에도 불구하고	□ annual	🖲 연례의, 매년의
□ in addition	게다가	□ banquet	🖲 연회
□ besides	🖲 게다가	□ outstanding	🖲 뛰어난
□ furthermore/moreover	🖲 더욱이	□ distribute	🖲 나눠주다, 배부하다
□ then	🖲 그러고 나서	□ initiative	🖲 계획
□ otherwise	🖲 그렇지 않으면	□ take place	개최되다
□ likewise	🖲 마찬가지로	□ propose	🖲 제안하다

Check Up | 단어의 의미를 찾아 연결하세요.

1. therefore •   • ⓐ 그렇지 않으면

2. nevertheless •   • ⓑ 대략

3. otherwise •   • ⓒ 그러므로

4. approximately •   • ⓓ 나눠주다, 배부하다

5. distribute •   • ⓔ 그럼에도 불구하고

정답 1. ⓒ 2. ⓔ 3. ⓐ 4. ⓑ 5. ⓓ

🔊 mini_R_D10

● 앞에서 학습한 어휘를 복습해보세요.

☐ delighted	형 기쁜	☐ adjoining	형 인접한
☐ appreciate	동 감사하다	☐ immediate	형 즉각적인
☐ provide	동 제공하다	☐ lease	동 임대하다
☐ notify	동 통지하다, 알려주다	☐ separately	부 별도로
☐ on schedule	예정대로	☐ excluding	전 ~을 제외하고
☐ officially	부 공식적으로	☐ utilities	명 공과금
☐ host	동 개최하다	☐ apply	동 적용하다
☐ spokesperson	명 대변인	☐ authorized	형 권한이 있는
☐ sign up	가입하다	☐ personnel	명 직원들
☐ valid	형 유효한	☐ electronic	형 전자의
☐ cordially	부 정중히	☐ swipe	동 (판독기에) 읽히다
☐ seating	명 좌석	☐ wrap up	마무리 짓다

Check Up | 단어의 의미를 찾아 연결하세요.

1. appreciate •   • ⓐ 감사하다

2. notify •   • ⓑ ~을 제외하고

3. valid •   • ⓒ 통지하다, 알려주다

4. excluding •   • ⓓ 유효한

5. apply •   • ⓔ 적용하다

정답 1. ⓐ 2. ⓒ 3. ⓓ 4. ⓑ 5. ⓔ

◉ 앞에서 학습한 어휘를 복습해보세요.

☐ pour	통 따르다, 붓다	☐ remove	통 제거하다
☐ product	명 제품, 상품	☐ gather	통 모이다
☐ adjust	통 조정하다	☐ ceiling	명 천장
☐ occupy	통 차지하다	☐ apron	명 앞치마
☐ mow	통 (잔디를) 깎다	☐ stall	명 가판대
☐ fold	통 접다, 개다	☐ shovel	명 삽 통 삽질하다
☐ stroll	통 거닐다, 산책하다	☐ rug	명 깔개
☐ wipe	통 닦다	☐ examine	통 검사하다, 살펴보다
☐ counter	명 계산대, 판매대	☐ overlook	통 내려다보다
☐ trim	통 다듬다	☐ toolbox	명 공구 상자, 연장 통
☐ grab	통 잡다	☐ briefcase	명 서류 가방
☐ bend	통 굽히다	☐ work	통 작업하다, 일하다

Check Up | 단어의 의미를 찾아 연결하세요.

1. pour • • ⓐ 차지하다
2. occupy • • ⓑ 검사하다, 살펴보다
3. grab • • ⓒ 따르다, 붓다
4. remove • • ⓓ 잡다
5. examine • • ⓔ 제거하다

정답 1. ⓒ 2. ⓐ 3. ⓓ 4. ⓔ 5. ⓑ

⭕ 앞에서 학습한 어휘를 복습해보세요.

□ secretary	명 비서	□ fill out	작성하다
□ retire	동 퇴직하다	□ contact	동 연락하다
□ responsible	형 책임지고 있는	□ appointment	명 약속
□ make it	(시간 맞춰) 가다, 참석하다	□ prefer	동 선호하다
□ reschedule	동 일정을 다시 잡다	□ locate	동 ~에 두다, 위치시키다
□ exit	명 출구 동 나가다	□ mind	동 꺼리다
□ renovation	명 보수, 개조	□ cafeteria	명 구내식당
□ attend	동 참석하다	□ impressive	형 인상적인
□ maintenance	명 정비, 유지보수	□ spare	형 남는, 여분의
□ get to	~에 도착하다	□ broken	형 고장 난
□ available	형 구할 수 있는	□ overwork	명 초과근무
□ presentation	명 발표	□ stop by	잠깐 들르다

Check Up | 단어의 의미를 찾아 연결하세요.

1. retire •   • ⓐ (시간 맞춰) 가다, 참석하다

2. make it •   • ⓑ 구할 수 있는

3. available •   • ⓒ 잠깐 들르다

4. mind •   • ⓓ 퇴직하다

5. stop by •   • ⓔ 꺼리다

정답 1. ⓓ 2. ⓐ 3. ⓑ 4. ⓔ 5. ⓒ

⭕ 앞에서 학습한 어휘를 복습해보세요.

☐ merchandise	명 물품, 상품	☐ expire	통 만료되다
☐ inquire	통 문의하다	☐ brochure	명 소책자
☐ sign up for	~을 신청하다, ~에 가입하다	☐ in advance	미리
☐ recruit	통 채용하다	☐ incorrect	형 부정확한
☐ estimate	명 견적(서)	☐ continue	통 계속하다
☐ valid	형 유효한	☐ upgrade	통 개선하다
☐ postpone	통 연기하다	☐ task	명 업무, 과제
☐ recently	부 최근에	☐ recipe	명 요리법
☐ post	통 게시하다	☐ block	통 막다, 차단하다
☐ inspection	명 점검, 검사	☐ business trip	출장
☐ catering	명 출장 요리	☐ anniversary	명 기념일
☐ replace	통 교체하다	☐ improve	통 향상시키다

Check Up | 단어의 의미를 찾아 연결하세요.

1. inquire •   • ⓐ 연기하다

2. recruit •   • ⓑ 문의하다

3. postpone •   • ⓒ 채용하다

4. replace •   • ⓓ 막다, 차단하다

5. block •   • ⓔ 교체하다

정답 1. ⓑ 2. ⓒ 3. ⓐ 4. ⓔ 5. ⓓ

⦿ 앞에서 학습한 어휘를 복습해보세요.

☐ remind	동 상기시키다	☐ last	동 지속되다
☐ reply	동 응답하다	☐ article	명 기사, 글
☐ talented	형 재능이 있는	☐ career	명 직업, 경력
☐ staff meeting	직원 회의	☐ unique	형 독특한
☐ latest	형 최신의	☐ comfortable	형 편안한
☐ attract	동 (마음을) 끌다	☐ performance	명 공연
☐ on sale	할인 중인	☐ positive	형 긍정적인
☐ take part in	~에 참여하다	☐ regular price	정가
☐ found	동 설립하다	☐ agree	동 동의하다
☐ strategy	명 전략	☐ request	명 요청 동 요청하다
☐ destination	명 목적지	☐ thanks to	~ 덕분에
☐ host	동 주최하다, 진행하다	☐ free of charge	무료로

Check Up | 단어의 의미를 찾아 연결하세요.

1. remind •
2. attract •
3. found •
4. host •
5. agree •

• ⓐ (마음을) 끌다
• ⓑ 동의하다
• ⓒ 상기시키다
• ⓓ 설립하다
• ⓔ 주최하다, 진행하다

정답 1. ⓒ 2. ⓐ 3. ⓓ 4. ⓔ 5. ⓑ

○ 앞에서 학습한 어휘를 복습해보세요.

☐ fee	명 요금, 수수료	☐ security	명 보안
☐ policy	명 정책, 방침	☐ inconvenience	명 불편
☐ selection	명 선택, 선택된 것들	☐ opening	명 개장, 개업
☐ suggestion	명 제안, 의견	☐ inventory	명 재고(품)
☐ growth	명 성장, 증가	☐ attention	명 주의, 집중
☐ profit	명 수익, 이익	☐ shipment	명 배송(품), 선적(물)
☐ experience	명 경험, 경력	☐ relocation	명 이전, 이주
☐ location	명 위치, 장소	☐ participation	명 참가, 참여
☐ production	명 생산(량), 제작	☐ material	명 자료, 재료
☐ promotion	명 승진, 홍보	☐ responsibility	명 책임, 임무
☐ equipment	명 장비, 설비	☐ requirement	명 필요조건
☐ addition	명 추가	☐ reimbursement	명 상환, 변제

Check Up | 단어의 의미를 찾아 연결하세요.

1. fee •   • ⓐ 참가, 참여

2. profit •   • ⓑ 수익, 이익

3. production •   • ⓒ 재고(품)

4. inventory •   • ⓓ 요금, 수수료

5. participation •   • ⓔ 생산(량), 제작

정답 1. ⓓ 2. ⓑ 3. ⓔ 4. ⓒ 5. ⓐ

🔊 mini_V_D06

⊙ 앞에서 학습한 어휘를 복습해보세요.

☐ delay	통 미루다, 지연시키다	☐ anticipate	통 예상하다
☐ announce	통 발표하다, 공표하다	☐ affect	통 영향을 미치다
☐ forward	통 보내다, 전달하다	☐ appoint	통 임명하다, 정하다
☐ conduct	통 실시하다, 수행하다	☐ establish	통 설립하다, 확립하다
☐ notify	통 알리다, 통보하다	☐ merge	통 합병하다
☐ feature	통 특징으로 삼다	☐ oversee	통 감독하다
☐ cause	통 일으키다, 유발하다	☐ revise	통 수정하다, 개정하다
☐ promote	통 홍보하다	☐ reserve	통 예약하다
☐ depart	통 떠나다, 출발하다	☐ introduce	통 소개하다, 도입하다
☐ join	통 합류하다	☐ clarify	통 분명히 하다
☐ represent	통 대표하다, 대신하다	☐ lead	통 이끌다
☐ allow	통 허락하다	☐ respond	통 응답하다; 반응하다

Check Up | 단어의 의미를 찾아 연결하세요.

1. delay •
2. depart •
3. affect •
4. merge •
5. oversee •

• ⓐ 합병하다
• ⓑ 미루다, 지연시키다
• ⓒ 영향을 미치다
• ⓓ 감독하다
• ⓔ 떠나다, 출발하다

정답 1. ⓑ 2. ⓔ 3. ⓒ 4. ⓐ 5. ⓓ

◐ 앞에서 학습한 어휘를 복습해보세요.

□ current	혱 현재의	□ major	혱 주요한, 중대한
□ main	혱 주된, 주요한	□ related	혱 관련된
□ particular	혱 특정한	□ professional	혱 전문적인; 직업의
□ initial	혱 초기의, 처음의	□ creative	혱 창의적인
□ temporary	혱 임시의	□ multiple	혱 다수의
□ able	혱 ~할 수 있는	□ efficient	혱 효율적인
□ likely	혱 ~할 것 같은	□ regular	혱 정기적인, 규칙적인
□ significant	혱 상당한, 중요한	□ due	혱 기한이 된
□ suitable	혱 적합한	□ personal	혱 개인의, 사적인
□ additional	혱 추가의	□ unexpected	혱 예상치 못한
□ necessary	혱 필요한	□ brief	혱 간단한
□ financial	혱 재정의, 금융상의	□ numerous	혱 많은

Check Up | 단어의 의미를 찾아 연결하세요.

1. main •   • ⓐ 많은

2. temporary •   • ⓑ 임시의

3. suitable •   • ⓒ 주된, 주요한

4. due •   • ⓓ 적합한

5. numerous •   • ⓔ 기한이 된

정답　1. ⓒ　2. ⓑ　3. ⓓ　4. ⓔ　5. ⓐ

⊙ 앞에서 학습한 어휘를 복습해보세요.

☐ immediately	분 즉시	☐ clearly	분 명백하게
☐ currently	분 현재	☐ specifically	분 특별히, 구체적으로
☐ early	분 일찍, 초기에	☐ properly	분 제대로
☐ closely	분 면밀하게, 밀접하게	☐ relatively	분 비교적, 상대적으로
☐ previously	분 이전에	☐ officially	분 공식적으로
☐ directly	분 곧바로, 직접	☐ unusually	분 이례적으로
☐ frequently	분 자주	☐ quickly	분 빠르게
☐ especially	분 특히	☐ considerably	분 상당히
☐ promptly	분 즉시	☐ unexpectedly	분 예상외로
☐ temporarily	분 임시로	☐ formerly	분 이전에
☐ typically	분 보통, 일반적으로	☐ increasingly	분 점점, 더욱 더
☐ easily	분 쉽게	☐ shortly	분 곧

Check Up | 단어의 의미를 찾아 연결하세요.

1. immediately •
2. directly •
3. frequently •
4. properly •
5. officially •

• ⓐ 곧바로, 직접
• ⓑ 자주
• ⓒ 공식적으로
• ⓓ 제대로
• ⓔ 즉시

정답 1. ⓔ 2. ⓐ 3. ⓑ 4. ⓓ 5. ⓒ

○ 앞에서 학습한 어휘를 복습해보세요.

☐ according to	~에 따라	☐ instead of	~ 대신에
☐ since	전접 ~ 이래로	☐ depending on[upon]	~에 따라
☐ regarding	전 ~에 관하여	☐ as soon as	~하자마자
☐ including	전 ~을 포함하여	☐ as	전 ~로서 접 ~할 때
☐ across	전 ~을 건너서	☐ beyond	전 ~을 넘어서
☐ throughout	전 ~ 도처에	☐ toward	전 ~을 향하여
☐ based on	~에 근거하여	☐ as long as	~하는 한
☐ during	전 ~ 동안	☐ prior to	~ 전에, ~에 앞서
☐ due to	~ 때문에	☐ as a result of	~의 결과로
☐ because of	~ 때문에	☐ among	전 ~ 중에
☐ following	전 ~ 후에	☐ such as	~ 같은
☐ despite	전 ~에도 불구하고	☐ even though	비록 ~일지라도

Check Up | 단어의 의미를 찾아 연결하세요.

1. since •

2. despite •

3. following •

4. toward •

5. such as •

• ⓐ ~ 후에

• ⓑ ~을 향하여

• ⓒ ~ 같은

• ⓓ ~에도 불구하고

• ⓔ ~ 이래로

정답 1. ⓔ 2. ⓓ 3. ⓐ 4. ⓑ 5. ⓒ

⦿ 앞에서 학습한 어휘를 복습해보세요.

☐ enclosed	혱 동봉된	☐ rate	명 요금
☐ extend	동 연장하다	☐ donate	동 기부하다, 기증하다
☐ inform	동 알리다	☐ fit	동 맞다, 적합하다
☐ take over	인계 받다, 이어받다	☐ occasion	명 행사, 경우
☐ instructions	명 설명, 지시사항	☐ accommodate	동 수용하다
☐ registration	명 등록	☐ head	동 향하다, 가다
☐ supervision	명 감독, 지휘	☐ occur	동 일어나다, 발생하다
☐ appropriate	혱 적절한	☐ celebration	명 기념행사, 축하행사
☐ seek	동 찾다, 구하다	☐ review	동 검토하다
☐ receipt	명 영수증	☐ public	명 대중
☐ promotional	혱 홍보의, 판촉의	☐ overseas	혱 해외의 뷔 해외로
☐ commercial	혱 상업적인	☐ qualifications	명 자격요건

Check Up | 단어의 의미를 찾아 연결하세요.

1. enclosed •

2. inform •

3. appropriate •

4. donate •

5. review •

• ⓐ 적절한

• ⓑ 알리다

• ⓒ 기부하다, 기증하다

• ⓓ 검토하다

• ⓔ 동봉된

정답 1. ⓔ 2. ⓑ 3. ⓐ 4. ⓒ 5. ⓓ

기출문제 그대로,
빠르고 확실하게!
"토익 절대 공식"
ETS 토익 단기공략 시리즈

목표 점수가 무엇이든
ETS® 토익 단기공략으로
한 번에 끝내자!

출제 경향을 반영한
실전 모의고사 1 회분
각 권 부록 제공

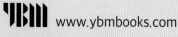 www.ybmbooks.com